HOW TO THINK LIKE A PHILOSOPHER

哲學家是這樣思考的

讓人變得更理性、更聰明、更良善的12個思考原則

Essential Principles for Clearer Thinking

當代最暢銷天才型哲普作家
朱立安·巴吉尼 著　陳岳辰 譯
JULIAN BAGGINI

書名頁

專文推薦

別讓迷思誤導你的未來

冀劍制

每個人都背負著沉重的包袱在名為人生的森林中行走，包袱裡的東西大多可以捨棄，但由於各種迷思，我們卻緊抱不放。此外，還有一種更可怕的迷思，它讓我們走錯路，迷失在森林盡頭。

過去幾十年，我一直有個迷思，以為好好念書、好好工作、好好努力做好每一件事，就是正確的人生道路。尤其我意志堅強，常能勉強自己保持在一個預定的軌道上。當然這不全是壞事，它也帶給我一段還算順遂的人生。

在人生初期，這個迷思一直帶來好處，容易讓人誤認為真理，直到有一天它露出獠牙，才知道其實是一場人生陷阱。大約十多年前開始，巨大壓力累積下的過勞身心，幾乎壓垮了我前方道路，讓我無法繼續前行。這時我才意識到問題，只能停下腳步，重新省思人生。

這個迷思，屬於本書作者巴吉尼教授分析歸類的「累積謬誤」。亦即，「好的事物變多並不一定代表更好，有可能變糟。」也就是說，雖然努力是件好事，但並非越多越好。而且，一旦發現這個迷思的原理，接著便會發現幾乎大多數被我們認為的好事都可以套用。甚至對他人的好，也不是越多越好。

用態度破解迷思

我們都知道思考很重要，所以我們學習邏輯、學習歸納，以及學習各種推理方法。但光是這些技巧，其實無法避免迷思的威脅。我們需要一些與思考能力相關的「態度」，以及對各種迷思的原理分析，來防止它們誤導人生。而這就是這本書裡最重要的精華，也是學習思考不可或缺的核心素養。

舉例來說，我們需要有很強的懷疑精神，甚至要有「質疑一切」的態度來面對萬事萬物。如同巴吉尼教授所說，「哲學家存在的一大意義，在於懂得質疑人人接受的真理，像是永恆的自我、世界由物質構成、人類能夠直接感知外物、我們具有自由意志、科學描述的就是真實世界、美感只是品味差異、文字只是事物的標籤等等。」然而，許多人會想問，為何要質疑一切呢？質疑那些明顯為真的事物有意義嗎？

是的，很有意義。這種意義不僅僅是可以練習思考，而是破除各種根深柢固的迷思與偏見。看看社會上眾人就知道，有多少人自認為自己絕對正確，卻做出極端錯誤的抉擇。

巴吉尼教授在這本書裡指出，這類需要培養的態度還包括專注、按部就班的論理習慣、用詞精確的要求、不受他人意見干擾的獨立思考，以及破除個人執著等等。書裡不僅介紹這些好的思考態度，也讓我們知道如何在生活中培養。

迷思無所不在

除了態度，巴吉尼教授也直接提醒我們許多迷思，而且藉由這些迷思，我們可以反思自己的人生，尋找正在陷落而不自知的陷阱。這些迷思散播在各處，甚至無所不在，就連你現在正在閱讀的哲學著作也有迷思。例如，哲學很嚴肅、很高深、很高高在上、很難、看不懂。所以，對於把哲學寫得簡單易懂的哲學家來說，就容易被視為程度較低的哲學家，以及所寫的東西缺乏深度。然而，兩者之間沒有必然關連。反過來說，有更多哲學家可以把很簡單的哲學理論寫到不知所云。所以，巴吉尼教授說，「目前專業哲學演變出高度的表演性質，自我懷疑常常得不到好回應，自嘲更不用說，甚至只是文字風格平易近人都可能動搖地位。」

遇到難題，絕不罷休

人們在思考時都會遇到困難，作者戲稱為「撞牆」。撞牆時該怎麼辦呢？大眾的做法是直接認定此題無解，然後隨便選一條路走，或甚至根本抱持眼不見為淨的鴕鳥心態，走一步算一步，躲一刻是一刻。但事情往往越來越糟。

作者的建議是以「持之以恆」的態度面對，也就是不要停止思考。因為問題的可能性很多，其中也有可能是因為自己在某個點上想錯了，才誤入歧途。

我在「批判性思考」的最後一堂課，也總會跟學生談到這一點。但說法有些不同，我希望學生保持一個信念，「遇到看似無解的難題時，相信一定有答案，而且自己有足夠的能力找到答案！」我建議學生們記得這堂課的最後提醒，抱持這個信念，繼續追尋更好的解答。只要有一次，在山窮水盡疑無路的時刻裡，真的看到柳暗花明的村莊，就更能強化此一信念，然後帶領意志，跨越未來每一個困難時刻。

本文作者為華梵大學東方人文思想研究所教授

作者序

聰明人總在蠢事犯錯，精明者自以為不會栽在小事。城府越深，中的計就越簡單。

——杜斯妥也夫斯基，《罪與罰》

人類喪失了理性，抑或我們從未具備理性？各個年代都會有人長吁短嘆理智式微，今時今日這種意見似乎更加猛烈頻繁，絕望感更甚往昔。然而，回顧歷史，其實很難想像其他時代的社會能夠比現在更加理智：難道是多數人不識字無法讀書的時代？還是言論受到教會與政府嚴格箝制，書本昂貴一般百姓負擔不起的時代？宗教或政治異議者會被送上絞刑臺的時代？或者科學知識淺薄、謬論主宰人心的時代？不過五十年前，一般人主要的資訊來源仍是立場偏狹的報紙、為數不多的電視與廣播電臺，沒有維基百科只有公立圖書館，而且館藏並不豐富，檢索效率非常低。

精英分子總是試圖將自身所處的時代形容得最為頹廢不理智。相較之下，哲學家則發現人類理性的積弊既多且深，認為慎思明辨確實是當務之急——因為慎思明辨永遠重要，也永遠必須在當下。該導正的扭曲思維並非只存在於過去，此時此刻一樣多，從舞臺邊緣移至中心的包括：陰謀論、氣候變遷否定論、疫苗懷疑論、偽科學療法、宗教極端主義。值此同時，過去的主流價值似乎仍在迷航：英女王詢問氣餒的經濟學家為何沒能預見二〇〇八年的金融危機，她的困惑不亞於自己代表的子民。氣候變化則恰好相反，災難明明近在眼前，無需高深學識也能看透各國領袖都在紙上談兵白費工夫，最後是由瑞典少女格蕾塔・童貝里（Greta Thunberg）出面發難。此外，許多教育普及、社會富裕、工業發達的國家如美國、巴西、匈牙利，都有數百萬選民捨棄傳統政治，任憑仇恨與民粹操弄。

所幸也有許多例子證明人類思想依舊向前邁進。我們發揮創意和智慧，快速開發 COVID-19 疫苗，大量降低赤貧人口，也深刻理解到種族歧視、仇女、恐同這些心態違反理性且危害社會。

若想精進思維，過去一千年裡專門研究健全思考（good thinking）的哲學家相當值得參考。正因為這個時代的人們陷溺於創新改革，更有必要回顧先人留下的寶貴教訓，理解為何有些道理歷久彌新。當然並非每位哲學家都會同意我所寫的每句話，因為哲學家就是連（或者說**尤其**）最根本的問題也會提出不同的觀點。再者，世上不是只有哲學一門嚴謹的學問，而且哲學家同樣有可能思慮不周。但哲學的特殊之處是將思路明晰放在第一順位，其他學門則採取更為具體的形式，例如：自然科學著重實驗、經濟學著重數據、人類學著重參與觀察（participant observation）、史學著重史料、考古學著重文物等等。哲學家不從特定管道汲取知識，反而樂於擺脫思維上的安全網，因此最適合在沒有專門學科輔助時完善人類的思考。

不過一般人口中的哲學原則都遺漏了最重要的部分。初入哲學者通常學會了邏輯推理、應該避免的謬誤、歸納與溯因的差異等等。這些內容很重要卻還不夠，就好比駕駛，有駕照的人會換檔也會看速限，然而好的駕駛與不好的駕駛的主要分別不在於技術或法規，而在於**態度**，也就是對於妥善駕駛的注意及努力、對其他用路人的關心。思考也一樣，除了技術也重視態度。

態度是哲學的X因子[1]，又或者基於是哲學（philosophy）可以稱為P因子。態度造就優秀哲學家在同樣深諳原則但缺乏洞見的同儕之中鶴立雞群。P因子與X因子一樣是無法精確定義的要素，更接近是一種「德性」（virtue）。此處德性一詞並非意指做善事、吃有機麥麩，它在古希臘語的哲學意涵是指有益於生活及思考的習慣、態度或人格特質。「德性知識論」（virtue epistemology）主張良好的思考並

1.譯按：X-factor，即決定優劣勝敗的「不安定因素」。

非電腦能夠執行的形式程序，必須建立在特定的思考習慣和態度之上。相較過往，過去數十年間，知識德性（epistemic virtues）更加受到哲學圈的關注，但力道與宣傳還不夠。而今時機已然成熟，應當正視知識德性在完善思考中具有核心地位。

三十多年來我不斷鑽研和著述哲學，也時常與哲學家同儕交流切磋，最大心得就是若缺少了知識德性這個P因子，所謂批判性思考的技巧會淪為譁眾取寵的才藝，用來炫耀個人聰敏或壓制他人言論。而我希望能在思慮周延與能言善道之間做出區隔，因為聰明但不具備P因子的思考者其實索然無味，對於用哲學幫助人類理解世界與彼此的重要使命沒有貢獻。

我關心的不只是如何培養優秀的哲學家，更希望完善的思維能普世通用。因此本書不只提供哲學議題與哲學家觀點，也會著墨如何將哲學的思考習慣帶入政治與日常生活作為立身處世之道。

書中引述多年來我為書刊專文與數十位世界頂尖哲學家、思想家所進行的訪談，其中許多人有意無意離題聊到自己的工作模式，等同介紹了完善自身思考的實務操作，重要性不下於談話主題。我也會引用古往今來的精彩哲學著作，儘管由於個人教育背景而以西方哲學為主，然而其原則具普世性，偶爾提及其他地區的哲學時也能相互輝映。必須補充的是，即使我在書中引用不少傑出的女性哲學家，比例上依舊呈現父權色彩，不過這僅僅因為過去的人類社會裡，女性在哲學上的發聲機會較男性少。

我將在書中探討許多有志於思考訓練者容易落入的陷阱。推理是一種工具，縱使立意良善仍有被誤用和濫用的可能。德性知識論的特點之一是講求警惕與虛心，我們該對自詡是優秀思想家的人多加留意，真正天才鮮少因自身光彩而暈了頭。

市面上有許多指導大眾「聰明思考」的書籍，但我想另闢新途，所以不會避談好好思考有多麼困難。若粉飾太平故作輕巧，怎能真正期望讀者有如哲學家一般思考？糖衣包裹太多更是會排擠養分、徒餘甜膩。現代人生活緊湊，總希望化繁為簡、節省時間，特別容易受到捷徑或速成的誘惑。可是思考這個行為十分容易達到效率極限，於是落入挖東牆補西牆的窘境。其實該刪減的就是刪減本身，一味刪減沒有好處，與其追求簡化，不如先學會正確的做法。

思考也可以透過練習越做越好，若本書不提供大量心智作業就毫無用處。例如：每章開頭引用的杜斯妥也夫斯基就是思考訓練的好機會，可別當作社群網路的迷因、無條件同意的格言警句，以為分享按讚就了事。我希望讀者能自己判斷那段話與那一章是否有關，以及兩者脈絡如何銜接。

包含劍橋大學在內，很多大學的哲學系所宣揚哲學家最適合「傳授」思考技巧，儘管我自己也提倡哲學，卻對此說是否**必然**成立有所質疑。（原注1）西塞羅（Cicero）有句名言：「無論多荒唐的事，一定能在某個哲學家嘴裡找到。」一個尷尬的真相是，很多哲學家脫離了專攻的領域就表現不佳，譬如哲學巨擘伯特蘭・羅素（Bertrand Russell）在二十世紀之初曾經撰文探討邏輯，然而竟成為該領域史上最壯觀的失敗案例。正如為他作傳的雷・蒙克（Ray Monk）所言：「羅素在哲學之外的許多著作都顧此失彼、胡言亂語……基於他個人偏見，沒有將主題的方方面面都納入考量。」因此本書中某些場合我也會提醒大家何時**不該**學習哲學家的思考模式，至少別模仿某時期的某某哲學家。

我無法擔保讀過本書的人就能成為優秀的思考者，可是大家沒成為頂尖選手不也明白梅西或C羅在足球場上多厲害？同理可證，即使我們不是孔子或康德，也能欣賞與學習他們的智慧。與其幻想自己與先賢並駕齊驅，不如踏踏實實活出最棒的自己。

好的思考不只是工具，也是人類的道德使命。

目錄

第四章　眞憑實據　093

想降低預測失準的機率，我們應該習慣性提出疑問：在當前假設中，自己認為什麼要素恆定不變，什麼要素可能改變？而未來事件中，最重要的特質是否有前例可循，或者沒有過去經驗能夠參照？

第五章　字斟句酌　117

即使人類語言中隱藏大量譬喻，討論觀念的時候還是直白為佳，最好避開題外話或什麼金玉良言，否則我們不會常常大叫：「說重點！」但偏偏有時候不說重點能夠表達得更完整，或至少讓態度不會過分尖銳。

第六章　兼容並蓄　147

我們之所以曲解別人信仰、習俗、疑問及遭遇的苦難，原因常常在於對事件情境渾然不察。許多政治局勢令人眼花繚亂，但我們是否嘗試理解背後各種因素？舉例而言，想明白為什麼很多美國人將總統選票投給川普，就得先明白那個群體對於主流政治的幻滅有多深。

第七章　洞悉人心　171

或許人類是「生物機器」，但程式並沒有被寫死。只不過我們或許高估了人類的彈性，如果抱著一廂情願的心態妄圖逃避舉世皆然的因果法則，就會忽略大量證據指出，過去的行為模式也最適合預測未來行動。

目錄

197 第八章 事有輕重
小事能被當成大事，大事也可能被當成小事而遭到眾人忽視。伊格納茲・塞麥爾維斯為醫護建立消毒程序前，外科醫生有沒有洗手大家都不太在意。房貸規則的更動看似無關緊要，結果卻點燃了二〇〇八年的次貸金融危機。

227 第九章 破除我執
哲學不應該只圍繞在意見，也要看理由，所以很多哲學系學生會提到報告裡每句「我認為」下面都被教授劃紅線。然而，哲學語言系統性地消除第一人稱營造了一個假象，彷彿理性可以完全自思考者分離，論證完全不受到性格或背景影響。

251 第十章 獨立思考並非獨自思考
思考可以太過獨立或太過不獨立，理想狀態是在過度孤獨與過度從眾之間取得平衡，可是這個理想平衡點未必剛剛好位在正中間，而是根據情境決定。某些情況下，適當的獨立其實就是孤立無援彷彿獨行俠。

279 第十一章 見樹也見林
即使我們努力思考，答案常常像是莫名其妙忽然蹦出來。我想很少有人覺得結論來自演繹步驟，而是反過來先有想法才認為得到良好論證的支

持。這代表想要思考進步，不只要學習位於心智前景的分析技巧，也得塑造利於心智在背景運作的種種條件。

第十二章 持之以恆 303

撞牆有兩種可能性：一個是牆壁沒有自己想像的那麼硬、那麼高、那麼厚，單純是還沒找到穿過去或繞過去的辦法；另一個則是可以稍微後退另闢蹊徑。停滯不前未必是不該繼續思考，常常代表思考方向錯誤而已。

結語 325

關鍵概念詞彙表 332

本書受訪者 342

原文注釋 350

第一章 專心致志

自然無需徵求人類同意，回應人類心願。無論你喜歡與否，不得不接受她的樣貌、律法及所有決斷。看見一面牆，就是一面牆……以此類推。

——杜斯妥也夫斯基，《地下室手記》

在我研究生時期，一度擔任我指導教授的提姆・克蘭（Tim Crane），為我的人生施了最溫柔卻又最堅定的一把勁。當時我已經是博士班第二年，克蘭教授察覺到長此以往恐怕我拿不到學位。他給我的忠告裡，最主要的一點是希望我能精進自我編輯的本領。意思並非我寫作時錯字太多（雖然我想是不少），而是期許我能細細梳理自己的文字，找出其中不甚妥當之處。

這個建議乍聽之下有點奇怪，畢竟也太不具體了。如果他是說推論無效、事實錯誤、總結論述不夠精準，或以上三者皆有，那便清楚得多。但其實他那句話不僅解決上述三種缺失，也能解決其他問題。我必須更加注意自己文章的每個字詞、每條論述。

最後我才花了三年多一點的時間就完成博士論文，水到渠成的關鍵正是克蘭教授的忠告。推理中的形式錯誤源於認知過程有疏忽，「沒用心」這個說法十分傳神。不夠留意就會出現糟糕的推論，傳統的邏輯或批判性思考的教材通常忘記提醒大家：漂亮的論述，祕訣在於注意力。

論述無法推展的另一種情況，是論述的內容本身沒有真的被關注。舉例而言，距離非裔美國人民權運動的高峰都已經過了半個世紀，為何此刻還要發起「黑人的命也是命」（Black Lives Matter）這個新的社會運動？同理，幾十年前就已經開放婦女投票，為何系統性的仇女現象仍存在於幾乎所有民主社會？醫院或醫療信託是為了救助傷病而存在，為何仍需要病患權益維護團體的介入？癥結點不是缺乏論述，不分性別、膚色、種族背景，人人權益和機會平等的思想早已廣為流傳，醫護也以病患福祉為第一優先。但人人贊同只是表面假象，這些理念未能穿透數百年來階級與壓迫在集體意識內累積的偏見和無知。思考清晰是一回事，發自內心又是另一回事。

思考過程很大部分等同專注

思考停留在問題的抽象層面時，我們就難以想得透澈。徒具概念、只在腦海中運作的思考，是貧乏的虛像。這種抽離的認知無法與真實生活經驗接軌，也就無法改變人的行為，遑論心底深處真正的立場。若要將思考自頭腦滲入心靈與行動，必須先扎根於對外界與對他人的注意力。

注意力練習具有強烈的社會面向，只關注自己所見的世界還不夠，必須關注別人所見的世界是何種樣貌。因此討論諸如種族歧視、仇女、病權等議題時，要特別將注意力放在他人的說法和經驗，尤其該關切深受其害的那群人。

就哲學史而言，尤其但並不限於西方哲學，上述道理未獲重視。但近年來越來越多哲學家意識到這個重要性，以新興的社會認識論（social epistemology）最明顯。該領域發展蓬勃，主題為社群、網絡、他人在知識形成中扮演何種角色，這幾項要素在過去的研究裡時常遭到低估。

社會認識論裡有個關鍵概念是「證言」（testimony）。沒有人能自證世間種種，我們必須仰賴他人提供證言，可是該由誰來提供證言？何時提供？為何提供？是否有人的證言因不公不義而被排除？為什麼有些人的證言沒被大眾聽見？

若有某些觀點遭到不公正手段的排擠或忽略，又或者反其道而行過度強調某些特定觀點，便稱作「證言不正義」（testimonial injustice）。當代哲學家如米蘭達．弗里克（Miranda Fricker）和雷．蘭頓（Rae Langton）特別點出女性如何遭到消音，或至少被模糊化處理。蘭頓認為社會呈現、探討、描繪性別的方式，尤以色情為最，會削弱女性做出性選擇的能力。譬如說：拒絕不被視為拒絕，大眾常被灌輸「不要」代表「不讓你輕鬆得到」、「怕別人以為她隨便」，甚至「嘴巴說不要身體很誠實」這類扭曲謬論。

哈薇．卡雷爾（Havi Carel）撰寫了大量醫病關係的文章。她發現在醫療情境中，醫護經常會否定病患對自己身體與狀態的獨特認識，而醫學文化中獨尊醫師的情況也導致系統性忽略中低階人員如護理師，乃至於病人本身的意見。卡雷爾與專業醫護合作，最終促成臨床實務改善流程，證明她的想法並非只是理論空談。

但也要注意，**聆聽**他人與**聽從**他人不該隨便劃上等號。比如我說男性對女性吹口哨的行為帶有性別歧視，想必有人能找到某位女性表示被人吹口哨她十分開心。這並不代表我的論述就錯了，原因不僅僅是會有很多女性不同意她，而正確答案也不能請所有被吹口哨的人投票表決。在父權社會下，性別歧視根深柢固，許多女性早已習慣現狀而忘記不滿。以此類推，許多時候醫師確實比病人更瞭解病情。

盲目接受意見就是缺乏注意力的表現，只是被動地聽完照做罷了。真正的聆聽過程帶有思考，有思考就有可能提出異議。不相信對方有能力面對批判與質疑，才是真的不尊重對方。

聰明的聆聽也包括注意自己聆聽的對象究竟是誰。例如：許多人想為跨性別盡一份力，於是急於聆聽他們的生命經驗與需求。然而，跨性別族群也人各有志，即使聲量最大、影響最強的倡議團體也不能代表所有人。

如果多加注意就能改善思考，我們是否還需要花時間在邏輯技巧，以及科學或統計學？還是值得，因為這些知識工具能促進我們專注，也為我們劃出議題的重點。但事實上，單純的專注本身效果就很好，甚至我個人主張，思考過程很大一部分**等同**專注。話雖如此，要專注並不簡單。從語源分析：專注（attend）來自拉丁語 *ad*，也就是「向」，然後是 *tendere*，代表「伸展」。組合起來就是「朝著某處伸展」，想要靠近目標自然需要用力。此外，同一個詞彙（attend）的另一個釋義是參與，例如參加婚禮；換言之，專注代表將自身投入其中。若再以法語解釋，動詞 *attendre* 意思是等待，提醒大家專注需要結合耐心毅力才能結出果實。

「我思，故我在」算是論述嗎？

為了幫助大家理解專注的關鍵地位，我們就花些時間參與西方哲學史上的個案研究：想想「我思，故我在」這句話。即使對哲學毫無興趣的人大半也都聽過這句話，甚至不少人記得拉丁語原文為 *cogito ergo sum*。十七世紀法國哲學家笛卡兒寫下的這句話，彷彿濃縮了人類對哲學所知的一切，既思考到了自身（*cogito*），也思考到存在（*sum*），最重要的是思考了邏輯論述的建構（*ergo*）。

「我思，故我在」也提供了論述最短的可能形式：開頭是前提（以這句話而言，前提是「我思」），最後是結論（「我在」），結合兩者的動力來自「故」。完整的邏輯推論透過形式邏輯將前提清楚連接到結論，陳述我們相信何者為真，或者拓寬我們的視野。一般認為這種句型是論理的經典、哲學家的專長，由此可見哲學最有益於發展理性。

然而，我認為在哲學中一味強調論述和推理未必是好事。舉例而言，前面兩段就是一個論理練習：我提出主張，說明哲學論述應該包含什麼元素。可是這麼做的同時我並沒有提出自己的論述，而是嘗試精準**描述**哲學為何物。最後的主張是：論理的重點在導出結論，而哲學擅長導出結論，所以哲學最適合用來訓練論理技巧——這個主張我們一開始就知道了，只是兜個圈子把話說白而已。想知道論述是否完善，重點不在於分析如何從前提引導至結論，而是檢查論述內的假設是否成立：該論述真的是優秀論理的典範嗎？哲學家真的擅長論理辯證嗎？而要回答這些問題，又必須專注留意邏輯推理在論證中的實際角色、哲學家運用這些工具的頻率及效果，唯有如此才能檢驗敘述是否合乎事實，而這麼做需要的注意力比單純進行推理多得多。

當我們足夠注意的時候，很可能得到一些驚人的結果。仔細想想，「我思，故我在」真的算是論述嗎？看上去很像，畢竟有個連接詞「故」在裡頭。但如果這句話真的是一個論述，其實算不上有趣，因為「故我在」放在很多東西後面都通。為什麼不是「我喝，故我在」，或者「我粉紅，故我在」？看起來都合理。

從形式邏輯的角度來分析，原本的論述根本是個迴圈，結論成立是因為結論被包含在前提裡。無論「我思」、「我喝」、「我粉紅」都已經昭示主體「我」的存在，笛卡兒那句話是將主體的活動或特性抽走，留下「我」與「在」的連結。實際上，結論含有的訊息量比前提還少，讀起來彷彿有大智慧是因為那句話將前提「我思」隱含的弦外之音「我在」特地提煉出來。

理解「我思」即包含「我在」其實只需要最基礎的文法能力，因此代換時態或主體依舊成立：「我想過，故我存在過」，或者「她要喝水了，故她會存在」。亂組合的話，也能生出很好笑的陳述：「他死了，故他存在過。」這一切都不需要高深的哲學訓練就能想通。

但難道笛卡兒欺世盜名、德不配位？哲學並非人類思想的結晶，而是明知故問的累贅？我想也並非如此。笛卡兒不是笨蛋，他寫下「我思，故我在」的時候，多半也知道邏輯結構與「我喝，故我在」重疊。但在他心中，「我思」別有深意，因此他才會在《哲學原理》（*Principles of Philosophy*）中提到：「若我說『我看，或我走，故我走』，並主張可以延伸到視力或步行等肢體動作，便無法完全肯定結論成立。」（原注1）

他為什麼這樣說？因為結論的強度與前提相同，而他舉的例子裡，前提並不穩固。一個人說「我正在行走」，並不能百分之百證明他正在行走，有可能是做夢，有可能坐在椅子上沉浸於虛擬科技才以為自己在街道散步。形式上「我走，故我在」沒有錯，但若無法證明「我走」是真的，則論述無效。

在一般情況下，只要我們覺得自己真的在走路，沒什麼特殊理由要去質疑「我走」這部分的真實性。可是笛卡兒寫下那句話有其哲學主題，並不適用於日常生活。他的目標是找出毫無疑義的真理，以其作為**所有**知識的基礎。對他而言，**絕對**為真、不容置疑最重要。

而且笛卡兒並不僅僅想證實自己**是否**存在，還希望釐清自己**是什麼**。從這一點切入會更好理解他的思想。邏輯上我們可以說「我喝，故我會喝」，或者「我粉紅，故我是粉紅色」。但前面提到肢體動作或透過視覺看見的顏色未必是真相，所以這兩句話的前提都存在不確定性。透過觸覺與嗅覺可以引發飲用液體的錯覺，人也有可能一時分辨不出顏色。

「我思」就不同了。人可以懷疑自己是否真的在思考，但懷疑本身就是種思考：思考自己是否在思考只會證明自己真的在思考，因此「我思」無法為假。

綜上所述，應該能發覺笛卡兒原本寫的就不是一句邏輯論述，他專注於從自身體驗中提取出何者可能不為真，以及何者必然為真。結論則是，絕大多數我們習以為常的現象都可能只是虛幻。旁人可能是極其精緻的機器或傀儡；我們可能身處夢境或虛擬世界，活生生的血肉可能從來不存在。唯一無法質疑的是：我們會思考，會思考代表我們有意識。吃下巧克力，即使巧克力並不存在，意識中的味覺並不為假。聽見音樂，即使沒有誰或什麼物體發出聲音，意識中的旋律並不為假。你正在閱讀，即使書根本不存在，有文字進入意識卻是事實。

笛卡兒在《第一哲學沉思集》（*Meditations*）清楚闡述自我的本質，卻不以邏輯形式陳述結論，也就是沒有「故」。他向讀者報告自己的思想實驗，反覆質疑後發現「唯有此者無法與我分割，我的存在毋庸置疑」。所以說，西方哲學上最出名的這句話並非邏輯論述，而是從一連串細心觀察中淬煉出來的思想結晶。哲學家該掛在嘴邊的也不是 *cogito ergo sum*（我思，故我在），而是 *attendo, ergo sum philosophus*（我專注，故我是哲學家）。哲學的核心不是邏輯推理，而是把注意力放對地方。

既然笛卡兒那句話不是論證，我們該以何種方式看待他的心得？答案是更加專注。笛卡兒並未停在「我真實存在」這個令人安心的結論，還進一步很快提出了自我的幾個重要性質，也就是心智不可切割、不是物質、與肉體有徹底的差異及區隔。這些敘述適用於所有人。

現象學的方法

後來多數哲學家認為笛卡兒話說得太早。他認為自己可以想像出沒有肉體的心智，因此身與心兩者並不相同。問題來了：我也可以想像水的分子構成並非 H_2O、妖怪都是真的，但水分子依舊會是 H_2O，也不會忽然有妖怪闖進我家花園。從可以想像（或無法想像）直接跳躍到經驗現實（empirical reality）並不可行，就算不懂「可想像性論證」（conceivability argument）的問題，一樣能看穿笛卡兒為何錯誤。只要用心，就會察覺笛卡兒從「我在」到「我是非物質心智」的推論過程無法成立。將注意力放在論證如何開展，常常都能抓到其中的漏洞或障眼法。

背後含義很真實也很重要：注意力其實**就是**理性的表現。來看看對笛卡兒論點最強烈的異議。十八世紀蘇格蘭哲學家大衛．休謨（David Hume）所指為誰顯而易見：「在某些哲學家的想像中，人類時時刻刻清楚意識到所謂的『自我』，能夠感受它的存在和持續存在，即使沒有任何實證也信服它完美的性質與純粹。」（原注2）其實休謨對笛卡兒的觀點還有很多意見，但都留待他自己重複一次笛卡兒的沉思實驗之後才發聲，而且他實驗時更加專注。

以我自身而言，每當最為融入所謂「自我」之中，總會捕捉到某些感官，如冷熱、光暗、愛恨、喜悲，從未在毫無感官的狀態下掌握「自我」，也無法觀察到感官之外的事物。

讀者可以自己試試，去摸索那個具備你的想法和經驗的「我」。寫到這裡，我自己也實驗了一次，觀察到的包括肚子輕輕咕嚕叫、淺淺的耳鳴、足弓微痛、隔壁房間收音機開著，然後有首曲子總在我腦海裡揮之不去（Yes 樂團的〈Owner of a Lonely Heart〉，原因我也搞不懂）。接著我察覺自己打字不看鍵盤，指尖碰觸到按鍵前那零點幾秒內才能意識到按了什麼字母。上面這些描述就是我全部的經驗。我並沒有發現單獨的「自我」。如此說來，我的自我正如休謨所言，更接近「一團感官」的融合。（原注3）

休謨同樣知道自己是觀察而非論證，於是寫下：「若有人經過嚴肅且不帶偏見的反思之後，對自身有不同的看法，我只能說我無法理解。」當一個人因為注意力的問題而建立起錯誤觀點，旁人很難說服他們放下，只能請他們重新好好專注。以上述例子而言，專注的重點應該擺在現象學（Phenomenology），亦即人類主觀經驗的特性。

即使哲學家也並非人人都徹底理解休謨的意思，丹尼爾．丹尼特（Daniel Dennett）就曾經對我說得清楚明白。他不只讀哲學，也研究認知科學，這種背景導致某些人認為他不算是真正的哲學家。但我認為他能截長補短，對人類經驗、心理學及神經科學的發現多一份留意，還能將這些知識分享給別人。「我常常藉由現象學的知識帶給學生驚喜，例如人類視野外圍很模糊、辨色力沒有擴及到視野邊緣等等，他們知道以後多半大吃一驚。哲學家探討心智的時候常常脫離實證，以為許多現象背後有一套理所當然能成立的前提，但那其實是錯的。」

明明只要多加注意就能領悟真相，但人類時常執著於表面，無法看清事物本質，如同幼兒筆下的天空占據畫面頂端，卻沒連接到地平線。關於自我，還有多少部分遠在天邊、近在眼前？

還有非常多，這個觀點來自二十世紀初歐陸主流的哲學學派。現象學由德國哲學家胡塞爾（Edmund Husserl）創立，後續得到西蒙．波娃、沙特以及海德格等人發展。現象學得到重視可謂是對十八世紀普魯士哲學家康德的回應，他認為人類無法掌握到事物的本體（*noumena*），只能觀察到現象（*phenomena*）。

現象學派對此極其重視，主張我們對世界的體驗**即為**世界本身，也是人類能夠理解的極限。我們應當暫時放下成見，不再堅信世界獨立於外。胡塞爾建議透過

「加括號」來達成現象學的「懸置」（*epoché*）並「回歸實事自身」（原注4），也就是更加注意我們體驗到的世界，亦即「實事」（things themselves），而非拘泥在形上假設的「物自體」（things *in* themselves）[2]。這種做法需要描述精準，而描述精準需要的正是專注。胡塞爾說過：「我志不在教導，而在於引導，希望能呈現與敘述自己所見。」（原注5）

現象學的方法認為人類不可能完全切割注意自我與注意周遭環境，注意外界就是注意我們感知到的外界，若抽離感知便不存在能夠關注的事物。自然科學看似跳脫了現象表面，實則是在現象結構中進入到更深一層。

日本哲學也非常強調注意力，於是西方哲學的現代活動中，現象學派對日本特別有興趣。我曾經訪談日本哲學家小林康夫（Kobayashi Yasuo）並請教他日本哲學的獨到之處，他表示日本哲學重視專注多於論證。以他個人而言，哲學並非只是「對於世界的概念重建」，還牽涉到人類與世界之間「美學的相互回應」。

對日常生活的強調出現在各哲學派別

心智保持專注的好處並不侷限於哲學領域。優秀科學家的特徵之一，是能察覺

2.譯按：「懸置」為古希臘哲學概念，意指對於不自明之物中止判斷。胡塞爾認為我們應當將自然世界及過去所有認知「放入括弧」，也就是擱置一旁不加聯想避免妄生推斷。「物自體」為康德提出的概念，又名「自在之物」，代表獨立於觀察的客體，處於認知之外且絕對無法認知到。

別人忽視的部分。一九二八年發現盤尼西林就是個很好的例子，起點不過是亞歷山大・弗萊明（Alexander Fleming）度假回來之後發現培養皿上的細菌分布很奇怪，更加注意後他提取青黴素汁液，再從中發現盤尼西林。

看了這個故事，很多人會認為若換作自己，也能察覺培養皿上的異狀。但現實是，人類的注意力常常受到成見和期望誤導，若不刻意專注就會遺漏很明顯的跡象。舉例而言，網路上有許多影片探討「變化盲視」（change blindness），也就是人類會忽略畫面或環境的改變，但發現以後又不得不承認那明明非常顯著。（原注6）有幾項實驗裡，即使對話對象在交談途中換人，受試者未必能察覺。（原注7）還有一次實驗請觀眾專心盯著球看，結果他們完全沒發現螢幕上有假扮為猩猩的人猛捶胸口。（原注8）人類的注意力會被各式各樣的東西帶走，不刻意專注時尤其為甚。

可是哲學家不一定有資格決定什麼事物值得人們關注。古希臘時代的阿里斯托芬（Aristophanes）透過戲劇諷刺哲學家住在「雲」端，從此以後時常有人批評哲學家與日常生活脫節。柏拉圖似乎認為這算是讚美，但其導師蘇格拉底正是阿里斯托芬的創作靈感來源。柏拉圖在對話錄《泰阿泰德篇》（*Theaetetus*）中確實提到蘇格拉底自己說哲學家「不知道王宮在哪兒、不知道議會在哪兒、不知道一般人都聚集在什麼地方」（原注9），然後米利都的泰利斯（Thales of Miletus）「一直抬頭觀星，結果跌進坑裡，旁邊體面風趣的色雷斯侍女笑得花枝亂顫。大家說他只顧著天，卻忘了前面的地。這笑話可以套用在每一個整天思考哲學的人身上。」

我覺得柏拉圖說得不對。好的哲學家不自詡能決定萬事萬物的輕重優劣，這樣的偏見只會蒙蔽洞察。譬如常有人認為嗅覺與味覺比較低等、屬於禽獸，相關的西方文獻可以追溯到亞里斯多德和柏拉圖。於是後面幾百年內，研究感官的哲學家注重視覺與聽覺，連觸覺也被打上肉慾的烙印不肯理會，結果就是飲食這種同時運用五感的文化風俗居然也遭到忽視。如今好不容易破除偏見，終於出現一些以飲食哲學為主題的優秀著作。

法國哲學家羅傑．坡爾．德洛瓦（Roger-Pol Droit）在其暢銷著作《還好嗎？》（*How Are Things?*）中，呼籲大家從哲學的角度保持對事物的關注。書名有兩層含義，首先哲學家一直想瞭解現實的基礎本質（「本體論」的主題），但他認為我們應該更切實地研究更**切實**的事物，例如雨傘、抽屜櫃、火車票、開罐器。從這些東西的角度，人類如何生活？又是怎樣的存在？德洛瓦的書或許輕鬆詼諧，但背後大有深意，為的是鼓勵世人從哲學角度以不同方式看待所有事物。如他自己所言：「我嘗試撼動態度、改變觀點，扭轉你從平凡生活與平凡世界中得到的感受。」

德洛瓦展現哲學的赤子之心並獲得許多讚揚，就連以撒．柏林（Isaiah Berlin）

也說：「哲學就是大人一直提出幼稚的問題。」（原注10）德洛瓦本人則表示：「即使哲學很複雜，但我想哲學的根源裡一直都有童趣，有孩子才能得到的驚奇。」

對日常生活的強調出現在世界各地的哲學派別。中國、印度、日本的哲學思想指引大眾每天如何正確地行住坐臥、應對進退。想完整瞭解人類生活與本質就必須注重日常，否則恐怕會錯過非常重要的細節。

而想要仔細專注，就得先讓自己處於正確的精神狀態。因此許多思想宗派的訓練根基都在於心靈修行，例如中國宋朝的偉大儒派理學家朱熹在著作中說：「今且要讀書，須先定其心，使之如止水，如明鏡。暗鏡如何照物！」（原注11）他的建議是閱讀之前應當靜坐並調整呼吸，任何人照著做都能更投入於書頁的內容。

印度哲學也強調專注，並衍生出許多冥想練習以穩定精神，使心靈對真實有更多洞察。以此為重點，印度哲學文獻內有許多關於坐姿與呼吸的指導文字，從西方人的角度來看會覺得十分怪異。

上述哲學派別中，心靈準備與專注甚至提升至道德層面。他們以「澄清」、「純淨」來形容良好的心靈狀態。換言之，思考的好與壞不僅取決於聰明才智，還得看動機是否誠摯。譬如印度經典《正理經》（*Nyāya Sūtra*）區分了討論（discussion）與爭辯（wrangling）；前者是追求真正的知識，後者只是不擇手段想要駁倒對方。

西方哲學對於個人品德與理性高低的關聯著墨甚少，罕見例子之一是伯納德．威廉士（Bernard Williams）將「準確」（accuracy）與「誠懇」（sincerity）視為兩種重要的「求真的美德」（virtues of truth）。他明白思考不單單包含技巧，也是人格的展現。「準確是一種美德，努力在對的事情上才能發現真相；誠懇是一種美德，我們應將所思與所信以真誠的方式傳遞給他人。」誠懇可以避免自欺，也可以促進準確。威廉士認為鑽研學問時不遵循這兩種美德就不可能抵達真理，所以「尼采直到死前都反覆強調誠實是最重要的智識德性（intellectual virtue），誠實需要勇氣」。我推崇威廉士的原因之一，在於他是二十世紀後半英國極為睿智的道德哲學家，著作情真意切、切中時弊，卻不會草率定論。

維根斯坦（Wittgenstein）也曾經與羅素談到智識與道德德性這個話題：「不先做個合格的人類，怎麼當個好的邏輯學家？」乍聽可能很奇怪，但為他們兩人作傳的雷．蒙克對此做出解釋：若要清晰思考，必須先「移除通往清晰思考的障礙」，其中包括個人品格的瑕疵。無論鑽研哲學還是對自己誠實，必要條件並不只有腦力，還有願意真誠的意志。也因此蒙克評論羅素時並不認為他的問題在智能，而是陷入許多不同形式的自欺，也就是「人格因素」。

蒙克這席話點出人格和理性之間的有趣關係。維根斯坦說「邏輯與倫理是一體兩面」或許讓人摸不著頭腦，但若以蒙克的說法詮釋則是「全力追求思維清晰」，前提是心靈透澈、動機純粹，自欺欺人者確實難以企及。想有好的思考能力，必須先以幾近殘忍的誠實面對自我，並確保思考的背後動機沒有扭曲。

因此評判一個人的思考時，確實應該將思考者的品格納入考量。俄羅斯將領與政治人物聲稱對烏克蘭展開「特殊軍事行動」，是為了抵抗法西斯主義和北約（NATO）的侵略。他們不肯誠實交代，我們也就沒有理由照單全收，反而連乍聽可信的說詞也應該加以放大檢視。聰明的人通常擅長說服，一旦有了壞動機就格外危險，因為他追求的並非真理，而是個人利益。當我們接觸到一段論述時，要注意所有環節，包括發言者的動機和利益，即使（或者應該說尤其）當對象是自己時更不應該例外。

如何專注：

■思考之前先進入正確的狀態。心靈必須澄淨，匯聚足以專注的精力。如果調節呼吸或冥想這類儀式有所幫助，就要善用。

■將注意力放在真實的情況，而非自己的假設。觀察自身經驗與外界事物的真實狀態。捐棄成見這件事情可謂知易行難，許多先入為主的想法日積月累之後就會潛藏在意識深處。

■小心謹慎，不要從觀察直接跳到結論。現象透露了客觀的訊息與因果關係，但與我們主觀接收到的內容未必相符。無法分辨兩者差異會產生許多錯誤。

■留意會分散你注意力的事物。什麼東西模糊了思考，或誤導注意力的方向？

■留意確認偏誤和我方偏誤[3]。事實符合假設時，先檢查自己是否對證據採取雙重標準，或排除了造成不適的資訊。

■傾聽他人，與他人互動，尤其是經驗與思考主題相符的群體。尊重對方，但不直接認定對方所言必然無誤。

■關於孰輕孰重，不要自詡已有能力判斷。對於主觀認定為枝微末節的事物，時時多一分留意以避免疏漏。

3.譯按：myside bias，選擇性挑選有利自己立場的資訊。

第二章 無所不疑（也質疑自己的質疑）

在我看來最有智慧的人每個月至少罵自己是笨蛋一次。現在鮮少有人這麼做。

——杜斯妥也夫斯基，《波波克》（*Bobok*）

「質疑一切，不要別人說什麼就信什麼。」這是一句金玉良言，發言者同時鼓勵大家要自己去確認事實與進行實驗，聽起來就像是批判性思考的福音傳道者。然而，事實未必如此，這句話出自馬克・薩金特（Mark Sargent），美國最有名的地平論宣傳者。（原注1）

薩金特與許多陰謀論者都凸顯了質疑式思考（sceptical questioning）有何風險：即使非常聰明的人，若只是悶著頭胡亂質疑，也有可能得出莫名其妙的結論。「質疑一切」四個字過度簡單，沒有告訴大家怎麼做才正確。不是什麼事情都該受到同等程度的質疑，或者以相同方式加以質疑，而若不能找到答案，也未必是什麼天塌下來的大問題。想避免為反而反，首先得瞭解質疑在何時有其必要，在何時則只是白費工夫。提出質疑需要小心。若用亞里斯多德的句型，大概是：質疑這種事情誰都會，並不很困難，但若要質疑在點上、質疑的分量合適且時機妥當、質疑的動機合理且手段正當，那就並非易事。

毫無疑問，質疑是批判性思考的關鍵。巴基斯坦裔英國籍學者齊亞烏丁・薩達爾（Ziauddin Sardar）表示，他高中時期讀過伊本・圖費勒（Ibn Tufail）的《哈義・本・葉格贊的故事》（*Life of Hayy*）之後，就以提問作為研究方法的主軸。哈義的故事早在十二世紀便已問世，在薩達爾眼中不僅僅是「伊斯蘭世界第一本小說」，同時「可能是世界上第一本哲學小說」。故事主角在孤島上獨自生活並「開始思考天上的星星與周圍的動物，經由這份思考他得出造物主存在的結論」。

如同哈義，對薩達爾而言，提問之前應該要問的是：好的問題是什麼？「問題成立有什麼條件？不成立又有什麼條件？什麼情況下問題限制了答案，導致答案本身失去意義？」他說：「我希望自己提出的問題能夠切中要害。」

我們經常問錯問題

並非所有問題都有提出與回應的價值。試想若稅務稽查員詢問：「你何時開始逃稅？」這句話隱含了對方必然已經逃稅的指控。這就是所謂「複合問題謬誤」（fallacy of the complex question），亦即問題本身對尚無定論的爭議未審先判。然而，複合問題是常見的修辭手法，尤其是在政治圈，譬如：「閣揆何時會拿出魄力？」閣揆一旦回應就是被迫承認自己沒有魄力。日常情境中也常有人以這種方式逼問，像是：「你為什麼要騙我？」說不定人家沒講過假話。又或者，「你能不能不要只想到自己？」但可能發話者本身才自私，想獨占對方的時間精力。

很多時候我們都問錯問題。「大部分哲學家讀了一堆別人寫的書，記住了一堆別人提出的傻問題，」約翰．瑟爾（John Searle）表示：「但我要說的是，明明世界上還有很多『那些人』**沒有**寫下來的問題得處理。」瑟爾是美國哲學家，自一九六〇年代活躍至今。他發現很多人習於反覆提出同樣的問題，卻對真正值得關注的事情視而不見，即使哲學界也無法免俗。

日常生活裡，問錯問題、擺錯重點是常態。菸酒成癮的人會在意相對低風險的蔬菜農藥殘留；保守派擔心民眾超領社會福利，卻懶得監督逃漏稅這種更大的財務漏洞。還有不少人汲汲營營於自己設定的人生目標，卻從未思考這些目標本身是否恰當。錯誤的質疑模式使人陷入懷疑論中難以自拔。以「你怎麼知道」（How do you know）這個基礎的哲學問題為例，若無窮追問下去，最後必然沒有肯定的答案：

下雨了。
你怎麼知道？
我看得到，摸得到。
你怎麼知道這不是電腦模擬，或生動的夢境，或別人在你飲料裡摻了迷幻藥？
別傻了！

你沒有回答我的問題……

我喜歡他。

你怎麼知道？

我就是知道，大家都知道自己內心的感受。

你怎麼知道自己愛的不是想像中的他，又怎麼分辨真愛和膚淺的迷戀？

那種事情誰能判斷？

說得對！

「世事無絕對」的說法還屬合理範圍，「世間一切真假難辨」就懷疑過度。不過從前者滑坡到後者並不難，甚至有人覺得新奇刺激，卻忘了如此一來我們什麼也不能信，於是言行失去參考基礎。這種思想有害無益。

所幸失控的懷疑論調有個嚴重漏洞：提出不合理的要求，然後埋怨無法達成。如果必須「**超越一切**懷疑」（beyond *all* doubt）才能當作事實，那麼世上沒有事實可言。無論可能性多低，我們無法徹底排除世界是幻覺、是虛擬、是夢境，畢竟人類感官確實很容易受到誤導。而世界上也可能只有我真正具有意識，其餘一切都是機器，甚至是全像投影。當然我也可能根本不存在，至少不是以我們所知的人類生命的形式存在。或許我是兩秒鐘前才產生的造物，所有記憶是由外部植入導致我自認生活了幾十年。又或者，我單純就是瘋了而已。這類想像太過天馬行空，千年來無人能破解。

同樣地，我們難以證明地球並非由光明會暗中主導，因為證據都被他們隱藏和湮滅了。我們也無法百分之百信任配偶沒出軌，除非直接將對方囚禁或二十四小時監控。糾結於懷疑論，妄想症很快會發作。

問題太多不是好事

面對懷疑論者，正確回應的方法就是點出癥結：對證據的標準過高。他們習慣設定不可能達成的目標，大肆宣揚別人理所當然的「失敗」，然後享受簡單卻空虛的勝利。讓人生每個情境都蒙受懷疑有何意義可言，反而只是一齣思想鬧劇，與對真相的追求毫無干係。

舉例而言，世人越來越明白氣候變遷的前因後果及因應之道，縱使其中尚有變數無法確定。太陽活動變化導致輻射降低於是平衡了溫室效應，這確實是一種可能，但難道人類可以將希望都押在單一個可能性上？

過分強調確定性不僅愚昧，還是害人害己的雙面刃。想像一下，如果有人站在鐵達尼號的甲板上不肯上救生艇，原因是他不確定船到底會不會沉？沒錯，他無法確定船會沉，但這無關緊要，因為他同樣無法確定船不會沉。換言之，無論如何我們都得承擔不確定性。每個選項都有無法確定的部分，可是不確定的**程度**並不相等。

徹頭徹尾的懷疑論在哲學領域其實不常見，可是哲學教科書卻常兜著這個問題打轉，實在令人遺憾。約翰・瑟爾認為哲學界犯了「長達三百年的大錯」，始於眾人接受了笛卡兒的觀點，相信「哲學的主要目標是回應懷疑論」。說三百年其實已經是低估，畢竟如何反駁懷疑論在古希臘、古印度也都頗具分量。但瑟爾說的「我不對懷疑論太認真」這句話深得我心。嘗試處理懷疑論不是壞事，但為了那些虛無縹緲的論述拖垮整個哲學界就大可不必。

「百分之百的確定性不存在」這個觀念很重要，瞭解這一點就會明白持續質疑的意義並非建立於確定性，而是在接受沒有絕對確定性的前提下，檢視自身信念是否足夠穩固。

或許正因為懷疑論，時常有人認為問題太多不是好事，「提出質疑」就是找麻煩。原本哲學的訓練是鼓勵人們提出質疑的，但糟糕的論述看多了也會讓人心神渙散，導致我們對好的論述視而不見。眼力不夠好，想從萬綠叢中找到一點紅變得非常困難。

舉個實際例子：我總是懷疑有機食品是否真的比較好。一旦開始對「有機」這兩個字究竟是什麼意思提出疑問之後，定義的瑕疵與狹隘變得十分明顯。首先，「有機」與「非有機」的區別並非建立在產品特性這麼根本的層面，而是根據有機商標核發單位設定的標準來判斷。換句話說，即使與所謂有機農場採用完全一樣的生產模式，只要沒花錢申請認證，就是不能自稱為有機。同樣道理，有些食品明明百分之百純天然原料製成，但只要用了有機兩個字就會違法。

許多關於有機食品的簡化敘述根本不成立。有機農場並不真的完全避開化學物，事實上也避不開。所謂的有機肥裡有化學物，生物體內也有化學物，生物死了以後體內還是存有化學物。至於有機食品比較健康的說法，至今沒有實證，譬如有機牛奶驗到比較多微量營養素（micronutrient）並不是因為它有機，而是因為乳牛吃的是草而非穀。同樣地，並沒有研究發現傳統農作使用的農藥對人體健康造成嚴重危害。有機食品也不絕對安全，二〇一一年發生過五十一人死於大腸桿菌感染的事件，追蹤後發現問題源頭是德國的有機農場。而有機標章對動物福祉的標準相對很高沒錯，但規定動物生病時得等到替代療法無效時才能採用現代療法，這要求毫無科學根據。細說下去的話，類似矛盾還很多。

這些發現並不會讓我反對有機食品，只是感慨社會大眾被蒙在鼓裡，有種眾人皆醉我獨醒的感受，彷彿持懷疑論的哲學家又從不求甚解的愚民百姓手中奪得一次勝利。

可是換個角度來看，我的質疑力道還不夠，因為我沒有質疑自己的質疑。雖然擊潰了某些人對有機食品天真爛漫的美好想像，但那本來就不是多難達成的目標。回頭一看，我為了對有機食品放大檢視和猛烈抨擊，過程中其實擱置了更複雜的問題，也就是：整體而言，有機食品是否利大於弊，所以勝過非有機食品？這個問題經過研究後，我認為答案是「沒錯」。的確有許多優秀的農場並未取得有機認證，甚至在永續性與動物福祉方面都超越一般有機農場。但前往賣場就會發現架上商品通常簡單分為兩大類，除了有機之外，多半是高度工業化的大批量產物。儘管有例外，但工業化養殖體系基本上視牲畜為物品，用作飼料的穀物與黃豆來自砍伐森林得到的土地，透過合成肥料實施單一作物耕種。這種生產方式有害自然環境，不利野生物種的存續，導致生物多樣性下降。即使有機農業並不完美，但絕大多數情況下仍是值得的選擇。

上面只是簡單示範，論證內容並不充分，讀者自己研究或許又會得到不同結論。此處我想表達的重點不在議題本身，而是背後的思考習慣與架構。簡單來說，質疑好比滾雪球，容易將壞的部分越滾越大，大得遮蔽了所有的好，也讓人看不見其他選項或許更糟。

因此除了質疑論述、質疑觀點、質疑其他人，別忘了也要質疑自己的動機、程序和目標。是不是急著找個機會展示自己思維多麼與眾不同？享受拆臺的快感所以對正反兩面採用不同標準？回到最初，想想你究竟為何提出質疑？最終目標是什麼？以前面例子來說，是想對有機運動發動公審，還是分析農業方式孰優孰劣？許多人事物在支持者口中都被過度美化，但即便真相未必如他們描述得那樣美好，與其他選擇相比說不定仍是最佳解。

質疑的目的並非揭發錯誤，而是增進理解

質疑不能只是挑毛病、找缺陷，也要能看見優點和長處，同時別忘記對目標、動機、理由，甚至自己的品格一併提出質疑。

瘋狂質疑會相當令人受挫。道德哲學家菲利帕・福特（Philippa Foot）跟我說

的一個老笑話充滿寓意：「哲學家這種人呢，就是你問他一個問題，等他扯了一堆以後，你會連自己的問題是什麼都搞不清楚。」她本人也很特別，誠實得罕見，總覺得自己懂得不夠多、準備不夠充分，講出來的話並不值得用心聽，因此從二戰到二十一世紀初的漫長歲月裡她沒有多少著作。在菲利帕・福特看來，如果想達到更高層次的理解，第一步常常是得承認自己對自以為瞭解的事情其實並不那麼瞭解。有許多事情我們不只自詡理解，還認為顯而易見，仔細想想非常可怕。

「顯而易見」這種想法十分危險，時常令人誤以為外來的資訊等同於真理。毋庸置疑未必真的毋庸置疑，得看人類有無能力進行檢驗，譬如過去許多人（尤其歐洲人）覺得非洲人的智力明顯較低、許多工作明顯不適合女性、魚類不具痛覺、同性戀令人反感、太陽東升西落、構成物體的基本單位是固態、流行音樂不能稱之為藝術。

哲學家存在的一大意義，在於懂得質疑人人接受的真理，像是永恆的自我、世界由物質構成、人類能夠直接感知外物、我們具有自由意志、科學描述的就是真實世界、美感只是品味差異、文字只是事物的標籤等等。近期一個十分精彩的範例，是西蒙・克里奇利（Simon Critchley）挑戰倫理學原則——自從康德寫下「能以『應然』描述的行為，必須在自然狀態下能夠實現」之後，這句話便被奉為圭臬（原注2），後人將之濃縮為「**應然**蘊含**能夠**」（*ought* implies *can*）。舉例而言，我母親重病，但她人在地球另一端，如果我買不起機票卻說自己應該去探望未免太滑稽。同理，如果錯並非在你，我就沒理由指責是你自己不避開車禍。這些都是顯而易見的道理。

然而，西蒙・克里奇利指出，「**應然**也蘊含**不能夠**」。原因並非他認為我們能夠完成不可能的任務，而是我們應以超越可能為目標，才能避免陷入「夠好了」的自滿之中。克里奇利表示，這個翻轉康德的主張「更嚴格，也更貼近我們該對自己採取的倫理標準。我認為如果倫理學只建立在願意和能夠做到的範圍，或者對自己現在的行為感到滿意，那代表已經走上了歧路」。要求自己，才有望成為更好的自己。期許自己做得更多並非不切實際，而是承認人類永遠達不到完美。

克里奇利對康德提出異議，就是好的質疑的絕佳示範。他沒有想要抓漏洞或駁倒對方，而是反其道而行。他認為對「**應然**蘊含**能夠**」提出的否定似非而是，而他的質疑是要讓他所質疑者更加完備。他沒有鼓吹大家責怪真正做不到的人，也並非為反而反，而是想將人類以為已經處在終點的思考繼續向前推。他期許大家不止步於「我已經盡力」，而是將其視為新的起點。

他對康德的質疑還點出質疑假設的重要性。對假設提出質疑是哲學家的核心能力，哲學家習於在看似強勢的論述中找到假設漏洞。一個例子是，癌症篩檢、健保支出、藥癮矯治顯然都是好事，增加預算也符合大眾心態所以得到支持。這種假設通常沒錯，但並非每次都對。某事物是好的，所以越多越好，這種假設被英國保守派哲學家羅傑·斯克魯頓（Roger Scruton）命名為「累積謬誤」（the aggregation fallacy）。好的事物變多並不一定代表更好，有可能變糟。每件事物都有其理想的程度和分量，正所謂恰如其分、適可而止。一片蛋糕很美味，十片蛋糕會讓人膩得噁心。一劑疫苗足夠時，採用兩倍濃度或要求每個人多打就會造成危險。

實務上確實很多人認為好的東西就該更多。廠商製造極高劑量的維生素藥丸，其實對人體具有潛在風險。許多人買一堆保險，遠超過自身所需的程度。樂團一味複製成名作風格，於是走上創作瓶頸。克莉斯汀·柯斯嘉德（Christine Korsgaard）認為，累積謬誤的另一個問題是使人習慣囤積，忽略了分享可能更有好處。譬如政府對特定民眾提供更多福利，但實際上資源放在公立圖書館、公眾服務、公共空間則能改善所有人的生活。

陷入累積謬誤常常是因為沒有人明確指出背後有什麼前提。一旦清楚寫下「若某事物是好的，越多則越好」這個句子，多數人就會感到懷疑。這種未清楚聲明的假設前提叫做省略式三段論（enthymemes），養成找出這種假設的習慣就能快速察覺思考盲點。

再來個例子：吃什麼東西能夠增加腸道菌叢？畢竟很多文獻指出腸道菌叢多樣性對身體很有幫助。這種論述導致市面上越來越多發酵食品，消費者也認為它們對身體有好處，其中含有的大量細菌稱作「益生菌」。克非爾（kefir）[4]也來自牛奶發酵，製造商在廣告中使用「增加腸道微菌叢」、「幫助消化」這種句子。既然發酵食品含有很多好菌，應該就對腸道菌叢有益，這是多數人建立的常識。

然而，其中有個值得懷疑的假設：體外和體內環境差異很大，能在外面生存的細菌不一定能在腸道內存活。本書撰寫之際，科學界對此仍沒有定論，不過《英國醫學期刊》（*British Medical Journal*）曾經進行調查，結論是：儘管「補充益生菌對人體健康有一些幫助」，但食品中的天然益生菌恐怕沒什麼意義。人體內的腸道菌叢有五百到一千種，而菌種數已經算多的克非爾也才四十左右。換句話說，人類沒辦法透過飲食得到絕大多數腸道益生菌，而且醫學界共識反倒認為保持腸道菌叢最好的方式，是富含膳食纖維的均衡飲食。（原注3）

另一種常見的假設是，我們自以為瞭解別人立場，實際上根本不清楚人家信什麼與不信什麼。雷・蒙克對羅素提出批判時就受到這種偏見所苦，因為羅素晚年靠政治活動和寫作而成為許多自由主義左派人士心中的英雄。「如果我批評他政治作品的文字，說我覺得他文章寫得不好，但我並未特別針對其中的立場，這樣做其實

4. 譯按：又稱為牛奶酒、鹹優格，發酵牛奶飲料，各地做法不同，最終成分也有所差異。

根本毫無意義。支持者沒辦法將政治立場和呈現手法當成不同的兩件事。」他還表示，評論者會直接假設「我是什麼右翼或宗教狂熱者，只因為我沒有將羅素當成左派的世俗聖人加以膜拜」。有時候批評你的人不一定是你的敵人。

每個人都明白我們應該要質疑自以為的理所當然。幾年前我參加了一次商業演講，講者在白板寫下假設（assume）這個字，中間畫了兩條直線（ass|u|me），然後說：「你假設太多，就是讓你跟我都變成傻瓜。」[5]這種說法挺妙的，有點得意卻又有點心虛，傳達重點的同時又好像在裝可愛。另外，想必非常多上臺講話的人都用過這一招，或許已經過氣了。不過由此可見，先入為主做假設是人類的天生傾向，先察覺這一點才能改變習慣。

對假設提出質疑的結果，常常都是摒棄假設。不過質疑背後的關鍵目的並非揭發錯誤，而是增進理解。休謨質疑過人類對因果的信念，主張我們從未觀察到一物**導致**另一物，只能看到一物**接續**另一物。譬如實際上我們沒有看過水滅火，而是水到了火上，火熄滅了而已。我們提出**假設**，但沒有直接**觀察**到中間的因果。同樣地，雖然大家都認為目前的萬事萬物皆是後果且有其前因，卻沒人有能力證明這個看法。就理性而言，「有果必有因」，但理性無法幫我們確定世間何者絕對是果。

休謨這套理論催生了大量文獻討論，但無論如何詮釋都會發現他並沒有真的要

5.譯按：此處 u 代表 you。

人類否定因果律。休謨對因果關係提出質疑並不是要推翻它，而是幫我們理解因果論以何為據。說白一點，我們無法擺脫因果概念，也必須透過它來理解世界，但應該記住因果律並非建立在經驗或理性上。

秉持這種精神，很多質疑就變得有建設性。比如無神論者質疑宗教，發現支撐信仰的不是理性與經驗，便下結論主張信教是一種莫名其妙的行為。但如果這個道理如此明顯，為何那麼多頭腦沒問題的人都有宗教信仰？更有建設性的質疑方式不會將重點放在宗教是真是假，而是人類為何信教、信仰之於他們是什麼意義。

從這種角度進行質疑，我們會開始思考宗教信仰有多大程度建立在主觀體驗，又有多大程度建立在偽科學思維，並且發現許多神話或傳奇或許看來不合乎現實，卻寓意深遠，於是人們就能接受其中所謂的神祕，甚至矛盾。在這個例子中，質疑不是為了摧毀宗教，而是改變我們對於信仰的理解。

檢視自己心中既有的假設

生活中有很多需要信心與信念的場合，但想要盡可能清晰思考的時候，放下信心與信念並非墮落，而是美德。我所見過最好的哲學家都不僅僅是願意質疑自身的能力，甚至也會質疑哲學本身的價值。音樂家麥羅（Mylo）[6]說過一句話我深有同感：「我最欣賞的幾個哲學家與哲學之間是愛恨交織的關係，例如維根斯坦。既然他們一直都在質疑，最後當然也會質疑自己正在做的事情。」

從哲學看《異形》系列電影而聲名大噪的史蒂芬．穆霍爾（Stephen Mulhall）對此也表示同意，他主張哲學家就是在各個場合找機會對假設提出質疑：「要是能質疑科學家、質疑創作者，就應該去做。我們這一行原本不就該幹這種事？」他還認為這麼做的人，「是前後一致的哲學家，畢竟哲學家對自己的哲學也是抱持同樣的態度。」

西蒙．葛倫丁寧（Simon Glendinning）長期鑽研海德格、維根斯坦、德希達等人的艱深著作，他對自己的質疑非常強烈：「對哲學家而言，去面對自己的工作或自以為的工作是很為難的事情，因為這些內容有可能隨風而逝，也有可能根本什麼都沒做，更糟糕的是把事情給做壞了。」

丹尼爾．丹尼特也說：「最優秀的哲學家彷彿在走鋼索，往左往右偏都不好、都沒道理。所以諷刺他們太簡單也太沒意義，無論亞里斯多德、康德，還是隨便一個哲學家，稍微做點扭曲看上去就變成大白癡。」

但並非所有哲學家都會對自我定位或自身信念產生質疑。例如提摩西．威廉

6.譯按：本名 Myles MacInnes，蘇格蘭電子音樂家。

森（Timothy Williamson），這位邏輯學教授在牛津大學享有威克漢席位，備受主流社會的禮遇尊崇。我曾詢問他是否擔心自己的哲學研究最後會是一場空，他迅速堅定地回答「不會」，並補充說：「一般來說，擔心自己做的事情在別人眼中是不是沒意義，其實就是太敏感了。」他同意哲學理論被後世棄如敝屣確實是種「職業風險」，但是他認為「說哲學研究的本質就是空洞，未免太過誇大其詞」。

我覺得需要擔心的並非「哲學的本質就是空洞」，而是在於我們選擇的**特定**哲學（或思維）是空洞的。威廉森對於自己研究的英語體系主流哲學毫無擔憂，他認為撇除技術細節，哲學與人類思想其他面向都能接軌，其中包括自然科學。從這種角度來看，如果哲學的本質空洞，所有人類理性的表現也都跟著變成空洞。

我卻不像他這樣樂觀，因為這聽起來有不符合哲學的自滿情緒。他和類似立場的人應該質疑另外一點：在他們的想像中，哲學完全相容於科學或其他基於理性的研究，但這是事實嗎？有可能我們走錯了方向，其他領域通用的研究方法根本不該用在哲學上。儘管我（通常）也不認為這是個問題，但重點是要加以驗證，不能全都建立在假設上。

另一位應該自我質疑但並沒有這樣做的哲學家是麥可．達米特（Michael Dummett），語言哲學的翹楚，同時是虔誠的羅馬天主教徒，在同儕中特別醒目。

菲利帕·福特曾經問他：「論證和宗教信仰相違背的時候，你怎麼辨？」他回答：「如果你知道何者為真，怎麼還會發生那種狀況？當然是另外一邊要去符合真理。」福特對此的詮釋是：「他們〔宗教信徒〕覺得自己相信的都是真的，就像我現在正在說話一樣，是沒辦法否認的事實。」達米特將教義放在質疑之前。哲學懷疑則被拒於教堂門外。

許多人認為質疑他人的宗教信仰是一種不禮貌和不尊重的行為。然而，我無法理解我們明明對其他各種信念都仔細加以檢視，為何獨獨放過宗教。齊亞烏丁·薩達爾認為歷史上的伊斯蘭教非常認同人類應該善用理性，即使是用來質疑宗教。這種說法與目前主流認知的伊斯蘭大相逕庭，今時今日伊斯蘭給人的印象就是「臣服」與拒絕批判性思維。「《古蘭經》反覆要求讀者思考，經文裡出現最多的句子就是『你是否想過』、『你想想』、『注意那些跡象』。對我而言，《古蘭經》有趣之處在於明明是宗教經典，卻一直提問。」

如果對自我和自身的行為**持續不斷**提出質疑，確實會像威廉森說的一樣太敏感，那麼**定期檢視**則會養成良好的哲學衛生習慣，至少有助於克制自滿和傲慢。哲學家以質疑一切的能力為榮，若將質疑自己或自身信念排除在外，算什麼呢？說好聽是雙重標準，說難聽就叫做表裡不一。

一如批判性思維的許多層面，質疑的重要性不難理解。但是知易行難，尤其西方社會，或至少英語國家正瀰漫失控的正向思考，要求我們對別人的意見與想法無止境地支持、包容、樂觀。就算覺得親友提出的創業計畫很糟糕，你也不能當著人家的面表達質疑，否則就叫做「踐踏他人的夢想」。事實上，儘早點出癥結，對方意識到那門生意不易經營自然能避免慘賠窘境。正由於這是一個點破問題也會被誤認是惡言相向的年代，我們更應該有所警惕，好好檢視自己心中既有的假設。

如何專注：

■確認你找到必須要問的問題，而不只是跟著別人提出相同的問題。

■確認問題的形式正確。有些提問方式會迫使你從有限的選項中做抉擇，無法切中要害。

■不要為質疑而質疑。問問自己質疑的目的究竟是什麼。

■不要因為沒有確切的答案就擁抱懷疑論。在不可能的情況下，不要強求確定性。

■質疑你自己的動機：提出質疑為的是加深理解，抑或捍衛自身理念、駁斥對方的立場？

■不要過分在意負面的答案。有時候一個正面的回應已經足夠。

■越是一目瞭然或理所當然的情況，越值得我們重新檢視。

■做好心理準備：或許你不只是爬錯樹，而是連林子都沒找對。打從最初就走錯方向也是一種可能性，要能接受和放下。

第三章　按部就班

一百個懷疑也不會變成一個證據。

——杜斯妥也夫斯基，《罪與罰》

新冠肺炎疫情期間一般民眾連與親友碰面都困難重重，但英國首相鮑里斯·強森（Boris Johnson）的辦公室與住家卻出現社交聚會，還有美酒、乳酪及音樂伴奏。強森否認自己舉辦派對，隨後警方調查卻找到一百二十六項違規並開罰，其中一項針對他本人。強森堅稱「我當然沒有違反規定」顯然不是事實，而前任首相[7]則在下議院表示：「我們受人尊敬的朋友可能沒看清楚規定，或者看了沒看懂，再不然就是他們那群人都以為唐寧街十號[8]是例外吧。」如此說來只有兩種可能，一個是他知法犯法還公然說謊；另一個是他無意間違反了自己推動的防疫措施，以首相身分而言就是無能或怠慢。

然而，鮑里斯·強森並未因此下臺，可見牢不可破的論述有時候仍不足以說服大眾採取行動。儘管如此，這個案例仍然呈現出人類從既定事實推導出結論的能力。我認為**是否得證**（what follows）在邏輯推理中具有關鍵地位，能檢驗論述過程是否完整。譬如說：所有的豬都會死，瑪莎小豬[9]是豬，是否得證牠會死？（答案為是。）某種食物含有致癌物質，是否得證不想罹癌就不該吃它？（答案為否。）電影《笨賊一籮筐》（*A Fish Called Wanda*）裡，奧圖是個會讀哲學書的人，是否得證他不笨？（否，因為劇情裡汪達就說了：傻瓜也會讀哲學，「但不代表讀得懂」。）神蹟從未有過可靠的文獻紀錄，是否得證我們不該相信神蹟顯現的說法？（算是。）

7.譯按：前任首相為德蕾莎·梅伊（Theresa May），與強生同黨。
8.譯按：英國首相官邸。
9.譯按：英國瑪莎百貨的卡通人物 Percy Pig。

理性思考最重要的習慣之一，就是自問：「是否得證？」絕大多數情境中，只要好好留意問題內容，即使沒有高深邏輯學的造詣，也能正確回答。上面的例子裡有一個可能令讀者費解：食物含有致癌物，不想罹癌的人就不該吃，我卻說這**不**成立？為何無法得證？乍看之下可以照樣造句：某個東西含有毒素，吃了就會中毒，由此可證不想中毒就不該吃它。但是仔細觀察思考，應該會察覺兩個例子中的動詞都是「含有」，卻從未明言含有**多少**毒素或致癌物質，而是否中毒、是否罹癌取決於劑量。事實上任何熱飲、加工肉品、烤焦的披薩餅皮都含有致癌物，連杏仁也含有氰化物，可是含量非常低，正常攝取對人體不構成威脅。（值得一提的是，現在很多人每天大量食用加工肉品，恐怕已經超過合理攝取量。）一絲一毫毒素都不接受的飲食方式只會死得更快，因為是餓死。

邏輯演繹與推理

「是否得證」乍看很單純，但若想深入理解提問與回答的訣竅，首先要區分能夠得證的幾種形式。在邏輯推理中，對於是否得證的黃金標準通常叫做**演繹**，雖然「演繹」一詞目前有很多引申用法，但在邏輯學上有精確定義。在邏輯演繹中：若前提（推理根據的陳述）為真，則結論**必然**為真。若一個結論具有這樣的必然性，則論述是**有效的**（valid）。

回到上面的舉例。前提是所有豬都會死，瑪莎小豬是豬，那麼牠**必然**會死。這不是什麼驚天動地的大道理，重點在於它的結構：符合這個結構的**任何**推論都是有效的。將結構拆解出來就是：

凡X皆為Y
這是X
所以Y

所以「公民都有居住權，我是公民，我有居住權」是有效推論。然而，結構有效但前提不正確就失去意義，例如某個國家並未賦予公民居住權，上面那個推論無用武之地。前提符合事實、推論結構有效，才能稱作**健全**（sound）的論證。

邏輯演繹就這麼簡單，其餘補充說明只是點出注意不足時產生的疏漏。麻煩就出在疏漏種類很多，因為心理學實驗發現一個不太妙的現象：人類天生不擅長抽象的、形式的推理思考。但無需過度悲觀，這代表我們擅長以推理能力解決現實世界的問題，還懂得集思廣益。大腦專注於生存繁衍，常識及實務的思考技巧才是優勢所在，試圖跳脫現實、單純思考論證結構以及X、Y這些抽象名詞時，反應不及也無可厚非。

多數人第一次接觸到演繹推理時，多半要花些時間才能清楚理解「有效」和「健全」是兩個不同概念。即使前面已經將兩者的差異解釋清楚，但有些人很可能還是沒想通，因此來做個測驗。下面這個論證是否有效？

> 橄欖球員都是尼安德塔人。
> 艾蜜莉．史卡拉特（Emily Scarratt）是橄欖球員。
> 所以艾蜜莉．史卡拉特是尼安德塔人。

答案是肯定的。要記住「有效」的定義：若前提為真，則結論必然為真。關鍵詞是「若」，**若**所有橄欖球選手都是尼安德塔人，而艾蜜莉．史卡拉特是橄欖球選手，那她當然就是尼安德塔人；就像所有豬都會死，所以瑪莎小豬不能例外。只不過在橄欖球的例子裡前提不為真，因此論證雖然**有效**卻並**不健全**，她不必為這種事情找律師告人誹謗。

有效和健全的區別很單純，但違反從小到大的語言習慣。許多人對於「有效」的定義很寬鬆，與「好」、「合理」、「真實」這些詞彙幾乎相等。譬如有人會說「論點有效」，但邏輯學上不存在有效的**論點**（point），而是叫做論證（argument）。

即使掌握了有效和健全的差異，也未必每次都能準確判斷論證是否有效或是否健全。再來試試看：

天然食物有益多數人。
藍莓是天然食物。
所以藍莓有益多數人。

希望讀者都看懂了：這個論證有效但不健全。若前提為真則結論為真，但這裡的前提並不為真，否則我們不必擔心將野毒堇錯認為野香芹吃進肚子會怎樣。如果你沒答對，很可能是因為受到正確的結論擾亂注意力。不當的推論仍有機會導出正確結論，儘管如此不能視為好的推論。看看下面這個例子：

納粹提出警告：吸菸有害健康。

所有政府應該比照納粹。
所以政府都應該警告人民：吸菸有害健康。

有效推論導出正確結論，但前提卻荒謬至極。評估論證的合理性時不是一條一條分開看，而是要針對陳述如何**連接**、如何彼此支撐。比方說：

若人類活動確實造成氣候變遷，則過去四十年內全球氣溫每十年會上升大約華氏零點三二度（攝氏零點一八度）。
過去四十年內，全球氣溫每十年上升大約華氏零點三二度（攝氏零點一八度），
所以人類活動確實造成氣候變遷。

雖然結論正確、前提也正確，但這不是有效論證，自然也不可能是健全的論證。關鍵依舊在於「若」，「若X則Y」不等於「若Y則X」。一個簡單的例子是「昨天夜裡下雨的話地面會濕」，但地面濕了並不一定是因為下雨，也可能是因為澆花、拖地、漏水等等。儘管人類活動確實引發氣候變遷，全球均溫也確實逐步上升，但溫度變化背後可能包含其他因素，所以長久以來一直有人藉此否定氣候變遷

的議題。理論上來說，全球暖化有可能源於太陽活動或其他類型的自然週期，不過目前證據並不支持這些說法。

上述的邏輯錯誤稱作「肯定後項」（affirming the consequent）。「若X則Y」中X為前項、Y為後項，即使我們肯定後項Y為真，也無法得出X同樣為真的結論。一個很好理解的無效論證案例是：「如果汽車廠牌是蓮花（Lotus）就會很貴，這輛車很貴，所以它一定是蓮花汽車。」

若，抑或若且唯若

作為對比者，叫做「肯定前項」（affirming the antecedent），這是有效的論證形式。同樣是「若X則Y」，肯定前項X時自然得到Y也為真的結論。「如果汽車廠牌是蓮花就會很貴，這輛汽車是蓮花出產，所以它一定很貴。」這個例子與瑪莎小豬有同樣的推論結構。

有些人應該覺得這樣的推論簡單到家。所以下面這個也是有效論證對吧：

若今天是五月一號，今天就是國際勞動節。

今天是國際勞動節。
所以今天是五月一號。

不具邏輯學背景的人大都認為這是有效論證，然而邏輯學家卻會說這叫做肯定後項。怎麼回事？

癥結同樣出在邏輯學用詞的定義很精準，與日常語言有所不同。平時大家說「若」有可能只是若，但有時候也有可能代表「若且唯若」（if and only if）[10]。舉例而言，爸爸媽媽說「如果你整理好房間，就可以打電動」的時候，意思並不是小孩還有別的選擇，而是「如果你整理好房間，才可以打電動，**沒有別的辦法**」。正常情境下家長不需要明言。反觀另一個情況是，我說「假如我中樂透，就去威尼斯渡假」，意思並非我沒中樂透就一輩子不能去威尼斯，從上下文自然明白這裡的「若」（假如）單純只是若，並非「若且唯若」。

邏輯學上「若且唯若」又稱為雙條件句，英語中會以「iff」作為標示。回到國際勞動節的例子，日常對話中這裡的「若」可以從上下文自然得知其實是「若且唯若」，所以論證有效且健全：「若且唯若X則Y」確實代表「若且唯若Y則X」。有些人在邏輯測驗一直拿低分，原因未必是腦袋不好，而是他們習慣將所有的若且唯

10. 譯按：也就是「僅在滿足此條件的前提下」。

若當成若，又或者將所有的若當成若且唯若。哲學領域裡，「若」就是「若」，「若且唯若」就是「若且唯若」，兩者不能混淆。因此碰上建立在條件句的論證時，首先就要確認條件究竟是**若**，抑或是**若且唯若**。

如何有效演繹只要幾頁就能說完，所以我已經說完了。但別高興得太早。這事情說來也奇怪：一般認為演繹法是哲學與推理上的黃金標準，但實際運用常常失靈，因為優點和缺點一體兩面。演繹有效就代表結論緊緊依附於前提；換句話說，能從結論得到的資訊**最初就包含在前提中**，結論只不過把話講得明白而已。你知道豬都會死，你也知道瑪莎小豬是豬，你當然知道牠也會死。演繹推理很多時候等同於複述一次前提。

所以當前提本身就是爭議點的情況，演繹邏輯再度無用武之地。比方說，常見的爭論是同性婚姻，反方認為婚姻是一男一女的結合，同性伴侶不符合一男一女這個條件，因此同性婚姻這種東西不能存在。邏輯架構有效，然而正方訴求的原本就是擴大婚姻定義，不讓婚姻制度持續被異性戀獨占。既然如此，強調婚姻**必須**是一男一女的結合等於沒有提出意見，因為主張不等於論述，否認也不等於反駁，前提之一有爭議的情況下論證不可能健全。

論證要有效且健全，代表結論已經包含於前提，而前提也不會受到合理質疑。

如此說來根本很難得到什麼新見解，那為什麼要依賴演繹法？原因之一是在某些案例中，前提所包含的結論並不容易判斷，光是點破這件事情就很有價值。舉例而言，6324÷37.2 等於多少？結論就在前提內，但不經過計算不會知道答案。即使前提涵蓋了所有資訊，透過論證得到結論仍可能對人類有益。

還有一個情況是我們從未以邏輯對自身信念做檢驗。最起碼可以說：將價值觀化為文字時，就會要求一定的精準度。有些人深信不可為私利殺生因此譴責肉食，但在旁人眼中按照同樣邏輯應該也不能殺害蚊蟲、植物，甚至細菌。換言之，第一條前提不夠精準，應當修正為「為了私利殺害其他動物是不對的行為，除非不這樣做會危害到自己的生存」。修改過後也只勉強解釋了細菌和植物，昆蟲與害獸的部分依舊難以自圓其說，仍有進步的空間。像這樣將思想轉換為準確的條件很有意義，能夠確認我們自己的想法究竟合不合理。

再舉一個例子：瑪麗．沃諾克（Mary Warnock）主張若某人擁有權利，通常代表另一人承擔了相對應的義務。後來英國政府針對特殊教育以及人類胚胎和受孕這兩個複雜的議題進行研究，請沃諾克夫人擔任調查委員會主持人。想必她經過一番深思，最後建立的權利義務連結沒造成任何爭議。「如果你擁有路權經過我的地產，我就有義務確保你自由通行，」她將同樣邏輯套用在人類生兒育女這件事上，發現目前不可能要求他者承擔義務確保某人能繁衍後代，因此「不確定所謂『擁有小孩的權利』一說是否合理」。但是想成為父母的人毫無疑問有不受妨礙的權利，隱含意義是不孕症治療應當進入社會福利，因為若生兒育女是國民享有的權利，政府便有促成的義務。

此外，還要記住：演繹推理包括好幾個步驟，兩個前提加上一個結論雖然是說明演繹法的標準範例，但也是最為簡化的形式。步驟越多，疏漏機率越大，因此對於「是否得證」保持敏銳是思考的核心技巧。

對於「是否得證」的誤判時常源於自我矛盾，譬如陰謀論者聲稱政府無能，卻**又**認為政府能夠徹底掩蓋歷史真相，兩者**同時**成立並不合理，由此可見推理出了問題。有時候矛盾比較隱微，但兩種主張彼此扞格：有人認為大企業只在乎利潤不重視環保，但換個場合又表示綠色產業效率較高、是門好生意。倘若後面的主張成立，貪婪的大企業為什麼不轉型投身綠色產業？結論豈不變成企業主眼裡只有錢，實際上又非常不會賺錢？

哲學家的任務是在困惑中找出路

識破並處理矛盾是哲學的一大課題。我已故的哲學家好友傑夫．梅森（Jeff Mason）戲稱「看見矛盾會心裡過不去」。針對哲學的本質大量著述闡釋的尼可拉斯．雷謝爾（Nicholas Rescher）也認為，哲學大體上就是解決矛盾。哲學問題始於發現困惑：「多項主張各自成立，組合起來卻無法協調。」舉例而言，許多哲學家懷疑人類看似擁有知識，卻似乎沒有足夠的判斷力可以確認自身信念的真偽。也有學者質疑自由意志是否存在，認為既然宇宙必須遵循物理上的因果關係，自由意志或許只是假象。這些困惑由兩個主張構成，分開來看都很合理，擺在一起卻十分衝突，偏偏兩邊都難以割捨。哲學家的任務是在困惑中找到出路，或許化解雙方衝突，又或許證明其中一個主張可以放棄，總之要消除矛盾保持前後一致。

哲學家不只處理矛盾，也擅長揪出別人沒察覺的矛盾。針對這部分，奧諾拉．奧尼爾（Onora O'Neill）是很好的範本。她對公眾生活做出極大貢獻，最為人所知便是曾經擔任英國平等與人權委員會會長。奧尼爾研究過信任的議題，從調查數據發現社會大眾對他人的信任度始終偏低。然而，這個數據卻沒能反映在現實生活中。她以自己在BBC電臺科學節目《里斯講座》（*Reith Lectures*）接觸過的提問者為例，對方表示不信任外科醫師，因為她的手術被延後，但奧尼爾則點出這位小姐的思路破綻：「如果她真的不信任外科醫師，手術延期應該是值得開心的事情才對？」

這個小故事凸顯人類言行不一所在多有。聲稱自己不信任他人卻又有許多建立在互信之上的行為，譬如服用醫師開的處方藥物、依據理財顧問建議選擇投資標的、僱用技師操作危險管線等等。還有很多人自稱不相信新聞，但真的不信根本不會看。

奧尼爾提供的例子妙就妙在很多矛盾並不張揚，畢竟明顯自打嘴巴的事情多數人還是做不來。但若保持專注，聽其言、觀其行，這類矛盾自然會浮上檯面。「是否得證」依舊是此處關鍵，真的不信任別人會推導出什麼結論？現實情況是否又與結論有出入？

在某些情況下，想確認「是否得證」需要通過一連串的步驟：A根據B，C也根據B，D則根據C，諸如此類。哲學家唐尼・麥瓦特（Tony McWalter）成為英國國會議員之後也善用這些技巧，他對「反恐戰爭」民情激憤時期有人提議恐怖活動的嫌犯未經審判可拘押最高九十天深感憂心。「我們對這類事務的倉促令人難以置信，徹底違反哲學思考。」麥瓦特曾表示：「社會對哲學家的期望並不停留在預見提案的後果，還要判斷後果的後果，甚至後果的後果的後果。我認為這是哲學存在的意義，政策造成的影響有時並非一目瞭然。」察覺到事態嚴重性，他便對未經審判的拘押提出了異議。

不過我們必須謹慎小心，確認自己**認為**得證的結論是**真的**得證。推理鏈越長，犯錯機率隨著推理過程而不斷膨脹，就像傳話遊戲將意義不斷扭曲。麥瓦特表達意見以後，學界同儕喬納森・里伊（Jonathan Rée）則提出警告，希望哲學家不要恃才傲物，以為自己洞察全局。「討論『後果的後果的後果』會讓人覺得自己很厲害，」他直言：「但別忘了將『後果的後果的後果』掛在嘴邊的哲學家也曾經堅定不移支持蘇聯、中共和德國納粹。」

其實單從一個陳述去推導結論都有可能誤入陷阱。所謂環保偽善論（eco-hypocrisy）就是個例子。有些人認為對抗氣候變遷已經是道德層級的議題，但他們仍會搭乘長程班機，於是被指責是偽善的雙面人。其實當事人真實的想法可能是暖化問題規模過大，需要各國政府通力合作才有一線希望，個人抉擇根本無關緊要，拒搭長程航線不會帶來實質助益。旁人當然可以不認同，卻不該否認他們增加暖化的行為與對抗暖化的期望之間其實並不存在明顯矛盾。話說回來，如果當事人批判一次性咖啡杯和塑膠購物袋卻又跑去搭飛機，就確實是雙重標準。

雖然**一致性**代表了思維水準，是思考的關鍵面向，但也無需不擇手段去追求。

愛默生（Ralph Waldo Emerson）的評語令人印象深刻：「愚蠢的一致性是藏在狹隘心靈裡的妖怪，受到卑微政客、教徒與哲學家崇拜。」一致性之所以會愚蠢，是源於為了強求前後一致而寧願擁抱荒謬，甚至不合常理。

容我大膽舉個例子來說明：古老的堆垛悖論（sorites paradox）[11]如何破解？所謂堆垛悖論指的是某些概念模糊不清，我們無法判斷何時成立、何時不成立。比方說「高」，身兼作家、導演、演員身分的史蒂芬・默錢特（Stephen Merchant）身高有二〇一公分，沒人會說他不高。但如果他縮水到二〇〇・九九公分，就不高了嗎？當然不會。那再縮〇・〇一公分呢？還是高，這麼小的差距無關緊要。但如果這個問題不斷重複，重複非常非常多次以後，史蒂芬・默錢特就會和搭檔瑞奇・賈維斯（Ricky Gervais）一樣都是一百七十三公分，談不上很高。要是還不死心繼續讓他縮水，總有一天他會與賈維斯喜劇作品《人生苦短》（*Life's Too Short*）的演員瓦威克・戴維斯（Warwick Davis）同樣是一百零七公分。

這個悖論的矛盾之處在於人類下意識認為高、普通、矮之間有絕對標準，但認真思考之後卻說不出界線何在。我想唯一能化解矛盾的方式，就是接受某些詞彙，例如高、矮，原本就很模稜兩可。有些人明顯特別高，有些人明顯並不高，但中間更多人沒辦法輕易劃分。會成為悖論是因為我們想強加數學式的精準於特定詞彙

11. 譯按：又稱連鎖悖論。

上，可是語言具備有機與演化的特性，真的能夠套公式嗎？

某些哲學家非常抗拒概念可以模糊的想法。他們擔心語言不精準，哲學就必然不嚴謹，於是為了保全精準而提出另一種主張：詞彙定義之所以模糊是人類能力有侷限，並非概念本身有缺陷。換言之，高和不高的人之間涇渭分明，我們自己找不到界線不能說界線不存在。模糊不清的是人腦，不是世界。

儘管我個人覺得這樣的解釋很滑稽，可謂愚蠢一致性的典範，但比我聰明得多的哲學家很認真支持這個立場，其中以提摩西．威廉森為最。他曾對我說：「該問的是，為什麼〔有些人〕因為假設聽起來奇怪就覺得不可能，科學上很多一開始聽起來奇怪的假設，後來都得到證實。」從這個故事我們又能看到所謂哲學常常就是各自表述，然後通過自己的思考，甚至喜好做判斷。每個人對模糊與誤差的容忍度不同，背後原因並非只有理性高低這一項。以我而言，雖然平時遵從「論證走到哪裡，我就跟到哪裡」的準則，但若發現論證會帶我跳進萬丈深淵，我還是不幹的。

事實上，確實有某些形式的推理會帶領我們走向懸崖，不過是基於建設性的理由。譬如人們常說**生命無價**，如果強調是不能以金錢衡量，應該多數人都同意。可是也有人將其詮釋為救命不計代價，也就是**如果有資源能救人一命就必須救，無論成本多巨大**。這是好的原則嗎？

想像一個情況：我們能夠拯救某人的性命，但必須付出全國的文教預算。倘若我們同意上面那條原則，**如果有資源能救人一命就必須救，無論成本多巨大**，答案就是**我們應該以全國的文教預算去挽回一個人的命**。多數人恐怕會覺得這個結論很荒唐，引導出這個結論的原則一定有問題。

上面是依循論證得出邏輯結論的極端案例。若我們嘗試以同樣方式檢驗價值觀，有時會發現自己的出發點就很扭曲，而這就叫做「歸謬法」（*Reductio ad absurdum*）——歸順於某種見解，卻以邏輯推導出明顯荒謬的另一個見解，於是會察覺一開始的見解就並不完善。

歸謬與先驗論證

歸謬的基本原則與演繹相同。在有效的演繹論證中，前提為真則結論必然也為真，因此若結論顯而易見不為真或太荒唐，然而論證本身又有效，便可得知前提一定有瑕疵。接下來則有三個選擇，一個是拒絕前提，一個是修正前提，最後一個是咬牙接受明知不妥的結論。

在我們徹底否定前提之前可以嘗試加以修正，畢竟它是一個原本讓人想相信的說法，或許仍有值得參考之處。回到前面的舉例，癥結可能是傾全國文教預算只能拯救一人性命，眼光放長遠反而造成增加犧牲，因為文化和教育與國家健全息息相關。論證中的瑕疵出在救人**一命**，而不是單純的**救命**。可以考慮更改為：**資源應以救人性命為優先**。

這樣修改過後便迴避了為一人賠全國的窘境，卻仍主張盡可能將公家資源投注在人民健康與防衛。換句話說，人民生活品質多低無所謂，只要能活久一點就好。所以教育體系可以只訓練能夠救人的專業，其餘多數孩童十一歲就離開學校工作賺錢以支撐國家運作……我們可以繼續縮限「生命無價」這句話的定義，但到最後我想多數人會通過歸謬法得到答案，也就是拯救生命不能成為公共支出的唯一考量，任何政府或醫療服務提供者都必須對救人性命的成本制訂上限。聽起來很無情，但現實本就殘酷。

另一方面要注意的是：歸謬論證通常並不強迫我們放棄前提。不管結論多荒唐，永遠有個選項是勉強自己接受。在「生命無價」的例子裡，只將資源用在能救命的事物上並非社會接受的觀念，但也有人認為這代表大眾不願背負本該承擔的道德犧牲，在他們的理想世界裡，經濟活動的目的是籌措資源支撐醫療服務，藝術教育之類的東西是該排斥的奢侈品。

其實道德哲學家彼得．辛格（Peter Singer）的立場也相當接近。他曾經提問：如果你行經池塘，看見有個幼兒在裡面快要溺斃，而你能夠涉水過去救他，你是否應該行動？當然應該。但下水不僅會弄壞新衣服，也來不及趕上重要的會議？還是得救人，因為你的犧牲相較於孩子的性命微不足道。由此看來，一般人依舊認同的原則是，「如果有能力阻止非常糟糕的後果，而且不因此有損道德，那麼採取行動才是合乎道德的做法。」

你認同辛格嗎？以我而言，可能習慣花個五英鎊左右喝咖啡、吃可頌，但如果我願意放棄小確幸將錢捐做慈善，可以幫盲人重見光明、阻止瘧疾傳染，甚至保住某人免於一死。比較起來，點心當然不值一提。然而，認同這個原則之後，無論我還是你都應該徹底戒掉茶點，否則就不道德了。其實辛格還呼籲大家「盡己所能付出，直到再多付出一分就會造成自己或親屬嚴重的痛苦」。所以不只是點心，以後只能穿廉價衣物，電視機這種消費商品也不該存在，更別說渡假了，連上館子用餐的錢都得拿去做公益。

對許多人而言，這就進入歸謬法。要求大家放棄太多東西的道德原則顯然過度苛刻。不過辛格選擇忍受，他的道德觀念**確實**嚴苛，不過嚴苛不等於錯誤。「其實多數人捐出一半收入也沒有大礙，」他曾經對我說，「可想而知，大部分人不會願意。」話雖如此，辛格自己卻更加堅定：「很多人舒舒服服過日子，基本需求全都得到滿足，然後還會說『聽歌劇、參加展覽看名作，才是豐富的人生』。同時間，世界上有人餓著肚子睡覺、沒錢治好孩子的痢疾、跋涉兩小時才能找到乾淨飲用水，甚至無可奈何只能將就不乾淨的水源。我覺得那種豐富其實是放縱。」

歸謬論證就麻煩在這裡：我覺得荒唐，你卻覺得只是別無選擇或反直覺的事實。很多荒謬的事情都有人信，而且那些人並不笨。

還有另一種論證也建立在承認命題上，只是方向反過來逆推回去。在**先驗論證**（transcendental argument）中，起點是顯然為真的現象，然後據此推論其他何者也**必然**為真。約翰．瑟爾嘗試經由先驗論證建立「外部實在論」（external realism），也就是承認外在世界的存在為真：日常交談中，大家會約定某個時間、某個地點見面，然後呢？幾乎都能成功。瑟爾認為，「如果不假設有獨立於人類之外，存在於客觀時空之中的某個點可供會面，我們根本沒辦法有這樣普通的認知。這就是外部實際存在的證明。」

讀者或許會訝異於推論怎麼如此簡單，但請體諒上面段落只是濃縮後的總結，也請注意外部實在論與「素樸實在論」（Naïve realism）有所不同。素樸實在論認為外界基本上與我們所見所聞相同，然而外部實在論則導向「結構實在論」（structural realism），意思是外在世界的表象有可能與本質相去甚遠，但必然有某種結構才造成能夠系統性分析的外觀。時間和空間就是兩種結構特徵，人類對時空的體驗必然足夠接近外在世界本質與表象之間的系統關係，否則約定時間地點不可能成為社會慣例。

先驗論證這個名字聽起來有點華而不實，但其實也能套用在日常事務。基本提問是：「如果**這**是真的，還有什麼也**一定**會是真的？」或者稍微寬鬆些，「如果**這**是真的，還有什麼也**很可能**是真的？」來個看似雞毛蒜皮卻很實用的例子：鑰匙不見了，你覺得有可能的地方都找過了還是沒找到，那想必是放在你以為**不可能**的地方；既然你已經用鑰匙開門進入屋內，代表鑰匙一定還在家裡。這個例子看起來太理所當然，但我相信不會只有我有經驗——別人找不到東西，你問他：「**那邊**找過了嗎？」對方卻說東西沒理由會在**那邊**。關鍵在於，既然找不到，不就代表東西在自己沒想過的地方嗎？

上面這種情況姑且稱作「實務先驗論證」，要留意的是自以為某個前提**必然**為真，但其實不只一種可能性。伴侶最近常打電話給未知的聯絡人不代表就是外遇，有可能在給你安排驚喜，又或者確實隱瞞了什麼但並不是移情別戀。常見的錯誤是想像力不足，然後將「我想不到別種解釋」當成「不可能有別的解釋」。

歸謬與先驗論證都是在特定事實之間尋找必然存在的關聯。然而，有時候從一個看似為真的陳述推導出另一個論述，並未通過明確的步驟，而是緩緩滑行。「滑坡」（slippery slope）論述會根據邏輯從前提推導出不合適的結論，而通常癥結出在心理因素。

經典的爭議是針對末期病患的安樂死合法化，很多人的反對理由並非否定法條適用對象有「死亡權」（right to die），而是擔心此例一開後患無窮，老人、殘疾、想要盡可能活久的族群會被視為社會負擔，在輿論壓力下不得不提早結束生命。本身為身障的詩人兼社運人士賈米．黑爾（Jamie Hale）說：「我能想像最後根本沒有任何措施能預防人們被人際、財務、社會的壓力逼到自絕生命。」（原注1）協助殘疾人士的英國慈善團體Scope調查發現，「多數殘疾人士認為不開放安樂死能保護大眾不因壓力而選擇自盡」，且三分之二受訪者對相關立法感到憂心。（原注2）

瑪麗．沃諾克曾說，通常「提出滑坡論證的人會認為從一個步驟一路往下滑落到最糟糕的谷底，是合乎邏輯的必然結果」，但事實上這個必然性本身並不合乎邏輯。沃諾克夫人指出，這種論證針對的是人性，「滑坡論證其實意思是『人性本惡，一旦開始就回不了頭』。」

因此面對滑坡論證，首先要評估非本意的風險究竟有什麼，然後思考是否有手段能使這道坡不那麼滑。以安樂死而言，倡議者認為只要立法完善就沒有濫用的可能，但反對者表示法條無法阻止社會風氣演變，此風不可長根本不該冒險。（然而，當爭議涉及風險，其實也要考慮不改變現況造成的後果，以此例而言，就是許多病患被迫承受漫長痛苦的死亡過程，想解脫卻不得其法。）

滑坡論證多半將事態發展形容為無可避免，但在很多情況裡，人類自己握有主導權。

數字是絕佳的文宣工具

這幾年統計學素養的重要性再次浮上檯面，很多人看到R值、死亡率、指數成長、疫苗效力等等詞彙一頭霧水。雖然同屬批判性思維，這部分並非哲學家的特長，但哲學的思考習慣能幫助我們在缺乏統計學背景的前提下更明瞭數據意義。

哲學家習慣對任何陳述提出疑問：代表什麼意義？背後什麼根據？能推導出什麼結論？面對數據，提出這些問題同樣能幫助理解。

事實不會自我介紹，數字尤其木訥寡言，總將意義藏在冰冷的外表下。舉例而言，二〇二一年三月，聯合國環境署公布最新的《糧食浪費指數報告》，其中有個數據十分搶眼，於是媒體大做文章：「二〇一九年產生大約九億三千一百萬噸的糧食浪費。」（原注3）表面上是個很大的數字，但真的很多嗎？（原注4）仔細閱讀報告書，會發現這個數字占總食物量的百分之十七，再考慮到一定程度的浪費本就不可免，嚴重程度應該遠低於多數人想像。而且不實際計算很難意識到：二〇一九年地球的人口總數為七十六億七千三百萬，分攤下來每人全年浪費一〇九公斤，每週大概兩公斤而已。

此外，哲學家面對各種陳述幾乎膝反射式會詢問各個用詞如何定義。報告書中「食物浪費」究竟什麼意思？答案可能令人訝異：「糧食浪費指數研究將『糧食浪費』定義為脫離人類食物供應鏈的食物及不可食用部分。」所以各種殼、皮、骨也都叫做糧食浪費，即使一開始就沒人會去吃。

學術界對糧食浪費通常採取相同或類似定義。歐盟將糧食浪費定義為「脫離食物供應鏈後，經回收或棄置的食物及食物不可食用之部分」。（原注5）英國政府協助成立了公益單位「廢棄物與資源行動計畫」（Waste & Resources Action Programme, WRAP），糧食浪費數據大半來自這個單位。他們計算糧食浪費時將「準備食物或飲料時，依慣例在正常情況不食用之部分」也納入數據中。（原注6）

一般人有興趣的數據應當會著重在可避免的食物浪費。仔細查詢的話，會發現

WRAP後來也費心提供了兩種版本的數據，一版包括不可食用的部分，另一版則將其排除。然而，閱讀報告時很難第一時間就意識到自己看的數字是什麼意思，如果是透過媒體的二手資訊就更加模糊。二〇二一年，媒體針對WRAP報告所下的標題是英國每年浪費九百五十萬噸糧食，其中六百四十萬為可食用部分，達到平均每人九十六噸之多。（原注7）美國農業部經濟研究局採用的數據是糧食**損失**，也就是「糧食收成後可食用但因任何理由未經人類攝取的部分」。依照定義進行統計，美國的糧食損失占食物供給的三成到四成，總量一千三百三十億磅，平均後每個人竟然浪費四百噸。（原注8）

對數字背後意義有進一步掌握以後，接下來應該確認的是資料從何而來。在糧食浪費的例子裡，答案是來源五花八門，可信度也有高有低。前面提到的聯合國環境署報告在結論中指出：「全球糧食浪費的數據目前取得不易，估計方式也各有不同。」只有十七個國家提供高品質的數據，其餘四十二個國家提供的資料可信度僅為中等，代表實際上糧食浪費的情況一定高於統計數字。

最後必須問的是：我們能從這些事實推導出什麼？簡單來說，什麼也推不出，除非能得到更多資訊。基本上可以假設零浪費的實務可能性為零，因為前提是供給和需求完美對應、運輸與儲存零失誤、配給控制極其精確、連烹調過程也不能出差錯。換言之，理想的糧食浪費比例會高於零，但究竟是多少？我們無從得知，從各項報告中只能推測理想數字應該比現況低很多。

上面這一大段糧食浪費的討論看起來很不哲學。然而，推動討論的動力並非統計學或食物生產體系的專業知識，而是透過哲學養成的思考習慣。相較於只閱讀報導，深入思考會對議題有更清晰的認識。

有趣的是，這個案例正好呈現詳細數字有時候並沒那麼重要。關鍵結論是全球浪費糧食的情況嚴重、富裕國家更甚於貧窮國家，數據可能包含不可食用部分、某些報告精準度欠佳，減少糧食浪費還有很多努力空間。起點是量化分析，終點卻是質性資料，這個現象恐怕並非巧合，因為從哲學切入常常會發現最初的問題並不是最重要的，也與最後的答案沒有直接關聯。

詢問「定義為何」、「出處為何」、「可推導者為何」能揭露很多數據背後的真相。譬如我們常看到某項研究找到了「統計顯著性」，如果是哲學家就會本能回應：請先詳細定義。所謂「統計顯著性」的意思其實是統計結果不太可能是巧合，但「不太可能」又是什麼意思？其實代表大約二十分之一的機率。如此說來，每二十個具有統計顯著性的結論裡，就會有一個根本沒意義。（原注9）

而且既然名為**統計**顯著性，意思就是在別的層面上未必「顯著」。死亡率提高一倍聽起來非常驚悚，但若原本風險極低，例如僅僅千萬分之一，增加一倍又如何？只要確定利大於弊就幾乎可以忽視。

至於**臨床**顯著性又是另一回事。具有臨床顯著性的結果通常直接影響到預期壽命、症狀緩和、成本效益、醫療需求下降等等。統計顯著的結論不一定臨床顯著，臨床顯著的結論也不一定統計顯著。例如研究發現某種藥物在統計學上「顯著」延長癌症病患的存活時間，但結果是從五．九一個月增加到六．二四個月，說穿了就是多十天。即使某些人認為這很重要（多數臨床醫師不會這樣想），考慮到藥物副作用及花費，專家不大可能建議採用。

以此例而言，瞭解數據的意義也就回答了「可推導出什麼」的問題，而答案是沒有實質意義。在其他情境中，可推導的結論或許一開始不明朗，需要投入注意力才能察覺。生活中反覆出現的例子是科學研究發現某樣東西會增加疾病機率，可能是食物飲料、可能是殺蟲劑清潔劑、可能是化妝品等等。乍看之下每樣東西都有害人體健康，但的確萬事萬物都有其正面與負面作用，好與不好得著眼於整體。因此儘管很多藥品有副作用或能引發其他疾病，為了健康還是應該服用。除非能夠**完整**掌握一樣東西的好與壞，否則不該僅因為負面作用就將其排除。

數據來源也很重要。像我上面提到的癌症研究數據真實可靠，可是常見情況是資料來自利害關係人，如果巧克力有利身心的研究背後是甜點廠商贊助的經費，我們就應該提高警覺。即使研究動機純正，產出的結果未必不受扭曲，因為許多論文是經由大學的行銷宣傳單位才流入媒體，於是報導文字過度渲染統計顯著性且偏離作者本意。搶時間的記者拿到新聞稿就動筆，根本無暇閱讀原文，專擅調查報導的記者尼克・戴維斯（Nick Davies）戲稱這是業界的「抄手文化」[12]。

數字是絕佳的文宣工具，提升個人的統計素養絕對有好處，但面對數據時通常只要採用哲學原則就能保持清晰思路。所謂「數字會說話」也要你能聽得懂，如果無法理解背後含義，它們終究只是數字。

邏輯的重點在於實用性

判斷由信念、事實與數據推導出的結論是否合乎嚴謹邏輯，是批判性思維的核心。哲學界通常主張這種能力得透過形式邏輯的訓練來培養。不過實在很可怕，多數人看到 $\forall x \exists y.Q(x, y) \neg \forall u \exists v.Q(v, u)$ 這堆符號大概就意志崩潰。但像我其實並沒認真學，就我所知沒學好的也不只我一個，更何況重要哲學文獻都和這些符號沒有直接關係——探討形式邏輯的另當別論。

12. 譯按：churnalism（發音近似「新聞學」journalism），以 churn（攪拌，通常帶有粗製濫造的貶義）諷刺大量抄寫外電報導和新聞稿的產出模式。

另一顆定心丸來自希勒瑞・普特南（Hilary Putnam）。他認為二十世紀英語哲學圈過度強調數理邏輯，感慨很多人下意識認定唯有邏輯能夠達成「整理」思緒這個重要目標。「哲學上的整理怎麼會是這個意思呢？」他說：「我覺得直到現在大家還沒跳脫從句型結構判斷『真正』意義的窠臼。」在普特南看來，哲學界有人「夢想從講究精確的科學援用形式主義，以為這樣叫做進步」，而且這種心態蔓延到其他領域，諸如社會學、經濟學等等社科研究。「其實數理邏輯的魅力有一部分在於神祕感——連E都要反過來寫！」

話雖如此，我們還是應該看看為什麼很多哲學家重視邏輯。提摩西・威廉森說：「對我而言，別人講了一段很複雜的英文，我把內容轉換成符號感覺會比較清楚。那些邏輯公式可以說是地圖，清楚標示出彼此之間的邏輯關係。」然而，這其實是個人偏好，他自己也表示「很多人會反向操作，習慣將符號轉換成文字才容易理解」。

即便如此，威廉森也主張：「我不認為所有哲學家都得熟悉形式方法……很多好的哲學以白話文表達，多半不會因為轉換形式得到好處。」除非主題就是邏輯，否則絕大多數，甚至可說所有實質問題都不必通過形式邏輯也能好好討論。

不必認識∀和∃也能建立清楚思維，聽到這裡大家或許鬆了口氣。（如果還是好奇：∀是全稱量詞，代表「全部」或「每個」。∃則是存在量詞，意思就是有某物存在。）演繹邏輯的根本在於「是否得證」，前面花了很多篇幅解釋如何不用符號回答，而且無論走不走形式邏輯，人類思維很大部分本來就不是建立在演繹上。

或許有點意外，但立場最堅定的哲學家也承認這一點。麥可・馬丁（Michael Martin）可以說是分析型和技術型的哲學家表率，他絲毫不在乎外行人看不看得懂自己寫什麼，我在研討會親眼見識過他剖析別人的論證，手法就像外科手術一樣精準明快。然而，連他這樣的人也說過：「其實能夠讓論證明顯有效的哲學家並不多，作品讀起來有趣的幾乎都不會。」雷・蒙克則提醒大家要記住「有效論證是個效果有限的武器，我們被別人說服或接納新觀點時，通常並不是基於對方提出的論證有效」。關注科學事實多於假設理論的「神經哲學家」派翠莎・徹蘭（Patricia Churchland）的說法更直接，「真有人以為演繹推理能夠走遍天下嗎？我自己一星期用不到兩次。」她大概擔心這樣說太輕浮了，立刻補充解釋：「剛才那是開玩笑，我沒認真統計過自己多常運用演繹推理，但能肯定的是，不算很頻繁。」

熟悉演繹法的基本規則有其價值，可以養成檢查論述一致性和連貫性的好習慣。但面對生活情境需要另一種推理方式，相比之下邏輯或許沒這麼嚴謹，但重點在於實用性……

如何留意步驟：

■面對任何論證，關鍵問題是：是否得證？

■謹記不好的論證也有可能得出真實結論，甚至所有陳述都符合事實。

■看到「若」，先確認是單條件的「若」，還是雙條件的「若且唯若」。

■熟悉諸如肯定後項之類的形式謬誤會有所幫助，可以提醒自己「若X則Y」並不等於「若Y則X」：我是人類，則我必然是靈長類。但我是靈長類，不代表我必然是人類。

■追求一致性，但若解決矛盾的辦法太荒謬，不如留下矛盾也罷。

■根據歸謬法，當信念導出的結論不合理，代表信念本身有誤。若無法修正，勉強自己接受也是選項，或許看似瘋狂的想法背後有其道理。

■若接受看似合理的陳述會導致必須接受另一個不那麼合理的陳述，就得小心是否進入滑坡謬誤。然而，無需過分惶恐，很多滑坡論證源於心理或社會因素，可以設法減緩坡度。

■面對數據或事實，先在心裡發問：定義為何？出處為何？可推導出什麼？

■不必太重視統計顯著性，通常在其他更顯著的層面上它並不會那麼顯著。

第四章 真憑實據

寧可知道最糟糕的真相然後不快樂，也不要活在愚人的樂園自以為幸福！

——杜斯妥也夫斯基，《白癡》

扭轉氣候變遷、消弭貧窮、餵養增長的全球人口，這些人類行動並非受到演繹論證推動，而是有足夠多的人們接受了證據，認知到現況及背後原因，設想出改變的辦法。在這些過程中，演繹推理只能作為輔助，用於消化資料及確認假設是否符合證據等等。然而，針對事實，思考的基礎終究是觀察和經驗。我們觀察並測量氣候演變，基於假設進行詮釋，可是這些假設同樣建立在之前的觀察結果上。根據特定觀察引導出通用理論並非演繹法，而是**歸納法**。歸納推理如何運用？

人類對觀察經驗的依賴是一個深刻的哲學課題。既然對於世界的認識建立在有限的過去經驗，我們如何保證這些認識在當下，以至於未來都正確無誤？從「過去反覆觀察到某種現象」到「這個現象以前一再發生，以後也會持續發生」之間有很大的邏輯鴻溝要跨越。誰能保證明天地球的重力依舊相同，水分子結構不會悄悄從H_2O變成別的東西？「歸納的問題」（problem of induction）幾百年來令哲學家夜不成寐。

讀者可能覺得為了這種事情不睡覺很莫名其妙，說好聽是杞人憂天，說難聽是腦袋有病。其實就算哲學家也並不認真懷疑太陽明天還會升起、下一杯咖啡依舊提神，畢竟過去幾千幾萬個日子都是這麼過的。哲學家並非因為害怕看不見下一個黎明才失眠，他們只是想鑽研最深層的真理。

回歸現實層面，歸納問題的啟示很簡單，就是根據觀察及證據得到的信念永遠達不到百分之百確切。然而，絕大多數影響人類生活方式的信念奠基於過去的觀察，所以我們不得不接受生命存在不確定性。變數不僅是因為觀察發生在過去，還因為資料總是有所侷限，沒觀察到的總是比已觀察到的更多。儘管部分物理學和化學知識經過大量驗證幾乎毋庸置疑，世界其他部分瞬息萬變、錯綜複雜，誰也說不準。

這時候常見的反應是：沒錯，現實世界有很多事情我們沒把握，但自然法則**大概**不會變動，人類很多信念也**大概**能夠成立。就口語表達而言，這種說法沒問題，如果你對於其中不嚴謹之處沒興趣，可以直接跳到下一段。如果很講究邏輯，「大概」（probably）這個詞不適合用在這個情境，因為要陳述事情大概如何，首先得掌握概率（probabilities）是什麼。丟銅板時正反面的機率都是百分之五十，因為硬幣是兩面的對稱結構。已開發國家公民一生中的罹癌機會是百分之五十，死於癌症的機率大約為百分之二十五，我們知道這些是因為收集過數據並加以統計。反觀自然法則，我們的信念並非建立在統計資料上。如果以一般計算概率的方式，這些定律確實百分之百成立，原因單純是基於過去所有觀察都得到同樣結果。可是從哲學的角度思考，**僅**依靠過去經驗計算出的概率並不確實：概率推論以歸納法有效作為大**前提**，卻從未證明或解釋歸納法**為何**成立。

以過去為基礎設想未來

人類對世界的各種認識都有可能不完全正確，但並不因此減損經驗的重要性。即使認知到不確定性無可避免，重新看待經驗主義仍會發現「**可能**不對」與「**確實不對**」依舊無法相提並論。

舉例而言，很多研究發現精製糖有害健康，但尚未有**絕對肯定**的證據促使人類將糖定義為有害物質，也就是問題**可能**出在常與精製糖同時存在的其他東西，糖只是背了黑鍋。即便如此，這個**可能**實在不太靠得住，降低精製糖攝取量才是明智之舉。過往經驗並非完美指引，但追根究柢人類沒有更好的選擇。

隨之而來的疑惑則十分棘手：何時該認真考慮過往經驗是否誤導了我們？伯特蘭．羅素有個比喻很多人聽過：雞根據經驗推論農夫每天過來餵食，並認為這種模式會長久持續，直到某一天農夫擰斷牠的脖子。就象徵意義上，人類的脖子才是一天到晚被擰斷（戰爭、疾病、金融風暴、瘟疫），我們天真地以為未來和過去不會有太大改變，卻總被各種天災人禍狠狠打碎幻想。因此人類應該擔心的並不是自然法則一夕驟變，而是自己會不會和雞犯了同樣的錯，將暫時誤認為恆常。

這種憂慮並非神經質，也不限於學術探討。以過去為基礎設想未來，永遠無法排除兩種錯誤結論的可能性，而這兩種結論性質恰好相反：一種錯誤是認為當下情況特殊，過去經驗並不適用；另一種錯誤則是認為情況與以往大同小異，沒意識到世上有所謂特例或前所未見的事態。

如果真的根據經驗做推測，應該會發現這麼做其實不太有效。每年都有許多專家預測房價、股價、選舉開票、戰況演變等等，但年復一年多數專家的預測都落空。我們對這個現象不應該感到意外，人類社會絕大多數事件是無數因果的互動交織，過去原本就不能精準反映出未來。所以在很多新技術問世的當下，走在資訊前端的人未必能想像它們為何吸引到那麼多的使用者。一九七七年，電腦工程師暨製造商肯．奧爾森（Ken Olsen）說：「大家沒理由想要在家裡擺一臺電腦。」二〇〇七年，微軟總裁史蒂芬．巴爾默（Steve Ballmer）聲稱：「iPhone不可能拿下太大市占率。」二〇一三年，黑莓公司總裁托爾斯登．海因斯（Thorsten Heins）表示，「平板電腦並非優秀的商業模型」以及「平板電腦會在五年內失去存在意義」。其實在此之前人類沒有使用這些科技的經驗，所以我們如何能夠推斷新科技帶來什麼影響？

未來難以預測，我們卻也不能坐以待斃。有些人說最好的計畫就是別計畫，活在當下、明日的問題留待明日煩憂。但這種人後來多半會回心轉意。進行退休規畫時，投資會不會賠、自己活得夠不夠久確實都很難說，但總比毫無準備落得晚景淒涼好。一點點遠見就足以扭轉老年生活，正因為世事難料才要有退休規畫作為備案，萬一自己真的平平安安活到那時候就能高枕無憂。

想降低預測失準的機率，我們應該習慣性提出疑問：在當前的假設中，自己認為什麼要素恆定不變，什麼要素可能改變？而在未來事件中，最重要的特質是否有前例可循，或者沒有過去經驗能夠參照？這些問題很難回答，也沒有演算法能直接算出答案，可是只要提問了，至少能避免假設太過輕率。此處有效的思考策略本身也是個經驗法則：預測目標越是受到穩定不變的自然規律影響，結果就越不容易出乎意料。當然前提是我們正確理解所謂的自然規律是什麼。

上面那段話看起來簡單，但實際上我們常常誤判規律存在與否、規律的影響是深是淺。部分人將經濟學理論視為科學定律，於是過度信任預估模型。也有人拒絕承認人性有共通不變之處，從而想像未來世代與自己大相逕庭，做出特別樂觀或悲觀的假設。更有人不願區分後天文化塑造與先天人類本質，過度僵化的性別角色便是由此而生的信念之一。

想在眾多難以預料的事件與情境中做出更準確的預測，一個實用原則來自大衛．休謨：「智者……信念的大小與證據成正比。」（原注1）這句話聽起來太理所當然，簡直像廢話，但這便是所謂的知易行難。

休謨在討論中舉出非常棒的例子，主題是世間萬物的秩序與造物主之間有何關係。此論證非常有名，由威廉．裴利（William Paley）提出，他說如果他看到一支手錶，肯定不會覺得「就我所知，手錶原本即存在」，結論一定導向「必然是之前某個時間地點，有不知道一個或多個工匠製作了手錶」。他認為，手錶如此，代表整個宇宙也是如此，「手錶中的各個發明和設計也來自自然，差別是自然更寬廣更豐富，遠超乎人類所能估量。」（原注2）。

休謨顯然看見了裴利的推論錯誤。能從手錶推論出鐘錶匠，是因為過去經驗告訴我們鐘錶是人造物，但人類根本從未見證過宇宙誕生或造物主存在與否，也就是沒有前例表明「其他宇宙都由某個神創造，因此我們的宇宙一定也是」。（原注3）

設計論的性質特殊，有些人覺得沒辦法套用在世俗推理上。但事實恰好相反，我們能從中觀察到很多。相當多人受到裴利的論述或其改編版本打動，就算直接告知其中謬誤也不願放棄。我認為這與人類本能想從自然中找出規律有關，傾向快速進行比較類推，而非仔細檢查邏輯細節。於是我們倉促將自身經驗以偏概全，用很少的資料得到很多的結論。

經驗主義的理論

造成人類草率概括的主因之一是**可得性捷思法**（availability heuristic），或稱為可得性偏差（availability bias）。我們很自然傾向以手邊現成的證據進行推論，不在乎資料基礎是否足夠完備，但當然可能因此鑄下大錯，特別是在計算風險與機率的情況下。譬如九一一事件後，民眾對飛航意外印象深刻，所以寧願駕車而不肯搭乘飛機。根據格爾德・吉仁澤（Gerd Gigerenzer）的統計，恐攻發生後十二個月內，美國境內因道路事故而增加的死亡人數為一千五百人，相當於因世貿中心崩塌而造成的死亡人數的一半。他們因心理因素放大了特定風險，結果做出意外機率更高的選擇。（原注4）

相比之下，裴利的可得性謬誤性質有點不同。缺少需要的證據時，我們通常會尋求最接近的替代品，可惜有些事物若替換了，效果就不同。類似的情況是沒有足夠資訊時，很多人會根據一篇評論或推薦就花錢購物，實際上根本不知道作者是否可信。對裴利而言，找不到造物主存在的實證，他能想到最接近的類比是「人類」

工匠與「人」造物，卻不願意承認自己是資料不足而強行解釋。

伊隆．馬斯克（Elon Musk）曾表示要在二〇二六年實現讓太空人登陸火星，有些節目討論這個計畫是否可行時，也提出相近但實為誤用的舉證。我聽到名嘴說雖然馬斯克有點太樂觀，但隨即指出很多人一開始也不相信他能那麼快開發出電動汽車、那麼快籌備太空計畫，那些人都看走了眼。名嘴說他從經驗發現馬斯克的目標最初聽起來異想天開，卻又屢屢能夠達成。

事實上，批評馬斯克不切實際的人也好幾次說中（二〇一九年馬斯克聲稱「明年路上應該就會有一百萬輛機器人計程車」）。即使撇開這點不談，我們也該留意到電動車是既存技術，能預測電動車開發時程不代表能掌握前所未有的深空探索進度。相較於送活人抵達火星、將人或衛星放上地球軌道，車輛自動駕駛或者電池壽命的技術挑戰似乎簡單不少。從這個例子可以再度發現：評估未來事件時，關鍵在於準確比較它和往昔經驗的異同。馬斯克在電動車與人造衛星的成功乍看支持了火星任務，但仔細思考會明白這好比優秀的足球球團經理轉換跑道去當管弦樂團指揮家，共通之處並不多。

經驗主義的理論若要成立需以證據強度足夠為前提，不過在很多案例中情況並非如此。關於證據強度，幾年前我有另一番親身體驗。本地健康食品商店在櫥窗貼出一篇新聞：「孕婦應當留意自來水，在加氯消毒過度的地區，胎兒罹患心臟病的機率將近兩倍。」還有：「科學家表示，孕婦飲用氯過量的水源或以其泡澡淋浴，甚至站在煮開水的水壺旁邊，都會增加風險。」聽起來實在太誇張了，但報導最後還附上出處是《環境衛生》（*Environmental Health*）期刊的論文。（原注5）

我怎麼看都覺得是散布謠言，一怒之下著手調查，果不其然查到新聞真正來源根本不是期刊論文，而是《每日郵報》（*Daily Mail*）對該論文的報導，大家都知道該報擅長訴求讀者的恐慌情緒。（原注6）論文原文裡面從未出現以自來水洗澡或站在沸水壺旁邊就承受風險這種誇大不實的說法，而且所謂「兩倍」又得看看原始機率是否就低到無需憂心：無腦畸胎比例從百分之〇・〇一上升到百分之〇・一七，心膜缺損比例從〇・〇一五上升到〇・〇二四，腭裂從〇・〇二九上升到〇・〇四五。

儘管數字增加之後風險仍低，但有人還是會在意。這時關鍵是新聞略過不提的事實：研究發現無論加氯消毒程度為何，胎兒畸形比例**整體**而言沒有太大波動。（加氯最多的地區有最多案例，但差距有限到不構成統計上的顯著意義。）如果換個角度寫報導，結論會變成自來水加氯**降低**了腦積水、法洛氏四重症、染色體異常以及唐氏症風險。比較一下兩個標題給人的印象差距有多大：「自來水加氯造成『胎兒畸形機率將近兩倍』」和「自來水加氯造成『**部分**胎兒畸形比例接近兩倍』，但同時『**其他**畸形比例下降一半』」。

就算不具備流行病、胎兒健康或統計學的專業知識，只要保持批判性思考並且小心謹慎，任何人都能得到和我一樣的結論。我們需要做的事情很簡單：仔細確認資料來源，再來——大家應該猜到了——就是保持專注。

檢查論證的細節與各項事證，是我們原本就該做的，不過也有一些情況下可以跳過細項，直接根據普遍性的真理或趨勢做判斷會來得更有效。如果對目標所知不足，卻對「類似的東西」有深刻理解，就適用這個策略。

最常見的例子是電子郵件與電話詐騙。遇上有人詢問個資或帳戶資訊，或許我們不是每次都有閒暇核對對方的身分，比較簡便的方式是碰到了就當對方是騙子。的確偶爾是我們誤會了，但這個誤會不至於損害自身利益：銀行自己的反詐騙宣導也要求大家不要輕易洩漏個人資料，如果真有事情要與你聯絡，他們既不會因為被當騙子而生氣，也一定會另覓管道找到你。

這樣的論證叫做**匯總歸納法**（meta-induction）：不聚焦於目標的細項，而是自大類別的前例汲取經驗。透過匯總歸納，我們無需方方面面親自驗證也知道所謂神通、靈異、一夜致富和誇張陰謀論大都不可信。

匯總歸納也可以用來控制疑病症。身體出現一點點不知從何而來的症狀就擔心，感覺很多可能病因好嚇人。然而，既然自己不是醫生，何苦放那麼多心力去研判？我們對疾病最大的認識其實不就是：多數症狀非重症。因此若沒有足夠理由，應該先假設那些症狀自己會好轉。意思並不是要大家不找醫生檢查，也不是自行排除重症可能，而是沒有證據之前先假定「應該不是絕症」就好。

只要常識與普世法則優於所面對的問題，匯總歸納就能發揮共用。我們之所以用得不夠多，是因為遭遇問題時思緒常常被特定細節牽走，誤判了事情的獨特性或重要性。細節當然重要，但前提是能判斷何者重要、意義為何，否則花心思在細節就成了不自量力，而且越深陷在細節的泥沼就越容易判斷失準。注意力放在自己有把握的地方比較好：身體冒出個什麼症狀，其實要非常非常倒霉才正好會致命。

面對未來，匯總歸納法提醒大家，最可靠的預測建立在最普遍最恆常、幾乎不可更動的前提。例如人性中永遠會有貪婪、殘酷與偏見，只是以什麼形式呈現。同樣地，人性也一直保有善良慷慨與慈愛，擔心後世子孫變得冷血無情與期待烏托邦一樣不切實際。這些道理不需要或許也輪不到諾斯特拉達穆斯（Nostradamus）[13]來告訴我們，他預測的事件太巨大，超過人類所能掌握。如果他眼光別那麼高或許命中率會更好，但恐怕也就不會成名。大膽的預言確實引人注目，但每次聽到有人自信滿滿描繪未知的將來，我只覺得對方除了傲慢還想造神，最好敬而遠之。

13. 譯按：法國籍猶太裔預言家，研究者認為他以四行體詩寫成的《百詩集》（舊譯《諸世紀》）成功預測許多歷史事件。

美即是真，真即是美

演繹和歸納兩者涵蓋了所有符合理性且有效的推論方法，我們可以依賴邏輯，也可以從經驗與觀察得出結論。不過歸納底下還有一個子項目值得獨立出來討論，名為**溯因法**（abduction）[14]，意思是從事實推導出最佳解釋。

舉例而言，假設你早上醒來發現花瓶掉在地板上碎了，門窗緊閉且家裡沒別人。發揮想像力能找到非常多種可能性：可能是一次小地震或一道強風、有人侵入又不留痕跡、特別巨大的蒼蠅、貓咪，甚至是花瓶忽然生出意識覺得自己的存在毫無意義所以跳樓自盡。如果家裡沒有安裝監視攝影或地震儀，恐怕沒辦法搜集所有資料針對各種可能一一分析。現實生活很少像偵探實境節目《誰是真凶》那樣，所有線索指向唯一一個可能解答。即便如此，我們還是有很好的理由相信凶手是貓咪。儘管沒辦法證明，但這個答案從各種選項中脫穎而出。

溯因法名字花俏，其實意思就是思考最佳解釋而已。一般認為有四個標準可以用於測試答案是否最佳。首先是**單純性**（simplicity）：其他條件相等時，單純的答案優先於複雜的答案。比方說門鈴響了，我們通常認為有人按門鈴，除非有別的理由才會考慮門鈴故障或其他特殊情況。至於花瓶砸碎，貓咪本來就有跳上跳下的天

14. 譯按：也稱作「反繹」或「反向」推理。

性，很俐落地解釋了花瓶為什麼會被撞翻；相比之下，其餘解釋都過度曲折離奇。

這也點出第二個標準是**連貫性**（coherence）：答案是否相容於其他已知的線索和事實。貓咪喜歡跳上跳下這一點與所有條件都不衝突，其餘選項可未必。地震可以根據新聞做確認，更何況如果是地震，為什麼只有一個物件受影響，其他東西都在原位？若是強風，門窗緊閉的前提要怎麼吹入室內？要是家裡有隻大到能撞翻花瓶的蒼蠅，牠振翅的嗡嗡聲應該早就被聽見才對。關於花瓶自盡的說法，還是別深究比較不浪費時間。這樣一比對，只有貓咪能造成與現況吻合的結果。

從而也會符合第三個標準，也就是**全面性**（comprehensiveness）：最佳解答要盡可能涵蓋所有狀況，遺漏越少越好。除了貓咪，用其他選項解釋花瓶掉落，會製造出更難回答的疑問。

最後一個標準有時候不適用，因為它是**可測試性**（testability）：一般而言，我們希望能夠驗證答案的真偽，可以直接測試，也可以藉由預測做判斷。譬如無線電訊號不佳，我們懷疑是收訊死角，只要將機器換個地方試試看就好，這個假設的前提就是每個位置的接收效率不同。反之，如果懷疑ＦＢＩ妨礙訊號就會非常難驗證。回到花瓶的例子，恐怕只能從假設正確時的其他結果下手。如果凶手是貓，可以看看牠的移動路線上其他東西有沒有被挪動的跡象。

能在單純性、連貫性、全面性、可測試性都拿到高分，就是最佳解。（可惜如果照這個順序，英語縮寫 SCCT 沒什麼記憶點。要是改成 TICS 就不錯，順序變成可測試性、囊括性（inclusiveness）、連貫性、單純性，發音與 tick 相同。）採用四項標準時，有個拉丁語詞彙也能輔助思考：*ceteris paribus*，亦即「其他條件相等時」。比方說其他條件相等時，更具全面性的理論比起有侷限的理論要來得好，但注意別為了追求全面性投向誇張荒謬的說法。宇宙萬物皆由起司構成，夠全面了吧？但正經的物理學家都不可能將之納入考慮。

這些標準最終仍要回歸我們的生活經驗，所以溯因法其實就是歸納法，不過是基於它的特徵鮮明所以有了另一個名字。

有時候能找到的最佳解釋依舊不夠好。譬如說：東西丟了遍尋不獲，有些人會自嘲說：「我一定是被鬼遮眼。」這種反應呈現人類寧可不理性、寧可接受糟糕的答案，也不希望事情沒個解釋。然而，此時承認自己不知道其實比較好，不需要勉強尋求解答。只可惜多數人通常會本能擁抱明顯不可信的說詞，所以陰謀論和針對不解之謎的異想天開才會有追隨者。我們想不出為什麼古代祕魯的納斯卡人要在沙漠上畫那些線條圖案，於是傾向外星人理論。又或者演化論問世前，多數人相信有智慧的神設計創造了世間萬物，因為那是當時最具解釋力的版本，不過也有休謨這種少數人能察覺其中蹊蹺。如果有人反問「不然你如何解釋」，一定要小心謹慎。

溯因法一方面能幫助我們識破各種陰謀論和無稽之談；另一方面卻也解釋了為什麼那些譁眾取寵的言論有市場。

溯因法強調的單純性由十四世紀著名的方濟會修士奧坎的威廉（William of Ockham）發揚光大。他既是僧人，也是神學家與哲學家，還是那個時代知識分子之中的明星。不過現在大家提到他多半只記得一件事：剃刀。「奧坎剃刀」並不是一把真正的刀，而是他提出的思考原則，現代人通常簡化為「簡單的解釋比複雜的解釋要好」，但原始版本特別強調假設的數量：「除非不證自明、透過經驗可證，或者由經文權威證實，否則缺乏理由就不該提出假定。」一如其他思考原則，後人總是將文字修飾得氣勢騰騰，所以奧坎剃刀通常被定義為「如無必要，勿增實體」（*Entia non sunt multiplicanda sine necessitate*），不必要的東西就用剃刀修掉。

從很多例子可以發現奧坎剃刀傾向保留最符合理性的解釋。貓碰翻花瓶比起貓走過去的時候正好發生小規模地震要來得更合理，因為後者雖然不無可能，但缺乏明確事證時，沒道理選擇這麼奇怪的事件組合，單純的版本會更好。

問題是推理時追求單純這個理念本身竟然不是那麼單純。傑瑞・福多（Jerry Fodor）指出一個盲點：如果「我有個很單純的理論，你應該聽我的」這個主張能夠成立，結果就是「我的理論超單純，就是沒理論，不可能比這更單純了」。換言之，一味追求單純的代價就，是犧牲解釋與預測能力。於是回到「其他條件相等」這個前提上：單純的理論勝出，前提是其他條件要相等。「如無必要，勿增實體」沒說錯，但有些情況多一些假設有其必要。

看起來單純的事物常常是被過度簡化。例如二〇〇一年九月十一日，紐約雙子星大樓遭到飛機衝撞以後為何倒塌？這應該交給結構工程師回答，我也不敢在此妄下定論。（原注7）可是在外行人眼裡，倒塌現場像是經過控制的爆破，導致很多陰謀論者堅稱必有隱情。爆炸的因果鏈比較單純好理解：一如拆遷作業，爆裂物損壞大樓重點支撐結構，建築物便會由上而下瓦解。反觀官方理論中，大樓倒塌肇因於飛機撞擊，因果關係分為好幾個階段，包括燃料擴散、混凝土地板受熱膨脹、原本堅硬的鋼骨變得彎曲、地板受力達到極限終於坍塌等等。所謂經過控制的爆破一說看似有幾分道理，其實是因為某些人只追求單純。

但多投入一點注意力做全面考量，會察覺控制爆破論其實比較不單純。首先回想奧坎剃刀：如無必要，勿增實體。官方報告提及的要素是建築物、飛機和燃料，它們的存在毫無疑義。而控制爆破論需要加入的不只是炸彈，還有安裝炸彈的人，以及策劃整個事件的幕後黑手。

比較兩個故事的版本也會得到同樣結論：一邊說犯人是蓋達組織；另一邊則說真的凶手是美國政府。後面的版本牽連甚廣，FBI得自導自演劫走四架客機、確保蓋達組織出面攬功、安排爆破兩座超大型建築物，而且種種惡行必須祕密進行不在FBI內部走漏風聲，光是想像都覺得不可思議。相較之下，以我們對蓋達組織的理解就足以解釋事件經過。

追求單純是好的，過度簡化卻不然。「其他條件相等」的大前提要求奧坎剃刀必須與溯因法其餘標準合併運用，也就是前面提過的連貫性、全面性與可測試性。但即使合乎標準，運用的方向不對依舊會導出錯誤結論。譬如溯因法的連貫性和全面性符合許多陰謀論訴求：陰謀論者擅長東拼西湊自圓其說，編造乍看之下毫無破綻的故事。與「事出不測」相比，許多環節受到「政府主導」好像更通順，但深入思考會察覺這種連貫與全面的代價非常大。我們必須接受不為人知的勢力控制了世界局勢，即使這種說法與自身經驗相差十萬八千里——對全國上下隱瞞真相如此簡單，其他地方的獨裁者為什麼需要採取高壓統治？

第四項標準可測試性也常常受到陰謀論者操弄。陰謀論的立論基礎就是暗中控制、湮滅證據，按照這種說法，缺乏證據反而變成加分項目，坐實了幕後黑手的存在。反制這種荒唐論述的原則就是：即使不要求超乎尋常的主張得有超乎尋常的證據[15]，但至少總該有一丁點證據才對。「真相都被掩蓋了，怎麼還會有證據」這種立場，只是盲目接受陰謀論。

也有人認為真理的指標並非單純性，而是優雅度，還引用詩人濟慈的句子「美即是真，真即是美」，彷彿已成既定事實。令人滿意的解釋確實常帶有美感，數學家喜歡優雅的證明（elegant proof）、科學家尋求優雅的理論。然而，阿根廷數學家、邏輯學家兼小說家吉耶摩．馬丁尼茲（Guillermo Martínez）卻擔心大家被優雅迷惑，因為數學家可以聲稱某個證明更優雅，但「其實沒辦法解釋自己的美感依據」，而且有時候某個解釋「沒有那麼優雅，甚至沒有那麼準確，可是更符合實際情況」。此外，電腦科技對數學界造成很大衝擊，「以前所謂的證明是普通人能夠以普通方式從頭到尾確認一遍，現在的證明得交給程式運算而且太過複雜，兩者無法相提並論。如今正常人窮盡一生也解不開一個證明題，對電腦優雅的東西對人類並不優雅。」

馬丁尼茲的顧慮不無道理。世界有時候本就混亂，對其運作方式的解釋即使混亂也不奇怪，能達到優雅時常是因為忽略了現實並不理想，很少事物完美無瑕、沒有一絲多餘。多數生物好比拼裝車，隨當下環境的特定需求發展特徵，演化基礎是可得性而非最佳化。比方說雙足步行靈長類不該採用脊椎結構，如果這是設計未免

15. 譯按：原句為著名的薩根原則（Sagan standard）：「超乎尋常的主張須有超出尋常的證據。」

太缺乏效率。被解釋的事物因為解釋而變得單純或優雅反而更要小心，奧坎剃刀應該再加上一個條件：**解釋本身不可以比被解釋的目標來得更單純**。

讓理智發揮作用

對批判性思維加諸形式主義的一個問題，是將論證分為不同類別（演繹、歸納、溯因），但實務上人類同一時間並不會只限於一種思考方式。結果是，努力學習思考原則的人因為講究何時採取何種方法，反而會分了神。其實只要確認「是否得證」並小心注意，自然而然能判斷一個論證的優點和缺失。

藥物管制無效是常見的論述，支持者的理由是法規實施之後藥物濫用比例未見下降。這是合理的推論依據，至少在某些毒品種類上能夠成立。不過由於形式簡化，其實結論並未得證。首先不得不問的是，管制「無效」如何定義，從上面的省略式三段論來看，結論主張的「無效」應該呼應前提「管制並未阻止藥物濫用」，再搭配演繹法可以導入另一個前提：「如果管制有效就不會有藥物濫用」。可是這個前提是否恰當值得懷疑。很多政策都沒能徹底消除目標現象，只是加以控制，譬如交通法規並未根絕危險駕駛，但沒有那些規定的道路恐怕更不安全。

要評估管制法規的效益，得先確定預設效果是什麼。例如是要降低所有藥物濫用，還是針對危害特別大的藥物？如果立法單位大幅增加某些藥物的使用量，同時卻能降低用藥造成的危害，我們是否會滿意？又或者立法主要意義僅在凸顯社會對於藥物濫用零容忍？進入更細緻的討論之後，議題就不會停留在是否阻止人民用藥。

確認想要的結果以後，論證進入歸納法的範圍。藥物管制法規之於藥物危害有什麼相關證據？我個人瞭解不多，但有興趣的人必然能查到大量資料，因為能夠比較的不僅僅是不同地區與不同法規，還有同一地區內法規調整前後的差別，葡萄牙就是這樣的例子。（判斷成效時，數字格外重要。）評估過程會大量尋求最佳解釋，葡萄牙自從二〇〇一年毒品除罪化之後，毒品使用比例、死亡率、犯罪率等等的變化背後都有很多可能原因。無論如何，整體趨勢很明顯，最底線可以說除罪化並未造成葡萄牙藥物問題比歐洲其他國家嚴重，甚至某些角度的觀察則認為得到了改善。

思考毒品除罪化的優劣會用到之前提過的所有準則：確認事實，保持專注，檢查是否得證。（或許可以組合出另一個縮寫 faf，這樣子 faffing 也不算浪費時間了。[16]）完善推論沒有公式可循，但只要將核心思考技巧化為習慣，縱使記不得演繹、歸納、溯因的差別，不曉得全稱與存在量詞是什麼、有效和健全的論證如何定義也沒有關係，理智自然能夠發揮作用。

16. 譯按：作者將事實（fact）、專注（attention）、得證（follows）首字母組合為 faf，英語中同音詞 faff 則是「瞎忙」的意思。

如何遵循事實：

■謹記根據證據所做的推理也無法百分之百肯定，因為資料總是受限，而且人類的觀察與世界的真實之間有落差。

■針對當下或未來的情況，先自問其中關鍵特點與過去的前例是相似多，還是相異多？

■事件越是受到恆定不變的自然法則所影響，其結果越不容易出乎預料，前提是我們正確理解所謂的自然法則。

■不要急著以經驗來簡化問題，也不要嘗試以過少的資料推導出過多的結論。

■信念強度與證據成正比。基於經驗的理論是否有效也視其證據效力而定，不過在很多案例中，經驗證據並不如我們以為的牢靠。

■避免可得性謬誤，不要僅僅以可取得的證據進行推論，應當尋求完整的證據基礎。

■聽到或看到很驚人的陳述時，先檢查訊息來源。

■對議題不夠瞭解也沒有可信賴的專家時，就不要想憑一己之力得出正確結論。可以採用匯總歸納的方式，檢驗同類型事件的特徵。

■尋找最佳解，也就是在**其他條件相等**的前提下，最單純、最連貫、最全面、也最具可測試性的選項。（也可以記住口訣 TICS：可測試性、囊括性、連貫性、單純性。）

■善用奧坎剃刀：**如無必要，勿增實體**，但別忘記附帶條件是**不可過度簡化**。

第五章 字斟句酌

每個天才的發想，甚至可說每個認真的意見，只要誕生於人腦，就總有某些殘存，或者說沉澱的東西無法明確對他人表達，即使一個人著述講學三十五年也難免。

——杜斯妥也夫斯基，《白癡》

「哲學界年復一年的話題是，部分哲學家認為根本問題出在語言，也就是我們對語言的掌握和理解，」劍橋哲學家賽門．布雷克本（Simon Blackburn）曾如此表示。這派哲學家得到一個結論：整頓語言是整頓思緒非常有效的手段，甚至會是最有效的做法。

維根斯坦的著作中以更生動的比喻表達：「會出現哲學問題是因為語言都去渡假了。」（原注1）這條思路呼應了該學派的核心宗旨，後來形成所謂的普通語言哲學，初見於維根斯坦所在的劍橋大學，但二次世界大戰之後以牛津為根據地。該學派擁護者認為疑惑和矛盾都是哲學家自己創造的，因為時間、空間、意義、良善等概念在日常生活中很好理解，卻被哲學家當作純粹卻又不具體的絕對標準來對待。比方說，一般人聽到「蘋果是好的」都能明白，偏偏哲學家硬要將「好」獨立出來追究到底。若說**所有**哲學都是語言的複雜化或許太誇張，但普通語言學派的哲學家確實點破癥結，也就是頗多哲學議題針對的根本不是這個世界，而只是用字遣詞。

並非只有二十世紀的英國哲學界拿語言用法做文章。《論語》裡有人詢問孔子若是成為主政者，第一要務為何？他說「必也正名乎！」不出所料，對方認為孔子搞錯重點，為政者有很多事情要忙，怎麼有空管語言文字這等小事？孔子回答說：

野哉由也！君子於其所不知，蓋闕如也。名不正，則言不順；言不順，則事不成；事不成，則禮樂不興；禮樂不興，則刑罰不中；刑罰不中，則民無所措手足。故君子名之必可言也，言之必可行也。君子於其言，無所苟而已矣。[17]

孔子提到的「禮樂不興」或許在現代人眼裡有點怪，但大意還是很好理解才對：法令規章不夠精確，人民就會無所適從，因此字斟句酌有其必要。（原注2）

字詞的定義

習慣哲學思考的人看到「差不多」這種不精準的敘述就會想要追問到底，因為他們明白有時候一點點偏差就會造成嚴重的後果。舉例而言，文獻上的犯罪不代表實際犯罪，文獻推估的死因不代表實際死因，文獻記載的事情經過也未必就是真正的事情經過。然而，現實生活中，大家討論犯罪、死亡、事故時，通常不會對現象與資料做出區隔，所以我們會說「犯罪率上升」而不是「有成案的犯罪率上升」。

17. 譯按：提問者為子路，孔子的回答白話是：「你太粗野了！君子對於不懂的事情，一般都採取保留意見。名分不正當，說話就不合理；說話不合理，事情就辦不成。事情辦不成，法律就不能深入人心；法律不能深入人心，刑罰就不會公正；刑罰不公正，則百姓手足無措，不知如何是好。所以領導做事必須說得通、說話必須行得通。領導說話絕不能隨便馬虎。」

可是不加區別會導致嚴重錯誤，比如政策越有成效會導致越多犯罪被舉報；換言之，犯罪明明受到遏制，可是只看數據卻會認為犯罪率增加。醫療也是同樣道理，報告越精確看起來病例越多，結果大眾卻誤會成流行率提高。陳述事實必須盡可能精準以避免這樣的誤會，所以負責把關的人就該吹毛求疵，而想要思考完善就該留意語言。實務上怎樣做才有效？

有個老笑話其實不算很好笑：詢問哲學家是否同意某個敘述，他們不會直接回答，而是反問那個敘述是什麼意思。你相信自由意志嗎？**你如何定義「自由意志」**？民主是最佳的政府形態嗎？**你如何定義「民主」**？你喜歡吃布丁嗎？**你說的是哪一種「布丁」**？

「定義名詞」這件事情常常惹惱人，但如果不是點菜而是討論正經事，定義名詞是一種良好的認知習慣。很多時候爭論雙方各說各話，因為兩邊用同一個詞卻表達了不同的意思。舉例而言，英國曾經為了種族歧視鬧得不可開交，有人堅稱如果某組織內部有人並非種族主義者，就不能指責該組織有制度性種族歧視（institutional racism），否則是混淆視聽。但其實種族平權委員會明確表示，「若因制度法規、習俗或慣例而導致種族歧視的結果，則該單位有種族歧視問題，與實行者本人之意圖無關。」之所以會有這樣的判斷方針是因為一九九九年〈麥弗遜調查報告〉（Macpherson Report）指出，黑人青少年史提芬・勞倫斯（Stephen Lawrence）之死源於制度性的種族歧視，「組織整體基於個別成員的膚色、文化、族裔，而未能提供適當且專業的保障。」[18]制度性種族歧視一詞已有明確精準的定義，與口語的種族歧視不完全相同，若不理解這點就進行討論只是浪費彼此時間。

但有些情況不是「定義名詞」這麼簡單，爭論的重點可能就是如何對關鍵詞進行定義。舉例而言，如果「知識」的精準定義查查字典就能確定，哲學家當然不需要進行辯論。矛盾之處在於：想要討論定義，我們就必須先對主題有基礎的理解，但既然已經有了理解，究竟為何無法定義？譬如正義的本質為何，哲學家對正義究竟是什麼、有什麼前提莫衷一是，如果他們真的不懂「正義」是什麼意思、每個人口中的正義都不一樣，又怎麼能夠探討彼此觀點的差異？但如果他們懂得何謂正義，大家統一一下不就得了？此即為**分析悖論**（paradox of analysis），由英國知名哲學家喬治・愛德華・摩爾（G. E. Moore）於一九〇三年首次提出，後來於一九四二年由美國哲學家庫珀・哈洛・朗佛德（C. H. Langford）重新闡釋。（原注3）

首先我們得明白一件事：即使不知道字詞的定義，也能夠正常使用不成問題。兒童學說話的時候並不先學定義才開始使用字詞。定義本身由字詞構成，因此字詞必然先於定義。字詞的意義必須從別處尋得，維根斯坦提到：「雖然並非全部，

18. 譯按：死者等公車時無故遭到五、六名白人男子圍毆，最後被刀刺死。民眾第一時間指認凶嫌身分，但倫敦警察廳仍耗費超過兩週才進行逮捕，甚至因為證據不足最初無法起訴。死者家屬自力提起訴訟失敗，直到政府進行調查才確認倫敦警界有明顯的制度性種族歧視。

但**絕大多數**案例中，『意義』一詞本身的解釋就是它在語言中的使用方式。」（原注4）能合宜使用字詞就代表明白其意義。

心理學家艾連諾・羅許（Eleanor Rosch）為這種說法提供了經驗證據，她指出人類學習字詞都是以典型用例為起點。這個現象可以從兒童身上觀察到：大人指著貓說「貓咪」，指著坐下的人說「坐」，在火焰旁邊說「燙」。這些都是最典型且毫無曖昧的語言用例。

可是字詞的意義並不侷限在典型用法上，會延伸到相近與相關的事物、活動、性質，例如貓會擴大為貓科動物，甚至是有貓咪外觀的填充玩具。此外，語言有非字面的用法，所以我們明明看到鳥伸腳卻說牠坐在樹梢。然後還有比喻，好比一個人很「辣」與味道沒有直接關係。意義偏離典型太遠就不容易判斷是否合乎情境，我坐在森林中一截斷掉的樹幹上，就能說它是椅子嗎？攝氏六十度的咖啡到底算熱還是溫？對這種問題強求標準答案就太傻，因為多數字詞指涉的是範圍而非明確界線。

然而，有些情況下意義有嚴格的標準，維根斯坦對字詞意義的原則並不擴及**所有**詞彙。科學領域的「力」、「質量」、「加速度」都有精確定義，法律用詞也會明確區分例如「未成年」及「成年人」、「勞工」和「承包商」、「已婚」與「同居」等等。

由此可以理解為什麼「真實」或「正義」這種詞彙在日常生活中不造成問題，可是會成了哲學謎團。它們的典型用法不會造成太大爭議，無緣無故殺人不會是正義、謊話不會是真實，但是脫離這種明確用法以後就進入模糊地帶，每個人對字詞含義會有自己的見解。日常語言很寬鬆，但很多人希望將其收束。

這種期望有可能來自說話者本身性格而非接收訊息的人。好吃的大餅是中亞的 man'oushe 還是義大利的 pizza，在意這個問題的人很多嗎？不過用字遣詞盡量準確在很多場合有必要，或者至少有利於人際溝通和理解。

既然很多字詞同時有好幾種含義，不論無心或有意將其調換，就會造成所謂的「歧義謬誤」（fallacy of equivocation）。以英語而言，「Right」可以表達「右邊」、「正確」、「與生俱來或法律賦予的權利」這些意義，有某種權利不代表做了就是對的，但似乎不少人會刻意混為一談。比如我有權利態度差勁，但態度差勁通常並非正確的待人接物之道。另一個通常被當成笑話但大家都有的經驗，是開車時想確定左轉還右轉，結果同車親友只回答「right」一個字，讓人根本分不清意思是「對」還是「右轉」。

另外，在某些情況裡，追求概念的精確不是為了想要找到正確定義，而是表達自身的主張。柏拉圖認為「正義」並非普世皆然、不受時空影響的理念，需要我們主動塑造爭取。單從「正義」兩個字也看不出與貧富差距、性別平權、保障兒少這些事情有什麼直接關係。這不代表正義是什麼意思隨大家胡說。究其根本，它仍然是我們從生命歷程中所建立的認知，否則只是以同樣的字音字形去傳達完全不同的訊息。然而，我們隨隨便便就能列出這麼多種精確定義正義的可能性，卻又沒有任何選項能當作最終方案。

單方面限定某個字詞的定義並無視別人反駁，是一種很糟糕的辯論手法。若要提出倡議，僅僅提出字詞的解釋遠遠不夠，至少得告訴大家為什麼應該接受這種定義方式。

然而，對字詞定義動手腳時常不是明著進行，而是暗度陳倉，對手也未必能及時察覺定義中的瑕疵。兩種主要技巧是**限縮**與**擴張**。限縮定義將詞彙解釋得比一般認知狹隘，例如走民粹路線的政治人物常常自稱代表的是「人民」，但對人民一詞有正常理解都知道他們不可能代表所有人。這時候「人民」的意義被偷偷限縮了，變相推導出不同意他們的人就不屬於「人民」，而是敵對陣營。類似的還有「真正愛國家的人」，同樣旨在排除異己，意見不同的人就被貼上不愛國的標籤。

反其道而行則是擴張定義，稀釋字詞原本定義而視其涵蓋更大範圍。例如英國人本主義者協會曾經進行民調，結論聲稱國內有高達一千七百萬人認同人本主義，約為總人口三分之一。可是這個說法大幅放寬了人本主義者的定義，因為合格的人本主義者不應相信神靈及超自然力量，但調查裡完全不提相關主題，只詢問受訪者是否同意三項人本主義的信念，分別是：以證據理解宇宙的重要性，單純以人性即足以分辨是非，道德判斷應基於對他人、社會及世界的影響。就好比詢問對方是否同意三項動物權的觀念，同意的話就被貼上素食者標籤，根本不管人家實際上是不是只吃植物。我自己一直贊助英國人本主義協會，但懷疑協會內部太想強調很多民眾內心同意人本主義卻不自知，所以選擇偷偷降低門檻導致誇大其比例。

有個字詞釋義範圍的重要辯論（說是「辯論」或許太文雅）主題是跨性別者的人權。儘管問題核心是每個人的自我形象認知，但爭端很大一部分聚焦在某些詞彙的用法。「女人」和「男人」是客觀的生理性別，還是一種主觀的社會建構？若是後者代表典型生理特徵不再是必要條件？但顯而易見，答案是兩者皆是——每個人都有生理性別（sex）與社會性別（gender）。如果同意這個陳述則不必繼續糾結，真正議題是如何在生活中落實兩種分類，也就是決定「男女」在何種情境是指生理性別，又在什麼情境是指社會性別？

這個議題鬧得沸沸揚揚是因為很多人堅持兩種用法只有一種正確。有些人主張社會性別毫無依據，無法對應到可見的男女性徵，純粹是個人主觀感受。另一群人則認為生理學的男女之分也談不上客觀，所有科學概念都是人為建構的產物。還有人表示生理區別確實存在但不是重點，因為目前討論的對象是生活在社會的人，生理學定義留在狹隘的生理學領域就好。

然而，跨性別人權議題很難落幕，除非參與者都意識到討論內容從來不是、也不可能停留在事實層級。雙方都主張自己偏好的字詞用法最能保障跨性別與非跨性別兩個族群的權益，雙方也都努力**倡議**社會大眾接受自己對性別語言的定義，沒有人單純只想證明其中一種釋義方式具有客觀正確性。

涵義與指稱

定義精準，理解也會更精準，因此哲學家總是積極對概念做出新的區隔。例如哲學家、邏輯學家也是數學家的戈特洛布．弗雷格（Gottlob Frege）劃分了**涵義**（sense）與**指稱**（reference），他於一八九二年發表論文後就成為西方哲學的正宗。所謂指稱是：一個名詞指向單一或某個類別的事物，例如「貓」指稱的就是你我熟悉的那種動物。然而，字詞的涵義未必與指稱一致，「阿福」和「你的狗」指向的生物相同但涵義不同，因為「阿福」是屬於那隻狗的專有名詞，「你的狗」是敘述你與阿福之間的關係。如果某一天你讓別人收養了阿福，這兩個詞彙的涵義不會產生變動，可是「阿福」依舊指稱那隻狗，「你的狗」卻失去指稱對象或指稱另外一隻狗。

由於人類天生對語言和語境有良好掌握，指稱與涵義相異造成的混亂並不常見，可是一旦發生就很麻煩。有時候我們也會刻意為之誤導他人。舉例而言，二〇一六年四月英國政府實施二十三歲以上的全國維生工資制度，此前「維生工資」（living wage）一詞的意思是「在某特定地區的勞工以標準方式工作一週後，可獲取勞工本人及其家屬正常生活的酬薪」。（原注5）英國政府其實借用這個名詞來指稱或者說重新命名所謂的全國**最低**工資，但也因此造成了歧義。維生工資基金會表示，政府制定的官方「維生工資」根本無法反應他們心中的「真實維生工資」，譬如二〇二〇和二〇二一年政府都認定時薪八點九一英鎊就足夠維生，但基金會估計出來的數字則是九點五英鎊，若在倫敦物價更高則必須提高到十點八五才行。（原注6）

這其實是歐威爾式[19]雙言巧語（doublespeak）修辭法：採用涵義明確的字詞指稱涵義不對應的另一種事物。生活中有許多類似案例，好比標榜「健康天然」的食品無論成分或加工製程恐怕都與我們對「天然」的認知相去甚遠；訴求「超值」的

19. 譯按：此指喬治．歐威爾（George Orwell）小說《一九八四》內容。

商品常常都是超級不值。涵義被名實不符的指稱綁架，我們不一定會察覺。

這種現象可以稱作**「語義滑坡」**（semantic slide）：字詞有其廣為人知的定義，但若使用時巧妙或微幅扭曲就可能不被發現。字詞意思原本就模稜兩可時最容易滑坡，也是相當常見的銷售話術：行銷語言的真實意義與消費者的理解截然不同。此時含糊是故意為之的欺騙策略，最荒唐的例子是「農場」一詞帶出動物快樂漫遊的意象，然而現代農場多半採取密閉餵食設計，很多動物連轉身都沒辦法，更別想走到戶外。看著「農場直送」的標籤，消費者通常不會意識到事實真相，因為語境中「農場」兩個字不具實質意義只用於聯想；再者，詞彙沒有添加不實訊息，除非食物以科技合成否則確實產自農場。

曖昧阻礙了思考與溝通的清晰，代入現實世界有可能攸關性命：一九五三年德瑞克．本特利（Derek Bentley）遭到絞刑處死，罪名是謀殺警員，關鍵證詞是他對持槍共犯說的一句：「給他。」（Let him have it）這是英文俗語，可以詮釋為給他一拳一腳一槍，但也有可能是「把槍給他」，尤其當下警員已經出言喝令：「小夥子，把槍交出來。」本特利或許做出最合理的回應，卻仍被模稜兩可的語義害死。[20]

如果不能澄清潛藏的歧義，雙方爭執的很可能並非主題本身而是字詞。澳洲哲學家戴維．查莫斯（David Chalmers）提供一個實用建議幫助大家跨越「字詞層級

20. 譯按：本特利因癲癇及腦震盪導致智力發展遲緩，被逮捕時生理年齡十九歲，但心智年齡估計為十一歲。事後調查的疑點之一是他通常聽從共犯的指揮，事發當下變成共犯聽他命令並不合理。此外，本特利及共犯在審判中皆表示當時根本沒說過那句話，但檢警仍提出此項證據，陪審團也採納並判處有罪。後續還有許多爭議。四十六年後再審委員會撤銷原判決還本特利清白。本案導致英國修法縮限唯一死刑範圍，且更加考量行為人的心理及智力狀態。

的爭辯」。他認為最優先的問題不是「這個詞真正的意思是什麼」，而是「我們希望這個詞扮演何種角色」。

他進一步以自由意志為例。幾乎所有人都相信人類在不受到脅迫時，儘管仍受到時空環境影響，但有能力經由內在心智的決策過程做出選擇。這是否足以稱為自由意志？有人覺得可以，有人覺得不行。持反面意見者認為，重點在於選擇必須出於自身，即使受到時空環境左右也不能只有無可避免的唯一一條路。他們認為倘若別種可能性根本不存在，討論自由意志所代表的責任、對行為做出評價都毫無道理。

沒有人能三言兩語就說清楚「自由意志」**真正**的意思是什麼，所以不如換個方式：試圖理解生命與自我的時候，自由意志這個概念扮演什麼角色？只要未受脅迫做出選擇就足夠，還是得將這個詞保留給更強烈、更廣闊的可能性？先決定這一點才能判斷我們是否擁有「自由意志」，否則雙方其實對人類的自由程度有共識，不同意的只是如何命名。

對於字詞的「正確」用法，答案常常沒有對錯可言。如查莫斯所說：「很有可能出現、我認為必然會有的狀況是，不同的兩個人想探討的是不同的兩種角色……判斷自己想探討什麼就需要花很多工夫。」我們必須先弄清楚自己想要什麼。

回頭看看跨性別議題，需要確定的並不單純是「男與女這兩個詞是什麼意思」，而是「我們希望這兩個詞扮演什麼角色」。男女是用來分辨生理或者其他層面的特徵？從這個角度觀察，正名雖然重要，爭議卻並非「純粹只是語言」。語言之所以成為關鍵，是因為選擇使用的詞彙及其意義時，也就表達了心中何者為重。

雖然很多人覺得哲學家講話詰屈聱牙，我發現自己欣賞的對象都很講究表達清晰、注重用字遣詞。知名主播瓊安・貝克維爾（Joan Bakewell）職業生涯中接觸過很多哲學家，她也有同樣感觸。她曾經說：「哲學家和大家使用相同的現代語言，只是他們用詞太準確。用模糊的方式詮釋他們的說法會碰壁。」

舉例而言，羅傑・斯克魯頓說過：「我平常就很仔細，努力找出最合適的措詞與表達方式。如果不覺得這麼做有價值我當然不必花心思，可是文字鬆散會無法好好傳達訊息。」許多哲學家特別重視非哲學專業的讀者，因為面對這樣的受眾才會強迫自己表達清楚。約翰・瑟爾表示，寫文章給一般讀者彷彿「知識分子的自我要求」，因為「沒辦法說到別人懂，會不會自己也不懂？所以有部分是為自己打算」，被強迫說清楚講明白，「自身觀點的缺陷就會被凸顯出來。」

賽門・布雷克本感慨艱澀文字排擠清晰語言的現象。有一次他取笑學術成就高但文章令人費解的同行麥可・達米特：「顯而易見達米特進入了哲學的深海範圍，但他到底是丟了救生圈給大家，還是把我們壓進水裡，不用我多說才對。」

很可惜，多數難以理解的哲學文章問題不在於觀念高深奧妙，單純就是寫作技巧不佳。廣播節目主持人梅爾文．布萊格（Melvyn Bragg）與二次世界大戰後英國最受人尊敬的哲學家彼得．斯特勞森（Peter Strawson）頗有交情，他描述兩人相處狀況時先表示「對字詞的重視和精準我十分欣賞」，不過隨後提到：

> 和彼得討論事情甚至吵架我都覺得很自然，但讀他寫的書就不同，我常有種頭昏腦脹的感覺。明明都是英文、句子結構也很漂亮，可是像我這種沒受過訓練的人就是看不懂。有些哲學書籍給我的感覺像是一道大浪把自己給捲到海裡去。

有時候哲學家好像以文字難解為榮，但美國道德哲學家托馬斯．斯坎倫（T M Scanlon）不走這種風格。他的第一本著作《我們彼此負有什麼義務》（*What We Owe to Each Other*）是電視喜劇《良善之地》（*The Good Place*）的靈感起源。斯坎倫回憶自己父親是個十分有學養的律師，「他很期待我的書，但看完以後非常失望，因為覺得看不懂。」而且不是只有他，出版以後媒體上的讀者迴響也提到「這本書用的是普通英語，沒有奇怪的符號也幾乎沒有所謂的專業術語，但這全都只是表象」。後來《良善之地》劇中死後命運未卜的主角群之一為斯坎倫的書做了結尾[21]。

有人誤以為文字難讀等於思想深刻複雜，也有人一看到句子晦澀就認定是故弄玄虛，兩種立場都是過分簡化。有些絕佳的思維沒得到妥善表達，也有不好的思維透過流暢優雅的文字迷惑人。斯坎倫是前者，花心力讀懂這位優秀哲學家的著作值回票價。

涉足政壇的哲學家傑西．諾曼（Jesse Norman）對艱澀文字提出很好的辯護：「我不認為文字表達無法一眼看懂真的那麼糟。這世界的問題並非深度思想表達不夠明快，而是太多淺薄思想**包裝**得太漂亮。」

提摩西．威廉森想必感同身受。他的文字有時候也不好懂，但歸根究柢是因為他竭盡所能將主題敘述準確。我進行訪問時發現他回答問題有種猶豫的節奏，句子之間，甚至字詞之間常出現短暫空白，但事後將對話抄錄為文字則會察覺威廉森不同於別的受訪者，語句結構非常完美，傳遞的觀念也異常清晰。這種說話風格反映了重要的思維特質：盡其所能追求精準，增一分太多、減一分太少。

矛盾的是追求表達清晰竟然成為文章難讀的原因。思想精準代表針對概念做出細緻區分，有時需要為此創造新詞彙。這種「術語」不好解讀，形成入門障礙，卻又有其存在必要。簡潔易懂和細膩精準有時候相互扞格，為了精準只能使用專門

21. 譯按：《良善之地》第一季第六集的標題即為「我們彼此負有什麼義務」。

詞彙，又或者將特殊定義加諸於日常詞彙。在哲學的世界裡，語言通常不是出門渡假，而是外派出差。

語言蠱惑了智慧

精準造成的另一個現象是句子乍看拐彎抹角。根據我個人經驗，如果與出版校對沒做好溝通，嚴重的時候句子稍微拗口就會被大改，但是所謂「優雅」的改寫卻有可能扭曲了意義裡的關鍵處。在某些狀況下，複雜的想法需要透過複雜彆扭的句型表達，即使詩人看了無法忍受。

許多艱深哲學的問題不在於必須使用艱深語言，而是如伯納德・威廉士所言「機器會自己動起來」，也就是所謂「經院哲學」（Scholasticism）的分析模式。威廉士將其解釋為：「追求概念辨析超過限度，到了任何成年人都不覺得主題依舊重要的地步。」提姆・克蘭認為這種混亂局面的成因之一，至少就某些專門領域來說，是因為「大家都想要另闢蹊徑，堆疊起來就變得過分複雜」。

威廉士的結論是，「區分太粗略或太精細都不對，有需求才去區分概念，而不是為分而分。」優秀思想家只在必要時採用比日常語言更精準的字詞，因為術語就像專業設備，滿足特殊需求時是無價之寶，但是在能以普通工具取代的情境中則毫無意義。

然而，部分哲學家太珍視自己創造的術語。維根斯坦特別警告別被「語言蠱惑了智慧」。無論一般還是專業語言模式都會遇上這種陷阱。文字塑造思想也可能扭曲思想，牛津哲學家吉爾伯特．賴爾（Gilbert Ryle）一九四九年的經典著作《心的概念》（*The Concept of Mind*）中，提到一種情況稱作「範疇錯誤」（category mistakes），也就是以某個字詞指稱某個事物，但實際上該字詞指稱的是別種事物。譬如電視劇集《非常大酒店》（*Fawlty Towers*）裡酒店老闆對用晚餐的客人說做不出華爾道夫沙拉，因為「店裡的華爾道夫用完了」，笑點在於他分不清楚「製作沙拉的方式」與「製作沙拉的食材」。

而我如果科技盲更嚴重一點，或許聽到文件備份在「雲端」，也會犯下範疇錯誤，以為所謂雲端是某種單一、集合形式的硬體，好比位於內華達沙漠的超大型資料倉庫，又或者真有個儲存設施飛在天上。這種錯誤並不奇怪：「雲端」是專有名詞，專有名詞通常指稱特定具體的事物，可是「雲端」卻代表各地實體儲存設施交織而成的全球性網路，資料並不只存放於一個位置而是散置其中。將網狀結構集合體誤判為單一個體同樣屬於範疇錯誤。

賴爾認為大家思考心智的時候也會出現範疇錯誤。我們說人有心智，意思並不是強調腦袋裡裝著某個非物質的東西，而是指人類具備思想和意識，就像詩歌一樣雖然有載體，但本質並非物體。

當代宗教哲學家理察．斯溫伯恩（Richard Swinburne）不受待見的「二元論」觀念就是持續的範疇錯誤。他認為心智與身體是有所區隔的兩種不同物質。接受我的訪問時，他對自己論述的總結一開始就是：「東西存在就有其性質，我是物質也有自己的性質。」

然而，這段開場白卻繞回他原本嘗試回答的疑問：「自我的本質是什麼？」他聲稱「我是物質」就是將自己劃分到物質範疇，也就排除自我並非物質而是物質作用的結果這種可能性。類似現象有喇叭傳出的音樂、電腦運行的軟體。顯而易見，無論我是什麼，我都被「內嵌」在物質上，是人類這種動物。即便如此，造成我之所以為**我**的活動，例如思想和情緒，它們並不是物質。

人透過語言文字理解世界以後，常常就這樣扭曲了。再一個例子是心理治療，由於通常以「療法」、「病人」這種方式稱呼，許多人直覺認為心理健康和生理健康的意思一樣，因此相信成癮能夠如一般疾病那樣處理。但事實上，成癮並不是能夠「治療」的問題，處理的時候也不能只依賴所謂的「療法」。治療師自己的語言是

「與當事人合作」而不是「治療病人」，如果大眾採用同樣的詞彙，就能清楚意識到身心兩種健康的差異為何。

不想受到文字迷惑的方法一如既往，就是保持專注。詞彙背後有許多聯想和言外之意，很大一部分在意識之外悄悄運作。我們必須時常自問：「按照這些詞語的使用與排列方式，是否有可能誤入歧途？」更單純的說法是：「這是我以為的那個意思嗎？」

意義的重要層面之一建立在字詞的精準度。但是人類不只可以對詞彙不精準，如果過分講究同樣有麻煩。比方說全部按照字面會有很多歧義，像是英語裡有成語是「read the riot act」，意思並非真的要人將一七一四年的《暴亂治罪法》（*Riot Act*）一字一句唸出來；在這種情境下，只聽字面很容易產生誤解[22]。

字義在宗教辯論中是個焦點。激進的無神論者有時很急著提出主張：宇宙生於大霹靂（big bang）而不是上帝花了六天創造，聖經並非神親口所說而是人類創作，因此宗教是假的，其餘沒什麼好說。為宗教辯護的人也盡其所能堅定立場主張：聖經不能按照字面意義去解釋。曾身為天主教神職人員的哲學家安東尼·肯尼（Anthony Kenny）表示：「雖然我也認為宗教無法從字面上證實為真，但背後仍有很高的精神價值。可惜哲學家通常並不深究這種精神層次的意義，也很少闡述

22. 譯按：此成語確實源自一七一四年英國國會曾通過《暴亂治罪法》，但後來引申出兩種主要含義，一種是公權力對暴亂分子提出警告要求解散（此意義下確實有可能朗讀部分法條內容）；另一種則單純是嚴肅斥責對方行為。

如何一面與科學結合，一面當作人類生活的指引。」

我大致同意這段話。然而，我們必須指出在宗教經典中，並非**所有**情境都能採取非字面的解讀方式。很多、應該是絕大多數信徒心中是按照字面意義去相信耶穌基督死後復活、上帝聽得見人類禱告，而且這些詮釋是否按照字面定義還非常**重要**，因為他們追求的永生與天國不可以只是想像譬喻。與別人進行宗教主題的對話時，如果不知道對方照字面詮釋經文的**程度**，就很難達成建設性的結果，所以不能先入為主認定對方是字面派或比喻派。

有時候我們甚至不只是太拘泥在別人的字面說法，對自己也一樣，而且還意識不到。瑪麗・米雷（Mary Midgley）論及哲學與科學上一般認為毫無疑義的事實與知識究竟是什麼。從一九七〇年代到二〇一八年過世前，她一直主張很多譬喻被包裝為事實。「現代大眾當作標準且正式的思想，其實只是過去神話傳說的反面，」米雷指出若我們忘記何者是譬喻，很快會陷入混亂。她特別針對有人將人類形容為機器，例如「人類心智其實是肉做成的電腦」。米雷擔心「大家不只愛用這樣的譬喻，而且還毫無自覺，已經將譬喻當作不可否認的事實看待」。

她的觀點在哲學界並非人人都接受。有些哲學家認為自己能夠清楚分辨譬喻和字面兩種意義的分別，沒有混淆的風險，不需要杞人憂天。米雷的論述力道被削弱的很大一個原因在於挑錯戰場（這是個比喻）。她很知名或者說招來惡名的文章，批評生物學家理查・道金斯（Richard Dawkins）所謂「自私的基因」，認為基因不具能動性（agency）又談何自私。此外，她更在意這個譬喻導致大眾不只認為基因本性自私，還會引申為人類本性也自私。

可是道金斯文字下得頗精準，明確表示自己只是譬喻手法，也強調不要擴及整個生命體，也就是人類自身的特性。所以說米雷似乎犯下了確認謬誤：她太在乎自己提出的理論，於是證據無所不在，即使別人都看不出有何關係。好比之於槌子萬物皆是釘，之於米雷萬物都是誤用的譬喻。

上面的小故事傳達了一個重要道理：很多理論的問題不是對錯，而是不該當成羅塞塔石碑[23]用來解碼所有訊息。優秀的思維模式不是捧著一個觀點不放，即使那已經是最好的也不行。

即使人類語言中隱藏大量譬喻，討論觀念的時候還是直白為佳，最好避開題外話或什麼金玉良言，否則我們不會常常大叫：「說重點！」但偏偏有時候**不**說重點能夠表達得更完整，或至少讓態度不會過分尖銳。

道家和禪宗有這方面的強烈傾向，兩者都質疑文字的價值，認為人類無法透過語言真正瞭解世界。公元七世紀佛教經典《楞嚴經》以「指月」闡述語言：「如人

23. 譯按：製作於公元前一九六年，刻有古埃及法老托勒密五世詔書的石碑，但相同內容以三種當時語言表達，因此學界用於解讀埃及象形文的結構及意義。後來「羅塞塔石碑」一詞用於比喻解碼、解謎、解讀的關鍵。

以手指月示人，彼人因指，當應看月，若復觀指，以為月體，此人豈唯亡失月輪，亦亡其指。」[24]（原注7）語言能帶我們找到值得留意的東西，但它們本身不該成為焦點。

指月的比喻算是直接，有些文字更模糊。十九世紀丹麥哲學家齊克果（Søren Kierkegaard）是文字模糊的專家，他的作品不像論述反而更像小說，可以分作好幾個不同視點，包括法官、誘惑者、名為「希勒瑞．布克拜德」[25]的編輯等等。齊克果認為我們無法從純然客觀、外在的立場去評判任何形式的生命，就必須透過內省世界觀才能找到自身的內在力量與矛盾。

散文作家、歷史學家、哲學家喬納森．里伊（Jonathan Rée）在齊克果後繼者筆下看見相同旨趣：「就跟齊克果一樣，維根斯坦察覺有些形式的哲學智慧無法經由直接解釋或清楚陳述來表達……如維根斯坦自己所說，他知道哲學必須『寫得像詩』。」

但維根斯坦做過頭了，並非**所有**哲學都**必須**寫得像詩。結果後來哲學界幾乎容不下寫得不像詩的文章。日本狀況就不同，因為詩歌原本就是他們哲學的核心類別，例如十三世紀道元禪師既行文也作詩。小林康夫告訴我：日本哲學裡「重點不是構思，而是感受」。有時這些細緻的感受沒辦法透過精確的散文風格傳遞，只好

24. 譯按：以手指指出月亮位置，但對方卻看著手指而沒看見月亮，如此一來不只沒看見明月，還因為誤將手指當作月亮所以也沒理解手指是什麼。
25. 譯按：Hilarius Bookbinder，發音近似 hilarious bookbinder（好笑的裝訂匠）。

寄託在較不直接的詩意上。

意義的意義是什麼

雖然大部分人認為西方哲學要求語言精準，其實還是很多字詞沒有蓋棺論定。比方說十三世紀蘇格蘭研究神學與哲學的僧人鄧斯．司各脫（Duns Scotus）提出「存在個體性」（*haecceity* or 'thisness'）這個概念，也就是每樣事物之所以為獨立個體的基本性質。但除了這個詞語，其他條件並不清楚，後來幾百年裡出現過很多不同結論。目前最主流的似乎就是根本沒有「存在個體性」這種東西，畢竟幾乎沒有哲學家能提出相關理論。

更現代的例子是「感質」（qualia，單數為 quale）的概念，也就是對於經驗的主觀感受。出現這個術語是因為多數人認同意識內的知覺感受，感質就用於描述「心理狀態如其然」的特徵。作為術語，感質缺乏精確定義，《史丹佛哲學百科全書》（*Stanford Encyclopedia of Philosophy*）就列出四種不同定義。而且與「存在個體性」一樣，有些人主張感質根本不存在，其中最有名的大概是丹尼爾．丹尼特，他認為就算有所謂的「心理狀態如其然」，也根本不需要特別定義為「感質」。

我不想太強調模糊曖昧的重要性，一般情況下能免則免，但如果時時刻刻要求精確又是強人所難，尤其心智及語言還有很多東西無法清楚掌握，不得已只能透過比喻、詩意、簡略的方式表達。以不哲學為由禁止這種文字風格，意思簡直是有些東西我們不該說、不該想。維根斯坦有句名言是：「凡不能言說，即保持沉默。」（原注8）幸好他說的不是，「凡不能**精準言**說，即保持沉默。」。

不只語言本身有極限，不同語言也有不同侷限。文字雕塑世界、劃分經驗，難免有所疏漏，某些分類標準最終必須割愛。如果你會的語言不只一種，應該就有這些經驗。英語只有一個「to be」，但在西班牙語和義大利語都變成兩個詞，明明歷史地理的源流很接近，卻對如此基本的動詞有不同概念分歧，仔細思考是很不可思議的現象。

嘗試解釋西班牙語裡 *ser* 和 *estar* 的差異就會明白有多難，一個不小心就變成哲學闡述：*ser* 用在事物永久不變的特性，*estar* 表示暫時且相關的性質。但語言規則通常都會有例外：死亡看似永久狀態，但在西班牙語裡要說 *están muertos*；時間明明不斷流動，但下午茶吃巧克力油條要說 *son las cuatro*。

如果某個語言裡根本沒有「to be」的對等存在也很合理。這個動詞在英語裡就至少涵蓋四種核心意義：指稱某事物（Felix is a cat／菲利是隻貓）具有某種性質（Felix is flurry／菲利毛絨絨），位於某處（Felix is in his basket／菲利在牠籃子裡），或者其他用法（to be a cat is to be free／當隻貓很自由）。然而，在越南語裡，上述四種意義各有不同的詞彙表達。這些意義也可以繼續細分，例如日語對於位在某處會區分自動詞和他動詞，分別是自己造成和外力造成。

即使回到英語，「擁有」和「具備」的概念也會在某些脈絡中不甚清晰。例如頭髮白了可以是「I am grey-haire／我是白頭髮的人」或者「I have grey hair／我有白頭髮」。在我想像中，世界上或許也有某個語言將「擁有」的概念視作與人密不可分，因此採用 to be 的對等而不是 to have。譬如他們覺得人和居住地是一體的，所以會說「We are landed／我們是有土地的人」或「We are homed／我們是有家的人」，根本沒有「We have land／我們有土地」或者「We have a home／我們有家」這種句子。擁有土地的觀念對那裡的居民很陌生，聽了也無法體會。

各種語言差異顯示字詞意義在某種程度上並沒有固定規則，但我們還是常常下意識認為語言反映了真實的本質。遺憾的是，哲學家特別容易陷入這種窠臼。縱觀歷史，西方哲學家探討的主題不外乎幾個抽象名詞的大方向：「真是什麼？」「美是什麼」「善是什麼？」不過這實在有點傻，畢竟真善美沒有不隨時代改變的單一價值。於是哲學上出現過最沒意義的問題之一就是：「何謂藝術？」可想而知藝術這個詞指涉範圍廣之又廣，想要為藝術與非藝術畫一條界線很荒唐。

當然並不是哲學家不應該追求真實、知識、藝術的本質等等，而是無需將每個詞視為獨一無二。我們應該仔細想想它們在不同場合的使用方式，從中篩選出最符合哲學研究的定義。

哲學的各種抽象名詞裡，最麻煩的就是「意義」。幾乎每個哲學家都說：想回答「生命的意義是什麼」，得先思考「意義的意義是什麼」，而且幾乎每個步驟都要這樣問一次。比較主流的答案總結起來大概是理想、目標、價值、重要性等等，這些答案還要繼續接受分析。一樣事物的目的可以來自其創造者、使用者，抑或事物自身，例如科學怪人的創造者有一套想法，奴隸販子有另一套想法，但科學怪人則拒絕前兩者而想要自己尋求存在目的。一個人的生命對宇宙不值一哂，但可能在歷史上有重要地位，卻又同時與親人及所謂的朋友沒有太多交集。不將這些可能的「意義的意義」細細拆解，我們根本連「生命的意義是什麼」這個問題都沒辦法好好釐清。

最後一種因為語言而生的誤導，是我們混淆了字詞與它們指稱的對象。聽起來像是基礎到不行的錯誤，但哲學史上最糟糕的論述中就能夠看到這個錯誤——由本體論論證上帝的存在（所謂本體論就是探討存在本質的哲學）。其實精確一點應該說本體論的「各種」論證，因為發想者創意無限，有許多不同形式，但都根源於相同架構。如果我們問「上帝」這個概念究竟什麼意思，排除一些細項爭議後，大致的共識會是：上帝是人類所能想像最完美的存在。此時若冒出一句上帝不存在，等於聲稱完美的事物不存在，但不存在的東西就不會完美。我自稱給你烤了一個完美的蛋糕，可惜它不存在，那你一定覺得我是神經病。反推回來，不存在與完美本身互相牴觸不可以並存，那不就得了嗎？完美存在，上帝也必然存在。

很多文章討論過為什麼這樣論證不對，也有很多文章嘗試捍衛這套論證。不過基礎瑕疵應該一目瞭然：我們不能從某個概念的意義忽然跳到概念指稱的對象是否存在。誰都可以將完美司法掛在嘴邊，但這不代表完美司法真的存在。上帝不存在會造成矛盾，完美獨角獸不存在也會造成矛盾，即便如此也無法證明有這種生物存在。

字詞就是字詞，與實際人事物不同。語言是工具，不是構成真實的必要元素。人類運用語言瞭解世界就好，無需執著到讓語言取代真實世界成為研究主題。我們利用語言做出分別，但總有一個語言未能涵蓋到的分類法和可能性。面對字詞需要謹慎，不要只看見表面。如果語言看起來彷彿完美反映了真實，不要輕易相信。

如何留意語言：

■對字詞下定義。

■不同定義發生衝突時，該做的不是堅持己見，而是闡述自己的立場。

■注意並避免透過限縮與擴張的方式進行定義，也就是不要任意放大或縮小字詞的意義範圍以滿足自身需求。

■注意並避免誤用模稜兩可的語言。如果字詞的意義從適當用法轉移到不適當的用法，就構成了語義滑坡。其中一種可能是混淆涵義與指稱而進行誤導，也就是字詞形式與指稱對象之間名實不符。

■與其追究字詞的真正意義，不如考量字詞在主題脈絡下發揮的功用。

■有必要才以術語或專有名詞為概念做出區隔，沒必要就避免。

■小心範疇錯誤：將字詞指稱的概念類別由甲換成乙，或者以為字詞沒有特定類別的對象。

■有些場合可以採用字面意義，有些場合則否。兩者各司其職也各得其所。

■不要只顧辯論字詞的定義，反而對它們指稱的事物視而不見。

第六章　兼容並蓄

這時代的人類分崩離析、背道而馳，活在各自的小圈子內。每個人故作清高隱藏真我，隔絕別人之後也被別人隔絕。

——杜斯妥也夫斯基，《卡拉馬助夫兄弟們》

從語源學來看，哲學家（philisopher）是喜愛（*phili*）智慧（*sophia*）的人，但這並不代表哲學家就不喜歡別的事物。好的批判性思維強調應從各處獲取知識，融合資訊的來源越多越好。

舉例而言，想要評估因應貧富不均的不同政策，有些人直覺認為只需要經濟學家參與即可。然而，即使他們透過模型分析不同情境，依舊沒辦法指出什麼類型和程度的不平等最值得關注。比起財富不均或福利不均，收入不均更重要嗎？經濟學家或許能針對如何最有效率幫助窮人提供見解，卻無法告訴大家怎樣的制度會令人感到更有尊嚴。現實的一般情況是，福利政策越具針對性就越容易形成負面標籤，所以身為公民的我們反而得思考「效率較低」的制度是否更有助於社會凝聚。不過這就不是經濟學研究的課題了，所以更完善全面的政策評估需要參考政治、歷史、社會學、人類學、哲學，很可能也應該加入心理學。

針對任何主題，只參考一小群專家的意見會侷限了解答的可能性。想保持身體健康不能只聽腫瘤科醫師的說法，他們對癌症之外的知識或許不夠充分。想深入瞭解藝術應當多比較不同評論家說法，每個人都有獨到的品味與偏好。即使只是處理房屋潮濕問題也應該多問幾位專業人士，畢竟他們的立場大都是要推銷自家服務。

同理，如果仿效哲學家思考代表**只**會哲學也**只**參考哲學，那還不如不要學。這個警示在近年來變得相對重要。回顧哲學史會發現：笛卡兒有解剖學著作、休謨精通歷史、史賓諾莎會製作透鏡、亞里斯多德則是個**全才**。專業分工是現代哲學界的特有現象，而其影響十分深遠。

比方說，如果我跟十個人說我的博士論文主題是個人認同，很可能這十個人對論文內容的想像都不同。每一門學術與流派都有特別的視角和切入點，涉獵過古典印度哲學的人可能聯想到梵與我、自我與世界（*Ātman*與*Brahman*）的分別；心理動力學主要想探討潛意識在自我塑造的過程中扮演什麼角色；心理學家有興趣的是自我感（sense of self）；神經科學家更想知道「我」這個感受如何在大腦產生；社會學家與人類學家則會討論社會對認同的影響。近年來的英語哲學界比較注重自我認同之間的邏輯關係：什麼因素使人在歲月流逝中保持同樣的自我認知？而這才是我論文研究的重點。

在大部分情況下，這麼多種主題只要選一個就好。但當你做出選擇的同時，要記住：你只鑽研了個人認同的其中**一種**面向，無法提出**完整**的解釋。如果想徹底瞭解你之所以為你的意義，只挑一個角度去觀察不會得到滿意的答案。

專業分工不是為了將知識大卸八塊

大多數重要議題橫跨好幾個學門，若能限制在單一種學術上，通常也只有專業研究人員才會感興趣。因此，一般而言，仿效現代哲學家的思考模式並不值得鼓勵，其實仿效歷史學家、心理學家、化學家、語言學家等等也一樣。學術分門別類並不代表世界也跟著被切割。以自身經驗而言，我詢問過社會學家與人類學家，究竟有什麼關鍵理由造成這兩個學門要彼此獨立，但始終沒得到使我認同的解釋。很多人說這種分野源於歷史事件，不同的研究方法與文獻導致兩者分離。但理性來看，它們更像是同一學門底下的不同路線，並不需要一刀兩斷。

即便接受學門之間有藩籬，也很難理解它們之間的隔閡是如此難以穿透的厚實。長期擔任國會議員的前工黨政治理論家東尼．萊特（Tony Wright）表示，如今學術界更像是「一盤散沙」，而且「外界以為相關的學門（例如政治哲學與政治科學）也不例外。道不同不相為謀，大家都關在自己的象牙塔裡」。

我很贊同齊亞烏丁．薩達爾的看法。「我不認同學術分野——這一塊是物理，那一塊是化學——我不認為自然界會如此區分……對我而言，想得到答案就應該盡可能研究，如果牽涉到地質學，那就去研究地質學。」

理所當然，現代的學術分工實行之前，哲學家確實都會那樣做。亞里斯多德拋下自己在雅典的家，前往勒斯博島觀察潟湖環境。笛卡兒不只解析概念，也解剖動物。休謨在世時其實以歷史學家著稱，後來才以哲學思想聞名。

緬懷舊社會的通才、抨擊學術界巴爾幹化很簡單。知識分子壁壘分明、不相往來，任何人都不樂見這種情況。然而，專業分工有其成因，很多理由並不差，其中最顯而易見的是過去幾個世紀知識爆炸，無論是誰，僅憑一己之力很難做到通盤的瞭解掌握。即使能有少數個人原創，但整體而言團隊合作仍是必要。人類是社會性動物，每個人發展不同專長、彼此合作，會達到更高成就。話雖如此，我們不能目光淺薄、拘泥於一家之言。各種知識彼此交織，學門並非遺世獨立的孤島。分工是為了分散研究工作的重擔，而不是為了將知識本身大卸八塊。

專業分工的效率從倫理委員會可見一斑。列席過許多委員會的生物倫理專家約翰・哈里斯（John Harris）說：「每個人都能做出貢獻，比方說自治的問題只需要一個人，其他問題也只需要一個人，他們能清楚解釋就好，別人就不必再重複。」像哈里斯就負責將哲學導入討論，別的委員則提供「科學知識細節，或者社會科學研究的結論，避免對公眾事務的誤判，也能針對諸如國民健保這種國家體制的運作進行分析，確認政策對於推動各種治療及預防會有什麼成效」。只要一小群人就能做到這麼多。

倫理委員會只是一個案例，理想上各種知識分子團體都應該讓各方面人才大顯身手，學術界的生態不只鼓勵製作圖塊的人，也要獎賞將圖拼出來的人。但現實是，誘因全都被押在原創性和嚴謹度，也就是只有創造出一個個小點的人得到升遷或職位，那些將點串成線的人得不到好處。提姆．克蘭解釋道：「想要有進步，想要讓自己的意見觸及大眾，就必須找到非常特定的主題、做出強烈原創性的結論。這和以前的通識哲學家不同，他們什麼都能談、什麼主題都能出著作，現在這種情況很少見了。」不只是哲學，任何學門都經歷同樣現象。

即使你只是想稍微從見樹走向見林，嘗試一次處理好幾個點，往往會因為專業稀釋導致結果的品質也被稀釋。克蘭感慨地說：「很多心智哲學的論述乍看好像跨了幾個學門，但其實只是哲學臆測，奠基於恐怕已經過時、類似《科學人》雜誌對心理學或神經科學研究的粗淺概述上，而且通常很巧地正好附和作者自身的立場。」奧諾拉．奧尼爾夫人是兼容並蓄的思想家的模範，她也同意「跨學門就必須達到每個學門設下的標準，但最後很容易連一項都做不到」。

脫離自己的熟悉領域還有另一種風險：自以為另闢蹊徑，卻不知道自己走在人家開拓好的道路上，連橋都已經搭完了。約翰．瑟爾就讓我有點擔心，他說：「我認為應該創立一支新的哲學，就叫做社會哲學。」而且他很有信心表示：「目前沒有這種研究，所以我要親手實現。」

這番話聽在《哲學家雜誌》（*The Philosophers' Magazine*）編輯部一位同僚的耳裡很是奇怪，他本身就是社會學博士。他發現約翰・瑟爾在一九九五年出版的《社會現實的建構》（*The Construction of Social Reality*）與一九六六年彼得・博格（Peter Berger）和湯瑪斯・勒克曼（Thomas Luckmann）的著作《現實的社會建構》（*The Social Construction of Reality*）實在太像了，儘管寫作相隔四十年。當然瑟爾不是完全沒有獨創內容，但他以為那是完全未開發的處女地，沒先讀過既有的論述。

我不確定瑟爾的情況，但多數類似案例中之所以忽略了其他專家的文獻，就只是因為作者完全不知情。我認為學術工作者得知研究主題已經被別的學門研究過，通常都會將之當作養分借鏡參考。其實我還期望有一天大學會指派「概要研究」（Synoptic Studies）系所的學者和讀者來促進學門之間的交流，但當然這只是我自己的妄想而已。

遺憾的是，忽略既有研究常常是故意的。我就聽過哲學家以不如自家嚴謹為由排斥其他學門，態度說白了就是：「哲學家能從社會學家身上學到什麼東西？」心胸狹隘的並不只有哲學家，不過哲學曾獲譽為「一切科學之后」（Queen of the

Sciences），多多少少助長了門戶之見，比起其他學門更不開明。

二十世紀英語哲學圈簡直以狹隘為傲。「哲學界一個很現實的問題，是不少人目光短淺，」丹尼爾・丹尼特這樣說，他身為研究生的一九六〇年代正是這種隔閡心態的高峰。「很多人戒慎恐懼到了好笑的程度，一步都不敢踏出去。我是說，連稍微擴大格局這種念頭都不敢有！心思全花在鑽研小事情上面，我覺得這是一種很可怕的氛圍。」

擁抱狹隘哲學且理直氣壯並留下紀錄的案例中，我認為最明顯的是麥可・馬丁的一句話。我曾經問他：「二十世紀後半有沒有哪一本重要作品引起學院哲學家的注意，但並非出自學院哲學家之手？」他回答：「我想不出來。」追問之下他才強硬為自身立場辯護：

> 我覺得應該讀誰的書這種事情沒有標準答案。整體來說，涉獵越廣泛越好，可是也要注意深度，但每個人就只有那麼多時間……例如有些優秀哲學家就只鎖定幾個特定對象而已。我認為分散焦點不是聰明做法。

馬丁的結語特別值得留意。這個世界確實需要學有專精的專業人士，不是所有人都應該廣泛閱讀。然而，我仍然得指出狹隘通常有害無益，擴大接觸範圍則通常會有所收穫。在多數情況下，問題根本不在於**是否**應該兼顧深度與廣度，而是**如何**兼顧。

奧尼爾夫人就是兩者皆具的典範。「我常常覺得我是不是不務正業，」她的自嘲也透露了謙遜是跨出舒適圈的必要條件。我十分欣賞她的一個做法，「盡量找不是自己專業領域的人一起用個午餐」，可惜像我們不住在牛津校園周邊，要這麼做就比較困難。

但至少可以效法的是：進入不熟悉的領域時，還走不穩就別急著想要跑。她說之前很長一段時間：「我把自己的哲學研究與生物倫理分得很乾淨，因為在生物倫理那塊很難符合哲學學術的嚴謹標準。」想要把知識網撒得更遠，必須時時警覺自己**不懂**什麼，才不會一頭栽進去卻找不著方向。後來奧尼爾夫人逐漸建立起自己的觀點，在二〇〇〇至〇一年的吉福講座（Gifford Lectures）中她針對「生物倫理自治與信任」發表演說，二〇〇二年又在BBC《里斯講座》討論一般大眾生活的「信任問題」。

你不需要是專家身分也能參與討論並有所貢獻。有時候局外人反而具有優勢，能察覺內行人視為理所當然的問題。不過你一定要盡力理解，確保自己沒有離題。

由此也不難理解，為何對哲學最大的批判聲音常常來自哲學圈內。例如美國實用主義者里察・羅迪（Richard Rorty）是二十世紀後半很重要的批評家，他認為哲學淪為一面鏡子，唯一功用就是描述現實的樣貌。正因為他對哲學傳統做過深入研究才決定捨棄，所以即使抨擊「真理」（truth）這樣的概念也鏗鏘有力充滿洞見，不像很多草率的相對主義者只會嘲諷客觀真實的可能性，以為無需嚴肅論證就能不攻自破。

歷史脈絡時常是關鍵

來自內部的觀點可以與外部觀點一樣中立。我攻讀學位的時候，研究生被逼著直接面對歐洲及其長期殖民地區產生的豐富哲學著作。之所以說「被逼著面對」，是因為每次都必須在缺乏歷史背景的前提下分析其中的論證。所謂「現代」哲學實際上從十七世紀開始算，起點大概就是笛卡兒，彷彿在古希臘之後，哲學就放了將近兩千年的長假。學生得到的歷史脈絡少之又少，我們進行**無歷史**（ahistorical）、沒有參考點的閱讀。

這種教育方式並不奇怪。我所屬的是「分析哲學」派，在英語國家處於主導地位超過一世紀。就實務層面而言，這個名詞涵蓋範圍很廣，幾乎囊括所有英語世界的哲學，只有現代歐陸為主的部分才會排除。所有分析哲學的支流的共通點是強調概念分析，源頭是邏輯與自然科學，但也有可能採用其他研究方法。分析哲學並不那麼注重歷史，傳記就更不用說了。這種非歷史的特性通常都是有意為之。麥可．馬丁提出的解釋是：「既然有論證，而且論證確實成立，我們也能從前提導出結論，那麼歷史脈絡在其中沒有明確地位，最多能說明論證為何引人注意。」

我個人並不同意這種說法。對脈絡無感的現象或許可以稱之為「歸化謬誤」（fallacy of domesitication），發生在完全只基於自身背景或學術傳統去理解某位作者或某種觀點，於是所見所得並非真實樣貌，而是「轉譯」的結果，但轉譯過程會喪失很多訊息。就拿柏拉圖來說，讀完或許會覺得他的很多論述就算放在上星期也不突兀。但實際上，柏拉圖三不五時就讓主角蘇格拉底談論眾神的作為及神話，比如《理想國》最後一篇是厄爾（Er）的故事：他戰死沙場，遺體卻沒有腐敗，十年後還起死回生，將自己穿越冥界的故事告訴大家。很多現代讀者都忽視了這一點，認為這不過是「正統」哲學的一個創意點綴。問題在於很多跡象顯示，柏拉圖寫得十分認真：篇幅極長、放在全書最後，而且還成為他靈魂不朽的理論證據之一。對厄爾神話視而不見就是迴避矛盾的真相：柏拉圖並非歷久彌新的哲學家，若他來到二十一世紀的牛津絕對會水土不服，畢竟他就是古希臘的雅典人。

西蒙·葛倫丁寧對維根斯坦起興趣以後，也體驗到歸化導致的扭曲。他感到十分挫折，因為「《哲學研究》和二級文獻之間有一條鴻溝。當時我就覺得（現在回想起來仍舊多少認為）那些作者將《哲學研究》的內容收編到自己名下。」我大學做的論文主題是齊克果，研究起來有同樣感受，儘管那時候英語的二級文獻分量其實並不多。後來我察覺到，那些僅有的少數文獻是從齊克果的著述中取用他們熟悉且安心的部分，並未完全擁抱其中不可思議的創意與獨特。

安東尼·高特列柏（Anthony Gottlieb）著有兩冊精彩的西方哲學史，他提出警告：

我們必須時時將問題背後的歷史脈絡放在心上，觀點常會因此截然不同。唯有如此，才能真正理解他們的論證。在我看來，許多哲學家的論述遭到曲解，原因是現代人以為他在回答我們面對的問題，但其實人家講的根本是另外一件事。

觀念史學家喬納森·以瑟列（Jonathan Israel）對哲學家隨意忽略歷史做出毫不留情的抨擊：

如果哲學家都不管事情背後的脈絡，我不知道詮釋怎麼可能會準確，畢竟每個人的言論都受到所處時代的約束和壓力……某些人想像出一種超越歷史侷限的哲學真理，能夠回應所有人類的疑問和價值觀。雖然我覺得這種想像根本自相矛盾、毫無道理，但就是有人會堅持。

更糟糕的是，抽離嚴謹的歷史之後，為了輔助理解，我們會自己編造替代品。以瑟列認為，相較於歷史脈絡空白，虛構歷史的危害有過之而無不及。以他最關心的歐洲啟蒙時代為例，以瑟列注意到多數人將事情簡化成自然科學與英國的經驗主義如燈塔般照亮世俗及自然主義理性思維，後來法國人積極跟進並將之傳遍全歐洲。可是這樣解讀歷史其實是在增強粗糙的國族主義刻板印象，還忽略當時「相對更多作者的立場保守又不講邏輯」。當你知道這些以後，對啟蒙運動的印象會「徹底翻轉」，意識到「大眾普遍接受的官方正統哲學史完全扭曲了真實狀況」。

以瑟列描繪的景象很灰暗：哲學家不讀歷史於是見解扭曲，史學家不讀哲學於是理解殘缺，大家都搞不清楚觀念史，只能活在自欺欺人的謊言裡。最自我中心的說法莫過於，要研究哲學只要知道古希臘與歐陸。無論再怎麼對西方哲學深感興趣且引以為傲，忽略歷史之後，多數人都不知道伊斯蘭世界在哲學發展中占了多大的地位。從來沒人教過這些，大家接受的是「不公正的教育」，這是齊亞烏丁・薩達爾的說法。「漏掉了八世紀到十七世紀接近一千年的哲學，這分量未免太大了。」

如果還需要更多將歷史納入批判性思維的誘因，克瓦米・安東尼・阿皮亞（Kwame Anthony Appiah）從另一個角度呈現其意義。在《榮譽法則》（*The Honor Code*）一書中，他提到西方哲學很少對「名節」（titular virtue）賦予道德價值，因此嘗試將這種觀念及其缺陷傳達給讀者。阿皮亞的做法與大部分道德哲學著作不同，他仔細分析名節在三種歷史情境下的運作模式，分別是纏足、決鬥、蓄奴。書中的故事不僅有彩色插圖，而且他的重點主張還「得到真實歷史案例的背書」。如果沒有思考脈絡，當代西方讀者就無法嚴肅看待名節背負的道德價值有多重，反而會以為它是「違反道德、宗教、法律和理性」。阿皮亞認為「普通的哲學研究方法」，說穿了就是「坐在書房裡思考」，其實根本不符合實務需求，因為得有豐富的真實生活案例作為支撐，否則無法明白為什麼某個習俗「明明從這個角度思考覺得不對，換個角度思考竟然就覺得合理」。

就阿皮亞看來，除非我們意識到哲學受到自身歷史的塑造，否則連哲學究竟是什麼也無法理解。因為哲學「本身也具有歷史，樣貌隨時代不同，但其中存在連續性。若從這個角度觀察，哲學與家族血脈之類很多東西一樣，依附著時間成長與改變」。透過歷史瞭解哲學，會發現這門學術的外表及界線不斷變動。變化和演進本來就是不可避免的。

但我們也得為哲學家說句公道話，針對自己關切的問題，他們就很在乎哲學史，即使討論的是當下時空，他們依然會引用離世多年的前輩思想家。丹尼爾・丹尼特指出這一點之所以重要的明顯理由：「哲學史就是看一群非常聰明的人怎樣受到誘惑而踏入陷阱。如果不學好這段歷史，就會一而再、再而三犯下同樣錯誤。我生活中有個不太光彩的小樂趣，喜歡看某些厲害的科學家重申二流哲學家提過的想法，因為那些錯誤真的讓人心動，不停下來深呼吸沒辦法好好看透。」

近年來哲學界也起了一些變化，不像以往那麼誇張地忽略歷史，只可惜給予的關注仍舊不足。我很願意承認自己相對缺乏歷史知識，思考因此不周全。

這個問題並不僅僅發生在哲學。倘若完全不懂巴勒斯坦、俄羅斯、阿富汗這些地區的歷史，如何理解當地情勢？不知道什麼發明幫助過全人類、什麼發明只服務了權貴，面對新科技又何談支持與反對？歷史是人類活動與社會運作最龐大的資料庫，捨棄歷史極其不智。所以休謨撰寫《英格蘭史》的時候，他認為自己是延續哲學而非拋棄哲學。

忽略歷史也屬於對脈絡欠缺敏感度的表現。我們之所以曲解別人的信仰、習俗、疑問及遭遇的苦難，原因常常在於對事件情境渾然不察。許多政治局勢令人眼花繚亂，但我們是否嘗試去理解背後各種因素？舉例而言，想明白為什麼很多美國人將總統選票投給川普，就得先明白那個群體對於主流政治的幻滅有多深，他們覺得自己遭到鄙視，於是反過來憤世嫉俗。之於這群選民，總統大選不再只是兩種政治立場的角力，他們相信自己有機會「抽乾泥沼」[26]、將不理睬美國中部的政治精英拉下臺。

我們很容易忘記每個事件都有前因後果。脈絡很重要，而且歷史脈絡時常是關鍵。

結合不同思維模式的好處

思想的界線並不一定只出現在不同學問之間。另一個重要的區別是事實和價值。在西方世界，大衛．休謨於十八世紀首次清楚點破這一點。他觀察到許多人思考道德的時候，第一反應就是「無論天上人間，事物的本質為何」，但是：

> 我突然驚訝發現，命題常用的繫詞「是」和「不是」（*is* and *is not*）被取代

26. 譯按：drain the swamp，原始意義是在瘧疾盛行的年代將沼澤或積水抽乾達到防治成效，川普競選時這句話成為口號，代表徹底改變美國政壇生態。

了，每個命題都連結到「應該」或「不應該」（*ought or ought not*）。這個改變微乎其微卻至關緊要，因為「應該」和「不應該」指向新的關係或論斷，需要建立在觀察和解釋上；同時必須給得出理由，否則難以想像如何推導出截然不同的新關聯。（原注1）

休謨的論點強而有力：從**事物的「實然」狀態**直接跳躍到**事物的「應然」狀態**不合乎邏輯。也就是不能從**敘述**跳躍到**指示**。「規範」（應然）與「事實」（實然）有所不同。

忽視這種分別就會犯下所謂的「自然主義謬誤」（naturalistic fallacy），從事實**跳躍**到何者才是自然狀態，再跳躍到何者為好、何者為善。這個謬誤極其常見，但從演員轉換跑道銷售偽健康產品的葛妮絲・派特洛（Gwyneth Paltrow）做了最粗暴的示範。二〇一三年她接受《柯夢波丹》（*Cosmopolitan*）雜誌訪問時表示，「我想只要東西天然就不會有壞處。」（原注2）應該拿這句話問問小說《輕聲細語》（*The Horse Whisperer*）的作者尼古拉斯・埃文斯（Nicholas Evans）作何感想，因為他不慎吃了毒蘑菇差點送命，還得接受腎臟移植。

「自然等於好」這個伎倆還會被用來反對女性主義。有人主張男女兩性天生有別，自然該有不同待遇。這套論述很薄弱，首先我們無法確定所謂的差別，如自信心、同理心、性活躍傾向，究竟多大程度是天性，又有多大程度來自教養。再者，即便各種差異都源於自然，也不能決定所有道德和政治議題。譬如我們還是會希望各種會議中女性列席更多，因為即便男性天生更具競爭力、理論上能得到更多席次，但不正因為競爭習性會妨礙議事合作，所以必須考慮兩性比例？珍妮特·雷德克里夫·理查茲（Janet Radcliffe Richards）就說：「達爾文主義的世界不是建立在和諧或目標上。人類若想有進步，一切遵從自然並不明智。」

然而，應然實然之分給我們的啟示並非思考事實就不能思考價值。面對氣候變遷、糧食正義、貧窮、數位落差等等問題，如果想認真瞭解它們造成什麼衝擊，就一定要考慮事實。不過事實與價值無關，我們無法從**實然**得到**應然**。要怎麼在各項事實中間插入道德討論？

先從最基本的問題著手：如果新的**應然**建立在別的**應然**上，最初的**應然**從何而來？休謨認為原始的**應然**是同情，或者說是設身處地。感受他人喜悲是多數人類與生俱來（抑或說是演化而來）的天賦。推動我們向善的正是這種能力，而不是理性或邏輯原則。

可是休謨不就犯了自己提出的謬誤？「自然」不代表「好」，道德的根源怎麼會是源於自然的本能？但休謨沒有犯錯，他不是說人性本善所以應該向善，而是具有同情心因此有可能向善。他從**因果關係**解釋人類道德觀，而非將其**合理化**。

那麼道德同情心是否需要合理解釋？休謨認為沒必要，我同意他的看法。希望我們是對的，因為截至目前為止，沒有一套純粹建立在理性上的道德基礎能夠徹底服眾。人之所以為人，一個特徵就是理解何謂苦痛，也明白沒人想承受苦痛。倘若某個人根本不具備這種同情心，別人也強迫不來。

如果我們接受休謨的論證，應然與實然之間的空白得到填補。如果我主張「工業化畜牧對動物造成不必要的苦痛，因此是不好的」，哲學家立刻察覺到結論不得證：此處「因此」是誤用。多數人**覺得**得證是理所當然的事情，因為人類本能認同「省略式三段論」中未言明的前提是「造成不必要苦痛是不好的」。這不是基於事實的陳述，而是一般人的道德觀念。碰上提出異議的人，我們該做的恐怕不是與對方辯論，而是躲遠一點。

察覺實然與應然的差距後，我們不得不承認倫理的基礎並非理性，理性只是促進思考清晰的工具。接下來我們也會意識到，對的言行必須結合基本的道德同情心和關注特定情境的能力，否則無法判斷最佳的回應方式。無法掌握對方缺乏什麼、需要什麼、能從什麼得到幫助，你就無法有效發揮心中的同情、仁慈與善良。這些都是事實問題，主要透過專注來解決。

瑪麗．米雷很明白這一點。「我們常常自認是為對方好，以為自己瞭解對方一切，」她告訴我：「但如果多留意，通常會發現那叫做自以為是，事實往往複雜得多。我們該做的不只是面對自己所處的情境，還得透過專注來確認自己面對的是哪一個情境。」這麼做之後，「事實與價值的分歧就會消弭，既然很清楚現實情況，當然就知道該怎麼做。」

當候我和米雷聊到了與她同個圈子的小說家暨哲學家艾瑞斯．梅鐸（Iris Murdoch）。「梅鐸的倫理觀是人要專注在面前的事情、增進對現實的理解，才能學會正確的、好的做法。所以她覺得藝術很重要，藝術能增加我們對現實的掌握。」意思就是，如果想要思考得更有哲學風範，應該多從哲學角度去欣賞電影戲劇與書籍。

藝術必然有益於道德顯然並非事實，畢竟納粹就很喜歡歌劇。不過適合的敘事藝術（narrative art）確實有助倫理觀念，比如伊朗導演阿斯哈．法哈蒂（Asghar Farhadi）的作品有強烈的自然主義風格，探索日常中的道德兩難、灰色地帶與各種困境，呈現每個人的片面認知不同時，拼湊真相實屬不易。

法哈蒂不直接言明，而是透過演出向觀眾傳達何謂道德。《我不是英雄》（*A Hero*）中有一幕是慈善單位不知道該掩飾尷尬內幕保全名聲以繼續行善，還是將真相公諸於世。從哲學角度可以討論的問題很多，包括效益主義、亞里斯多德派、康德派倫理的衝突與先後——該追求公眾利益、個人品格還是實踐義務等等。但正因為劇情塑造了一個極為特殊的狀況，所以選擇太困難，電影並未走向乾淨俐落的收尾。比起理論，深入瞭解實際情況更有用，法哈蒂用作品來說明這一點。尤其考慮到法哈蒂的伊朗背景，即使他有一套明確的哲學思維，恐怕也與很多人不同，所以電影情節更證明了理論框架不是理解問題的核心手段。

法哈蒂創造的角色既不是聖賢也並非大奸大惡，他們都是不想傷害別人的市井小民。然而，從電影裡可以看到我們如何合理化小謊言小過錯，通常還會套個冠冕堂皇的理由，久而久之誤入歧途回不了頭。對於道德本質有興趣的人應該看看他的作品，可以學到的東西比起讀理論文本有過之而無不及。法哈蒂的電影不只是闡述哲學，還實踐了哲學。

更近期還有瑪莎·納思邦（Martha Nussbaum）積極提倡經由文藝發揚哲學，她常在自己的論理與政治著作中提起此事：「在我想像中，哲學和藝術是夥伴關係。哲學為論理主題定下焦點，藝術作品將想像力化為具體。如果不想只是空談而是真正培養同情心，我們就需要靠文本激發對同情心的想像。」

納思邦認為藝術的重要不只是因為對同情心和情緒同理的想像，還包括培養

認知同理，也就是進入別人思維過程的能力。現代社會非常需要這種思維上的想像力，如她所言：

> 面對不只政治極化還有族裔與宗教也極化的狀況，傾聽需要的不只是論證，還需要養成想像力。我們得瞭解其他人來自什麼背景，有什麼歷史與生命體驗……譴責別人之前，先試著想像和理解不同的人是怎麼出現的。沒有這樣做，很容易淪入煽動人與人之間的仇恨，甚至暴力。

我認同結合不同思維模式的好處，其中也包括創作思維，所以本書各章開頭雋語不取自知名哲學家。考量過後，我選擇古往今來筆調特別哲學的作家，也就是杜斯妥也夫斯基，希望凸顯的是兼容並蓄很好，但單一來源的智慧也可能豐富到足夠用一輩子去發掘。我們無法消除深度與廣度的愛恨糾葛，只能盡力而為。

如何兼容並蓄：

- 處理問題不要死守一個角度，思考時才不會片面而能看見全貌。
- 記住學科藩籬是人為，並非自然狀態。
- 製作圖塊與完成拼圖同樣重要，兩種人才不可或缺。
- 以為發現處女地時，先檢查是否有前輩已經做過研究。
- 深度與廣度之間必然有所取捨，做選擇時需謹記在心。
- 對學有專精的專門人士保持敬意，發表意見之前先想想自己對他們的專業領域是否瞭解不夠深。
- 對脈絡保持敏銳度，包含歷史、社會及個人生平。
- 不要假設自己和別人提出的問題相同，即使表面相似實際上也可能大相逕庭。
- 避免「歸化謬誤」：以熟悉的模式判斷不熟悉的事物，並在過程中根據誤解而加以重塑。
- 避免「自然主義謬誤」：主張自然等同於好或正確。
- 注意實然與應然的差距。我們根據事實做出價值判斷，但不能以事實去合理化價值判斷。

■接觸藝術以培養情緒與認知同理心，透過這兩種能力轉換視角並理解道德倫理。敘事藝術不說教卻以表演的方式闡述了哲學，可以幫助我們凝聚注意力，而注意力正是優秀思維的基石。

第七章　洞悉人心

莫忘人類動機通常比設想的更複雜，我們很少能夠準確描述他人動機。

——杜斯妥也夫斯基，《白癡》

如果給各門學科畫族譜，絕大多數會追溯到哲學。它們一個個羽翼豐滿以後就離巢獨立。生物學、物理學、動物學、修辭學、心理學、語言學、經濟學、政治學、氣象學、地質學都不例外。

其中比較年輕的子孫是心理學。心理學在歷史上都讓哲學家包辦了，大衛・休謨或許就是最好的例子。他的研究主題是人性，著述重心是因果關係和倫理，探討的不只是世界如何運作，也是人心如何運作。就算到了一八九〇年，出版《心理學原則》（*The Principles of Psychology*）的威廉・詹姆斯（William James）主要頭銜仍是哲學家。那個年代心理學才正準備從哲學獨立，一八七九年威廉・馮特（Wilhelm Wundt）終於在萊比錫大學設立專供心理學研究的實驗室。

心理學與哲學分家對兩邊都造成損失，哲學付出的代價較高。用比較簡化的方式下結論：人類**會有**的思維被心理學搶走，人類**該有**的思維留給了哲學。對心理學而言，這種分別導致大眾**應該**如何思考與感受的「規範性」問題變得尷尬。學者視為「健康」或「常態」的思考方式，時常建立在令人存疑的假設上，數度被發現是基於偏見或譁眾取寵的理論。所造成的可怕錯誤包括美國精神醫學學會直到一九七三年才不再將同性戀視為病態、將兒童自閉症怪罪於母親冷漠的「冰箱母親」（refrigerator mother）理論至今影響仍在。然而，當心理學界擔心不被視作科學於是不願碰觸規範性問題，又留下了一塊空白，而填補上來的人未必具備該有的學養知識。

哲學界遭遇的麻煩則不同：為了瞭解人類**該有**什麼思維，哲學家必須先確定人類**會有**什麼思維。要先掌握人類心智如何運作才能討論如何善用，否則輕則空談，重則誤人。人心鮮少遵循純粹的理性，不帶一絲情緒或成見。思考最抽象的數學或科學問題時或許勉強辦得到，但只要事情和人牽扯上關係，就不太可能只有單純的邏輯。

哲學界有思想實驗的傳統。所謂思想實驗大致而言就是以想像的假設情境來驗證信念或理論，譬如有個傳送裝置先麻醉你、接著掃描你全身細胞，然後徹底摧毀你並在火星上製作出完全相同的複製品。乍看之下，就是有個一模一樣的**你**在幾千萬公里外醒來，可是火星上的那個人真的還能稱作是你嗎？這個思想實驗的目的在於判斷，物理特徵一樣的肉體加上心智連續性就能當作同一個人，還是必須要同樣原子構成的同一具肉體才能算數。

或者想像一個物理環境相同的平行世界，那裡的智人看似與我們沒有差別，但他們全都是「喪屍」，也就是沒有意識。如果你想像得出來，是否代表意識沒辦法僅憑物理特性得到解釋？

想像與可能性的界線

我很喜歡思想實驗，還出過一本書探討一百個思想實驗。然而，思想實驗受到嚴重侷限，所以丹尼爾・丹尼特開玩笑說它們是「直覺幫浦」。思想實驗能有效刺激我們發揮直覺，我們卻不能將直覺當成世界的真實狀態，因為它們並非論證，只能當作協助論證成立的工具，強迫我們思考為什麼會有那種直覺，以及為什麼下意識認為那個想法是對的。

比方說，如果有人認為前面講的傳送裝置可行，自己被傳送之後依舊存在，那就得解釋明知道只是複製品，為何能當作同一個人的延續。感覺有點怪怪的。但若覺得傳送過去的那個人不是自己，同樣要解釋為什麼相同材料對人的延續性很重要，畢竟人類身體的細胞其實也是時時刻刻在變動。

有些思想實驗看不出人類直覺到底可不可靠。前哲學博士暨音樂家麥羅認為，癥結點在於很多人「不知道自己在想像什麼」，而且連「可不可能都不知道」。他在音樂上很率真，對於這一點的批評也直截了當：「一大堆思想實驗不就只是胡說八道而已嗎？」

神經科學家阿尼爾・賽斯（Anil Seth）比較委婉，表達他對一種思想實驗的反對：「可想像性論證。」以剛才提到的喪屍為例，賽斯將這種論證簡單整理出來：「如果你能想像喪屍，就能想像一個與我們別無二致的世界，只是其中不存在意識。而如果你能想像這樣一個世界，那麼意識就不可能是物理現象。」(原注1)換言之，只要能夠想像生理特徵相同但可能不具意識的人類，就證明了生理特徵不足以解釋人類是否具有意識。但賽斯質疑：「能不能想像某個現象通常是當事人的心理活動，而不是察覺了現實的本質。」例如我可以想像噴射機在空中倒退，但不代表事實上做得到；而我無法想像量子力學是真的，卻也不代表它會變成假的。能不能想像物理形式相同但沒有意識的世界與它可不可能存在無關，充其量只能證明喪屍這個概念不算太矛盾。話說回來，意思是只吃甜甜圈的健康飲食法好像也不矛盾了？以人類是否能想像某個現象且不發現矛盾來進行思想實驗意義不大，無法用來判斷事情的真偽。

同樣道理可以用在日常生活裡許多假設性思考。我們常常自問換了工作會怎樣、和情人分手會怎樣、沒犯下某個大錯會怎樣、選上總統會怎樣。人類很難不想像各種情節，但要注意別模糊想像與可能性的界線，對各種可能情境的直覺需要接受理性檢視。可以輕易想像某個狀況不該成為信念強度的指標。

思想實驗在道德哲學領域十分常見，通常透過具體案例引導出泛用準則。奧諾拉・奧尼爾影響深遠的文章〈地球救生艇〉（Lifeboat Earth）請讀者想像自己處在擁擠的救生艇上，但空間糧食都足夠，正常人應該會認為不需要特地推別人下船或不給別人吃東西。「在一艘設備齊全的救生艇上，若因為食物飲水分配不均導致有人死亡，那麼旁人不只是被動容許，而是主動參與了殺害過程，」奧尼爾如是說。這個觀念建立了泛用準則：「尚有可用資源卻不供給而導致死亡，就是主動殺人。」所以任何經濟或政治體系不提供資源，造成人民死亡或重病，實質上就是殺人。世界上相對富裕的那群人雖然沒有動手，但他們參與的體制剝奪底層人民的基本物資，「我們不只是袖手旁觀，而是真的殺人。」

但為什麼我們會認為這個特殊案例能反映泛用而穩固的準則？心理學家丹尼爾・康納曼（Daniel Kahneman）和阿莫斯・特莫斯基（Amos Tversky）解釋：救生艇情境可以勾起情緒，因為每個人面對面並迅速做出決定，此時他們仰賴的是直覺和潛意識，也就是「系統一」。與其相對差異甚大的「系統二」，特點在於深思熟慮不草率，更受哲學家青睞。

類似「地球救生艇」這種思想實驗似乎指向真正的理性不必倚靠冷冰冰的系統二。我們先轉而投靠有情緒有溫度、以直覺反應為主的系統一，再透過系統二析取出理性原則。問題是，擅長系統二的哲學家為什麼要聽系統一的指揮？

事實上很多哲學家不受系統一控制。他們認為系統一得到的答案如果與系統二衝突，還是要以系統二為主，因為他們的目標是建立不受情緒「扭曲」的理性倫理。譬如共產主義者主張資源分配不該依照個人能力而是依照個人需求，效益主義者主張人類應追求最多人受惠的利益最大化。從這兩種立場來看，父母寵愛自己兒女卻不管別人家小孩死活是個錯誤，偏袒態度與差別對待是我們應該克服的阻礙。

這種理性過頭的想法，問題就在於對道德採取了粗暴手段。前面我曾經提過，我個人認為道德源於心理，也就是亞當・斯密（Adam Smith）所謂的「道德同情」（moral sympathy）。理性本身並不鼓勵人類善良。純粹建立在情緒上的道德觀或許會是非不分；純粹建立在邏輯上的道德觀恐怕也會誤入歧途。我們應該深入理解被概括為「理性」與「情緒」的兩者之間是什麼關係。在正常運作的心智內，它們並非相互抗衡的兩股反對勢力。它們彼此能夠溝通對話，如托馬斯・斯坎倫所言：情緒也可以有理（**emotions can be reasons**）。

斯坎倫認為所謂情緒常常「像個籃子，大家把辯不下去的東西丟進去，有時候不必講道理」。但就他所見，事實上「多數情緒體驗，例如憤怒或憎恨，都是發現自己行為背後的理由」。以情緒作為理由未必都能通過理性考驗，但仍能接受批評與分析。「比方說，我恨某個人，於是有了復仇的理由，」斯坎倫解釋：「那到底對不對？」檢查看看就知道，有些情況憎惡很合理，譬如功勞被搶走了、表現比自己差的人卻得到獎勵。但有時候憎惡並不合理，只是出於嫉妒。夾雜在情緒中的判斷能夠接受理性驗證，所以斯坎倫說：「將理性看成照邏輯運行的一個區塊，將情緒看成私密又獨立的另一個區塊，我覺得這才是大家應該摒棄的想法。」

十七世紀法國博學家布萊茲．帕斯卡（Blaise Pascal）說得或許沒錯，「人心有自己的理由，理性卻無從得知。」不過理性不僅能明白內心，甚至還能塑造內心。察覺偏見毫無根據便能捐棄成見，察覺不值得愛便不會再愛，理解更深於是更加能夠共情。我們必須留心，不該在思考和感受之間劃下過度簡化的界線，彷彿只有心能感動，頭腦則永遠淡漠也只會觀察算計。雖然無法完整實現，但人的目標應該放在情緒與信念的協調一致。情緒和信念不一致，不只是思考受阻，感受也一樣。如果思考無法如信念般促成行動，代表思考得還不夠清楚。譬如明明你認同兩性平等，行為卻又輕賤女性，顯然你並不真正明白性別平等的真意，腦袋裡有某個短路的部分需要修理。

所謂知易行難。人可以改變，能從過去的錯誤學習、自主做出抉擇、達成始料未及的結果。或許人類是「生物機器」，但程式並沒有被寫死。只不過我們或許高估了人類的彈性，如果抱著一廂情願的心態妄圖逃避舉世皆然的因果法則，就會忽略大量證據指出，人在過去的行為模式也最適合預測其未來行動。

人類群體是最顯著的例子。想想第二次波灣戰爭，美國及其盟友若是留意歷史，一開始就該明白侵略外國、加深族裔分化、從無到有建立民主政權不會有什麼好下場，但那時候大家說服自己相信這次會不同。

我們也可以反問自己：不具約束力的協約這麼多年來都無法有效延緩溫室效應，期望它們在未來能夠奏效是合理的嗎？如果某個跨國會議的結論聲稱「這次會不同」，我們真的應該相信嗎？

想要預測未來，我們必須先判斷現況與前例有什麼差距。當對象是人類，無論群體或個體，我的態度比較悲觀，認為證明能有所改變的責任在當事人身上，而願意相信對方是種雅量，不是基於理性。

用個尋常的例子來解釋。假如小喬創業三次都以失敗收場，但她決定再拚第四次。親朋好友和銀行都對她的過往成績存疑，也找不到理由相信她這次財運比較好，小喬則說她已經從錯誤中學習，這次一定能成功。在這個情況裡，小喬的問題是一廂情願的自欺，但其他人也過度聚焦於前例而忽略她當下的計畫內容。此時沒有經驗法則可以判斷誰對誰錯，然而一般而言，傾向懷疑比較保險，因此必須由小喬自己設法說服大家這次為什麼會不同。人當然能改變，可惜各種跡象顯示改變的力道通常不如想像。

隱性偏見

人類有些思維根深柢固很難超越，心理學告訴我們的還不只前面這些。經過丹・艾瑞利、丹尼爾・吉爾伯特、丹尼爾・康納曼，以及其他外號不是丹的傑出心理學家如伊麗莎白・羅芙托斯（Elizabeth Loftus）等人大力科普之後，現在大部分人都聽說過人類思考是系統性地受到許許多多認知偏誤所影響與扭曲。（原注2）但有時候我們又太過在意這個現象，史蒂芬・平克（Steven Pinker）就感慨：「社會科學與媒體將人類描繪成不合時宜的原始人，就算看見草叢裡有一頭獅子也滿腦子偏見、盲點、謬誤與錯覺。」（原注3）也常常有人說理性是假象、是將偏見成見和直覺合理化的結果。

我們不必這麼悲觀，心理學家能找到大量偏誤就代表理性還是足以除誤揭弊。想要完全克服人心的侷限或許太天真，但察覺思維打結並加以改善還是不成問題。

以確認偏誤為例。人類傾向更留意支持自己想法的證據和資訊，下意識跳過那些反對的聲音。近年來有些人將它更名為「我方偏誤」（myside bias）以強調大家總是尋求強化自身的立場。（原注4）最普遍的例子是未經證實的偏方有很多小故事說多少人吃了或做了身體健康，卻絕口不提吃了或做了沒用的人有多少、研究發現只是安慰劑作用等等，可是還是有人會相信。這些人同時忽略另一個顯而易見的事實：很多小毛病過一段時間本來就會好。這個康復現象最簡單的概念解釋就是「均值迴歸」（regression to the mean），意思是任何系統都有隨時間趨近平衡狀態的傾向。症狀最嚴重的階段會進入迴歸，但同時恰好是多數人採行各種「療法」的時間點，於是很多人寧可相信療法有效，因為那是他們想要聽到的答案。如果先射箭再畫靶，什麼糟糕的論證看上去都會多出幾分可信度。

理論上思考嚴謹的人，例如哲學家，應該不會掉進這麼簡單的圈套，對吧？可是哲學反而有可能誤事，因為聰明反被聰明誤，擅於推理的人能以各式各樣的技巧化解信念與現實之間的矛盾。大衛．休謨比現代心理學家早了幾百年發現這個毛病。「對哲學的熱愛，」他寫道：「如果運用太輕率，就會被偏見和好惡牽著走，只能鞏固既定立場，將思緒朝著同一個方向推到底。」其結果不是理性，而是合理化，因為「懶散是天性」，人的心思「只是想為毫無節制的放縱找個表面理由」。（原注5）

想找到明顯例子不容易，畢竟哲學家犯了合理化的毛病會比一般人隨隨便便的推理還縝密。不過我想理察・斯溫伯恩對於惡的解釋恐怕就是一種合理化。惡很難解釋，如果世界由全知全能又慈愛的上帝掌管，就不該存在許許多多毫無意義的苦痛。反推回去變成上帝不知道、不在乎，或者無能為力，那麼祂就不再是一般人心目中的神。

探究這個問題的學問叫做神義論（theodicies）。最普遍的神義論見解是苦痛不可免且有必要，因此可能存在的最佳世界裡依舊會有苦痛。斯溫伯恩據此比喻疾病是「經由刺激造就珍珠的那顆砂礫」，給人類機會「展現勇氣、恆心與悲憫」。至於不知為何得戰死沙場的人，比如索姆河戰役死去的大量強制徵兵，斯溫伯恩則將焦點轉向當時下令的那些人：「有人會受苦才有犯錯的可能。索姆河戰役中，正因為有士兵的生命，其他許多人才有了做選擇的餘地。」

換言之，只要人人承擔責任，鑄下大錯也無所謂，然後無論結果好壞，我們的生命能成為別人的選擇就該慶幸，因為「不僅有益他人，能為他人所用就是有益**自己**」。

我覺得這種說法令人毛骨悚然。當面聽他說完，我內心有種道德上的嘔吐感。他發自內心說服自己慘劇是為了服務至善，而且毫無一絲猶豫。想想世上很多人和動物的不幸，各種虐待、性侵、惡疾，絕大多數與選擇和後果沒什麼關聯。在我看來，這就是運用理性的最糟糕示範，為了保全既定信念，連暴行也能加以合理化。相比之下，我比較佩服一般教徒，他們無法解釋慈愛上帝與惡之間的牴觸，卻願意背負那份矛盾困惑好好生活。

對抗確認偏誤很困難，透過自我覺察也無法根除，但至少能降低影響。我們要養成習慣問自己：「這套論證是真的那麼好或那麼壞，還是因為我希望它看起來特別好或壞？」自問之後，應該很容易意識到成見的干預。很多時候討厭的人還沒開口我們就急著反駁，景仰的人還沒開口我們就想要附和。立場遭到質疑我們就戒備，得到支持我們就喜悅。這些現象都是警訊，代表我們應該反覆檢查推論過程，也試著去想像態度中立的人會怎麼看。

另一個我們可以處理的問題是隱性偏見。隱性偏見的影響有多廣與多深還沒有定論，但證據強烈指向人類通常在潛意識層面受到刻板印象和個人好惡的左右，甚至足以對自我認知造成負面衝擊。舉例而言，曾有實驗將兩百位女性分作兩組進行數學測驗。研究人員對其中一組表示，本實驗旨在觀察為何男性的數學表現通常較佳，但對另一組只說是普通的數學能力測試。結果被告知性別偏見的那組分數為八十，另一組卻能接近九十。換言之，僅僅意識到加諸於己身的刻板印象，就有可能以自我應驗預言的形式成真。（原注6）

或許有人認為哲學家算聰明人，應該不至於落入刻板印象的窠臼。但有個探討負面經歷的網站叫做「念哲學的女性過得如何？」（What Is It Like to Be a Woman in Philosophy?），對此名稱的答案顯然是「持續面對性別歧視」。下面這個女性哲學博士生的故事十分典型（而且還不是最糟的）：

> 就教室氣氛而言，我注意到發問與評論的若是男學生，反應就會比較好。女性發問或表示意見，通常被視為：一、是個誤解；二、不是值得注意或延續的話題；三、稍微討論過後又被男性接手過去，轉往所謂更有價值的方向。我很少聽到教授（男性）稱讚女學生對課堂內容有貢獻。（原注7）

教授並非刻意歧視，而是下意識無法認真看待女性。說了這個故事的女性還提出另一個疑惑：包含她自己在內很多人都有「女性愛抱怨」的刻板印象，所以她也曾質疑自己是否犯下確認偏誤，別人無心但到她眼裡變成故意。「我常常覺得是不是自己太多心、給人莫須有的罪名，即使內心深處知道不是這麼一回事，但還是沒辦法徹底相信自己的感受。」有個口號是「看清楚自己的特權」（Check your privilege）[27]，但這句話只點出事情的一半，我們還得看清楚缺乏特權對自己造成

27. 譯按：二十一世紀初期在西方網路世界興起的說法，原始意義是要求對方意識到自己的觀點來自廣義的特權階級（常見者有：白人、男性、異性戀、富裕、非殘疾），但後來也被人質疑這個口號遭到濫用導致一言堂。

什麼影響。

從歷史來看，哲學在性別平等的概念上是慢半拍的。我強烈懷疑部分原因就出在哲學家對自身理性過度自信，無法認真看待自己也有隱性偏見的問題。然而，缺乏自覺正是潛意識偏見橫行無阻的關鍵點。

矯正隱性偏見很不容易，因為它就像確認偏誤是潛意識的一部分。不過我的個人經驗是：只要察覺扭曲思考無所不在就能開始自我監督，儘管不可能百分之百除錯，也能揪出十之八九了。例如我對女性有意見時，就會自問換作男性做出同樣言行我是否也有同樣想法？這種監督方式不完美，但比什麼都不做要強。

簡單來說，無論我們多麼擅長判斷論證的好壞優劣都不代表能夠避免認知偏誤，我們需要的是自覺、自省加上勤奮。對自己的表面認識在此時無用武之地，必須換個角度觀察，看看心理學在人類思維中發現什麼隱藏機關。英語俗諺說「要認識你的敵人」，當敵人在心中尤其如是。

論述背後的心理動機

不過反過來說，也得注意別過分依賴心理學。如果你總是以為別人的論點建立在心理因素，而且連他們自己也不知道，這就是將什麼事情都「心理學化」了。我們很容易踏進這個陷阱，因為的確多數人的思考背後都有心理成因，在堅持己見之下就會找證據捍衛自身立場。事實上，這些心理因素也確實很多都是由潛意識或情緒驅動。問題是這些現象不代表我們能夠輕易明白他人內心的潛意識驅力究竟是什麼。

過度心理學化的一個案例是西蒙．克里奇利如何解釋十九世紀叔本華（Schopenhauer）與現代哲學家約翰．格雷（John Gray）的虛無悲觀論調：「時代氛圍的剖析很吸引人，讀者對所處環境絕望反而會感到亢奮。世界糟透了，而且無藥可救，這樣的說法反而最扣人心弦。格雷的《稻草狗》（*Straw Dogs*）內容極度抑鬱，我想這是成功祕訣。很多人在絕望中反而得到安寧。」

雖然不無道理，但克里奇利完全不談格雷的論證是好是壞，這就是過度心理學化的跡象。儘管可以合理假設多數人的思考帶有潛意識動機，但不能單憑這點來反駁特定的論證。論證夠好的話，不能因為有動機就加以否定；論證不好的話，其他缺陷應該就夠明顯了，心理因素是否存在也就沒那麼重要。

理察．斯溫伯恩就曾經糾正過我這一點。他的一些想法在如今多數哲學家看來要劃分到神學才對，像是人有非物質靈魂、各種證據顯示有個全知全能又慈愛的上帝等等。於是我提到他的論述感覺建立在主觀的立場上，若非基於信仰不會堅持那些觀點，也不可能經由論證導向相同結論。

事到如今我依舊這樣認為，不過斯溫伯恩的回應也很正確：他指出我用這種理由反對並不正確。「我也可以反過來說是現代人深受物理主義荼毒，才會對擺在眼前的事實視若無睹。這種說法誰都能用，但永遠辯不出結果，所以還是應該回到論證本身的好壞。」

其實斯溫伯恩就是指控我犯了訴諸人身（*ad hominem*）謬誤，對人不對事。將範圍放大就叫做「起源謬誤」（Genetic fallacy）：批評論證來源是否可信，而不聚焦在論證本身。譬如蘇聯科學發展受到馬克思列寧意識形態阻礙，但不能因此否定蘇聯科學家也有相當成就，像尼古拉・謝苗諾夫（Nikolay Semyonov）還是得到諾貝爾獎。攻擊發言者或論證起源不等於回應論證本身的內容，即使動機不純，但論證完善就是完善。

大家都知道不應該對人不對事，即便如此哲學家還是無法免俗，而且犯下這個錯誤的時候幾乎都是過度心理學化的形式，也就是自認看穿對方動機並據此削弱對方論證可信度。雷・蒙克撰寫羅素傳，內容諸多批評，很多人就質疑他居心叵測。他直接否認，還點出同行安東尼・克利福德・葛雷林（A. C. Grayling）有「特別惡毒」的言論。葛雷林說蒙克「碰上一樁慘事：別人給他一大筆錢要他寫一本傳記，而他把支票存進戶頭的時候就很清楚自己討厭那個人」。（原注8）蒙克對此表示：「胡說八道，我覺得誇張的那些事情都是在收集資料的過程中發現的。」

當代哲學新秀阿米亞・斯里尼瓦桑（Amia Srinivasan）也在一次訪談裡有很驚人的心理學化的發言。她說：

> 排跨基女通常是順性別[28]女同性戀，她們理所當然也有身體焦慮，因為一樣要接受極度恐女童、異性戀霸權的文化凝視。但是她們發展出一套處理這種挫折感的機制，現在看到別人以不同方式面對就無法接受。（原注9）

訪問她的瑞秋・庫克（Rachel Cooke）聽完表示：「我覺得致力於平等自由的人這樣簡化一整個族群（女同性戀）是很少見的反應。」如果要為斯里尼瓦桑說句話，或許可以說這並非她排斥跨女同志的論證，只是對她們的思路謬誤提出心理學上的解釋。在這種情況下，心理學化的說法提供了臆測性的「錯誤理論」，也就是試圖解釋人被什麼因素帶進某種思考模式，而不是直接分析那種思維錯在什麼地方。即使如此，斯里尼瓦桑的說法顯而易見太過臆測、簡化過度，難以驗證也難以

28. 譯按：排跨基女指「排斥跨性別的基進女性主義者」（trans-exclusionary radical feminist），首字母縮寫為TERF。順性別（cis、cisgender）指性別認同與出生時判定的性別相同，通常被視為跨性別的反義詞。

置信，並不值得說出口。

心理學化在某些時候可以合理運用。珍妮特・雷德克里夫・理查茲在一九七〇年代出版經典《懷疑的女性主義者》（*The Sceptical Feminist*），發展出一套近似於認知行為療法（cognitive behavioural therapy）的思考方法，主旨是若要理解某人的言行，先分析什麼前提能使這些言行合理，透過這種假設可以測試對方實際的信念是什麼。她給了一個例子：很多人嘴上支持男女平等卻又抗拒女性得到平等的權利，要讓這個思路合理就得假設對方仍舊認為兩性有根本差異，理當得到不同待遇。不過就和認知行為療法一樣，治療師不會明說當事人的自動反應或潛在想法是什麼，而這個分析方式也只能得到可能解釋，需要繼續觀察和驗證。

從有限但合理的心理學化解釋可以發現一個問題：訴諸人身必然就錯誤這個想法恐怕是誤會。此外，社會上一再有人違反「不要訴諸人身」這個共識，反而顯示大家心裡都感到不對勁。比方說，幾年前我在動物倫理研討會上發表意見，嘗試解釋有些人雖然殺害也食用動物，但同時仍尊敬動物並與其建立深厚關係。我的例證之一是海明威小說《老人與海》的主角。後來進入討論環節，一位非常資深的哲學家舉手了，發問之前卻先說了句「附帶一提」——這類句子的意思很清楚，代表說話者自己也知道接下來的內容原本不該提——他說海明威曾經將碎玻璃混進肉裡餵狗，還洋洋得意向別人敘述後來幾天狗的慘死過程，因此別用海明威當作尊敬動物的模範。說完這些，他才改口陳述自己「真正」的反對立場。

令我訝異的不僅僅在於這個訴諸人身的示範非常誇張；我的論證用了海明威筆下的虛構人物，並非海明威自身，反論者必然**明白**自己的異議不合理。但他還是堅持說出來，為什麼呢？我無從得知，但從日常經驗看來，儘管理論叫大家不可訴諸人身，人們多多少少還是認為論者的品格**可以**用來評估其論證。而且我認為這樣想沒有錯。以海明威的例子來說，雖然他在作品中呈現人與自然之間的緊密連結，但確實是該懷疑這位作家到底能不能作為例證、我們是不是受到漂亮辭藻的蒙蔽。我們也可以說，這根本不是訴諸人身的謬誤，那位哲學家的意圖不在於推翻論證，而是豎起警示旗。

上述兩者之間的分別雖然細微，但很重要。畢竟論證與證據原本就要接受檢驗，但若已經有人示警，指出論者動機可議或可信度不如預期，我們居然置之不理的話未免太傻。至於人類的深層心理動機本就模糊難測，我們不該自以為能夠全盤掌握。然而，察覺別人信念建立在看似明顯虛假的前提時，我們會生出好奇心很自然也很健康，只是要注意別與真正的反論混淆。

動機**和**論證兩者都得納入考慮，但要分別看待。口語有句話很實用但也容易離題：「*Cui Bono?*」意思是誰得到好處？「跟著錢走就對了」，無論真的鈔票或只是比喻，常常都是釐清真相的好辦法。假如禁菸廣告無法降低吸菸人口的主張來自菸草商，是應該留意。

有時候光是事件出現在新聞，就值得思考誰會從中得利。澳洲政治策略家林頓・克羅斯比（Lynton Crosby）因為提倡「死貓戰術」（dead cat strategy）而為人詬病，他有群重視權謀的客戶，包括當時的英國首相鮑里斯・強森，強森如此形容：

> 找隻死貓丟在餐廳桌上一定有效。我說的有效不是大家會震怒慌張噁心，當然會，但那無關緊要。我的澳洲朋友說，重點在於每個人都會大叫：「天吶，你們看，桌上有隻死貓！」所有人的話題圍繞著那隻貓，而你就希望這樣，因為接下來沒人會討論讓你煩心的事情。

有人認為保守黨籍國防部長麥可・法隆（Michael Fallon）在二〇一五大選立下奇功，因為關鍵時刻他出面丟了隻死貓上桌。在野的工黨民調不斷逼近，法隆卻忽然表示工黨會為了與蘇格蘭民族黨建立協議放棄核武。他沒有提出相關資料，但這件事情衝上頭版頭條導致全國焦點放在國防，也就是過往工黨的軟肋。不僅如此，法隆還繼續連結沒有根據的說法，扯到擊敗兄長出任工黨主席的艾德·米勒班（Ed Miliband）：「米勒班背刺自己哥哥上位，現在打算背刺整個英國來拿到首相的位子。」於是一反民調數據，保守黨贏了。法隆的死貓效應或許被誇大，但作用很明顯。

不過知道誰得利也未必能判斷陳述的真偽。「誰得到好處」這個問題就像訴諸人身一樣，麻煩在於並沒有正面處理論證，還可能因此犯了起源謬誤，沒關注事件本身而去關注其源頭。以美國的鴉片類藥物氾濫問題為例。大量加開止痛藥到底對誰有利？當然是藥廠。可是藥廠名下任何一款藥物的用量增加都會帶來利潤，難道藥廠製造的產品全部都該被質疑？一味追問誰得到好處也成了不信任疫苗的導火線，背後的論證其實很鬆散。

追問「誰得到好處」能看出麥可·法隆對米勒班含混不清的詆毀是什麼用意，但事實上選舉裡各方勢力都追求自身利益，也不可能做出傷害自己選情的言論，即便如此不代表檯面上每個人都在說假話。因此在政治脈絡底下，「誰得到好處」的論述很容易造成疑神疑鬼，讓人什麼都不信。「他們當然那樣說」並不代表「他們說謊」。

「某方得到好處就是某方說謊作惡的鐵證」是草率且雙重標準的推論，如果將原則一體適用於所有人，明顯會導致自相矛盾。藥廠表示疫苗效果有八成五。嗯，他們這麼說是為了自己。反疫苗人士指控疫苗害命。嗯？他們不也為了自身信念才這麼說嗎？生技公司聲稱基因改造農作物安全無虞，環保團體聲稱基改作物有風險，都是同樣的道理。

對論述背後的心理動機保持敏銳可以幫助我們提高警覺，也能用來瞭解為何自己看來薄弱的論述卻能吸引到別人。然而，我們對他人動機的假設基本上出於臆測，一般而言還是迴避較佳。我們自詡能看穿別人心思的時候，卻未必能察覺到自己內心藏著什麼動機，所以臆測別人的心事最好留在私下談話，甚至留在自己腦袋裡就好。善用心理學的較佳方式，還是聚焦在大量的偏誤與扭曲如何干擾了人類思維。

如何洞悉人心：

■檢驗直覺，而不是以直覺檢驗信念。
■進行假設性思考時，不要將想像與事實混為一談。
■無需徹底切割情緒和理性，認清情緒中夾帶的判斷，運用理性加以調控。
■給別人機會證明他們有改變，然而證明的責任應由對方承擔。預期人類本性難移，雖然偶有意外，但多數情況不會出錯。
■提防確認偏誤，別只顧著搜集回想支持己見的證據，忽略了不利自身立場的資訊。
■看清楚自己有什麼特權，也看清楚自己缺乏什麼特權。無論自己處於刻板印象的施加方或承受方，所有人都受到刻板印象的影響。
■不要用過度心理學的方式進行分析。許多思考和感受的開關藏在潛意識裡，但我們只能臆測，無法確認真假。思考別人的動機無妨，但還是要以對方的實際言行為準。
■避免訴諸人身謬誤，不要跳過論證去攻擊論者。論者的品格或動機可以當作警訊，但不能直接作為反對的具體證據。
■避免起源謬誤，不要忽略意見本身而去攻擊意見出處。

■注意得到好處的是誰，但謹記「他們當然那樣說」和「他們說謊」是兩回事。

第八章　事有輕重

他頭腦很好，但頭腦好不代表行為一定合理。

——杜斯妥也夫斯基，《罪與罰》

哲學經常與無意義為伍，這種關係時不時變得令人窒息，足以扼殺生存的意志。我自己經歷過的低點發生在某次課堂上，探討的文章標題是「清理門戶與殺人時間」，開頭第一句話就索然無味：「朱迪斯・賈維斯・湯姆遜（Judith Jarvis Thomson）指出確認殺人時間有其難處。」

問題細節如下：假設柏西槍斃了娃娃臉[29]，娃娃臉被送到醫院，警察追捕柏西途中射殺了他。幾個鐘頭之後娃娃臉也斷氣，那麼柏西是何時殺死娃娃臉的？不是開槍那瞬間，當時娃娃臉還沒死。但也不是娃娃臉斷氣那一刻，因為當時柏西已經死了，死人怎能殺別人？如此說來，沒有殺人的時間點卻有人被殺，一個事件怎麼能夠沒有發生時間？（原注1）

或許有讀者喜歡邏輯解謎，所以對柏西究竟何時殺死娃娃臉有興趣，這沒什麼好奇怪。在我看來，整個問題的癥結點明顯是措辭，而不在於事件及時間。整個過程已經描述得十分清楚。你會覺得答不上來，是因為堅持要在時間線上明確定出叫做「殺害」的一個點。這麼做接下來的問題就是，誰的解釋會更令人信服。例如賈維斯・湯姆遜的想法是，行為之中可以包含非行為的事件，殺人就是一個從開槍延續到死亡的事件。

然而，這裡原本根本沒有需要解決的問題，除非我們毫無根據地要求每次使用

29. 譯按：此處舉例的人名出自電影《龍蛇小霸王》（*Bugsy Malone*）。

「殺害」這個詞都得指向有明確時間的事件。事實上，人類口中很多詞彙都沒有那麼精準的時間界線，好比啟蒙時代的起點沒那麼剛好落在一六五一年湯瑪斯・霍布斯（Thomas Hobbes）出版《利維坦》（*Leviathan*）那一天，而且我們也說不出書是在幾分幾秒出版的。「出版」不是一瞬間的事，它是個起始與結束時間都很曖昧的過程。既然我們很清楚柏西殺害娃娃臉的事情經過，實在沒必要拘泥於殺害成立在幾點幾分。這好像又回到了範疇錯誤：我們被語言誤導，以為殺害必須是個能夠肯定時間的事件，但其實這個詞涵蓋了一連串過程。

當然我說的也不一定對，或許基於某些很好的理由，必須更講究殺害發生的時間，只是我的形上思考造詣太差想不出來。不過如果要嚴肅思考這個主題，應該必須說得出它為什麼重要，否則就淪為「大規模的填字遊戲」——瓊安・貝克維爾如此描述很多當代哲學論述，還補充說：「其中有些就是聰明人在玩遊戲，然後有人玩得非常開心。」雷・蒙克則對此感到沮喪，「覺得根本沒說到或做到什麼正經事，只是把一連串動腦遊戲當成畢生志業。」於是早在一九八〇年代他便選擇退出學術界，且呼應貝克維爾的說法：「我察覺自己有個想法，就是從這些問題裡得到的樂趣跟玩填字遊戲是差不多的深度。」

很多我尊敬的哲學家都坦承這一點：大家都認為許多哲學討論沒有意義。我不確定其他學門也會有同樣的現象。譬如在物理學領域，有的人喜歡理論、有的喜歡實驗；在歷史領域，有的人研究阿茲特克、有的人研究諾曼人；地理也有分人文地理和自然地理，但沒有人會因為自己對某個次領域失去興趣就說那叫做浪費時間。相較之下，哲學彷彿是以清談為主，大半內容虛無縹緲。質疑大部分哲學是否有價值的不只雷・蒙克一人，瑪麗・沃諾克也表示在二次大戰期間與之後接觸到某種「無關緊要」的道德哲學令其深感挫折。「我說的其實就是普里查德（H. A. Pritchard），戰前他在牛津地位很高，但他的書裡面討論的是諸如人有沒有知道親人近況的權利、信是交給郵局就完成義務還是要對方收到才算。」

「重要」未必等於「有用」

沃諾克、菲利帕・福特、瑪麗・米雷、艾瑞斯・梅鐸這幾位哲學家將道德哲學帶往更實際的方向。這跟她們都是女性有關嗎？即使有，關鍵也不一定是先天的生理差異，畢竟「男性霸權文化」並不是用顯微鏡看染色體能找到的東西，但又確實存在。「男性有個傾向是一下子把話題拉到天上去，然後開始不著邊際地兜圈子，」沃諾克說：「我確實認為女性比較不想將時間用在哲學遊戲上，我也確實覺得很多哲學其實是遊戲。」瑪麗．米雷也感慨過大學裡都是：「想要出頭的男性，競爭不可免，所以辯論輸贏很重要。哲學家不得已變成了律師。我真心認為女性比例高一些的話能降低這種現象。」

動腦遊戲不是不能玩，但不要錯把它們當作嚴肅正經的事情。哲學家尼古拉斯．瑞歇爾（Nicholas Rescher）說過：「顯而易見，如果無法判斷輕重，人類就不可能對科學有足夠理解，更別想成功傳授或實踐科學知識。」（原注2）

任何領域的任何人都有可能分不出輕重虛實，這問題不侷限在哲學界。商業上的誤判常導致主管和員工將時間心力投注在不重要的事務上，比如強調新網站的設計細節卻沒有做好核心功能、為了開會而開會結果大家都沒空做事。很多組織重整導入嶄新先進的系統卻造成混亂，壞處比好處還多。

小事能被當成大事，大事也可能被當成小事而遭到眾人忽視。伊格納茲．塞麥爾維斯（Ignaz Semmelweis）為醫護建立消毒程序前，外科醫生有沒有洗手大家都不太在意。房貸規則的更動看似無關緊要，結果卻點燃了二〇〇八年的次貸金融危機。

分辨輕重緩急也是關鍵思考技巧，但我們經常衝得太急又或者被習慣捆綁，於是把精力用錯了地方。再者，真正重要的問題有可能旁生枝節，卻不一定與原本的重點有關係。想避免注意力分散，最簡單有效的方法就是定期問自己一句：「這真的是我該思考的事情嗎？」

不過我們得注意「重要」未必等於「有用」。物理學家艾倫・索卡爾（Alan Sokal）因為投稿諷刺後現代主義的偽科學文章而且還真的獲得發表而聲名大噪。不過其實他並非盲目反對所有探討科學研究本質的科學哲學。雖然索卡爾曾經引用理查・費曼的名言：「科學哲學對科學家的用處，就像鳥類學對鳥類的用處。」但索卡爾表示：「鳥類學本來就不是要給鳥類用的。」從這個角度看，費曼那句話不完全是在貶抑科學哲學，「它釐清了科學家的工作，但它不一定對科學家有幫助。就算科學哲學在科學實務中派不上用場，仍舊對哲學做出貢獻。」

理解本身是有價值的，但如果我們只是理解了幾個概念在高度人為的哲學體系內如何運作，則沒什麼意義。好的思考不是對所有東西一視同仁，而是判斷孰輕孰重。

沒有人一開始就想花心力在不重要的事情上，問題是我們時常跟隨別人的標準，沒發現那並不適用於自己。不同的人基於不同的判斷和假設會得到不一樣的結論。以氣候變遷來說，多數人關心的是如何阻止，甚至逆轉全球暖化。在乎這一點就會考慮各種有效手段，其中包括核電、碳捕捉與存放技術、碳稅等等。那為什麼很多「深綠」[30]一個都不接受？因為他們還有別的考量，而且說不定更加重要。他

30. 譯按：此處指立場極端的環保人士。

們希望人類與自然的關係能有徹底轉變，因此排拒所有助長全球市場經濟的措施，就算能夠減緩氣候變遷也不願支持。如果將這個群體的訴求與其他人混為一談，氣候政策的討論永遠得不到共識。

判斷輕重緩急沒有既定公式，畢竟「重要」與否和自身在不在乎有關。但依照慣例，大原則就是保持專注，避免自己在思考過程中被詞彙、歷史、脈絡模糊焦點。

丹尼爾．丹尼特在針對自由意志的著作中給了一個很好的例子。他在這個主題的第一本書《活動空間》（*Elbow Room*）有個副標題，叫做「什麼種類的自由意志值得追求」，這句話一針見血。自由意志也能分作好多種不同概念，他指出：「為無法實現的自由意志做分類並不難，但對我們有什麼用呢？」

評論丹尼特的《自由演化》（*Freedom Evolves*）時，傑瑞．福多寫道：「人就是想回到夏娃咬禁果前那一刻。徹底的自由，能做出別種選擇。自由到連上帝都猜不透她的下一步。」（原注3）

「那種自由要來何用？」丹尼特這麼問：「意思就像是想要違反物理定律的自由，能對自己光錐[31]之外的事件產生影響。」福多所謂徹底的自由代表能夠不受自身歷史、性格、既定價值觀與信念等等的束縛，但反而因此像是無法捉摸的亂數

31. 譯按：自狹義相對論衍生的概念，當前事件的因果過去和因果未來會根據光的軌跡形成錐狀。（換言之，若位在自身的光錐之外則與自己不存在因果關係。）

決策生產器。在丹尼爾．丹尼特眼中，自由的真正重點在於「行動理由是出於自身」，所以他認為自由最大的威脅來自政治而非形上層次。

自由意志是一個大哉問，讀者很難透過這麼濃縮的版本理解丹尼爾．丹尼特。（原注4）上面舉例只是想呈現很多意見相左都源於對孰輕孰重的判斷不同。

無法確認各方心中的輕重緩急就很容易雞同鴨講。就拿英國脫歐公投來看，回顧起來留歐派花太多時間以脫歐的經濟衝擊為訴求，但是在那個時間點上，誰會將經濟當成第一優先？多數脫歐派的心態就是希望英國更自主，國家窮一點無妨。留歐派自己想要的是歐洲更團結，拖慢經濟成長沒關係。沒弄清楚自己與對方要什麼，當然只是白費工夫，思考的方向不對和思考的方式不對都不會有好結果。

換位的思考觀察也能磨練並測試自己的判斷力。正如丹尼爾．丹尼特所言：「如果你沒辦法解釋到圈外的人也覺得問題有趣，或許你原本就是窮忙一場。」

還有一種狀況是體制與誘因讓人把力氣用錯地方。批判性思維的教材很少提及此事，多半強調論證有效、事實詮釋正確、沒有邏輯謬誤等等就叫做良好的推論。但其實真正的批判性思維還得質疑看似嚴謹的思考到底有沒有指向正確目標。制度和誘因或許不妨礙理性，卻能將思考帶偏。

著有許多暢銷哲普作品的奈傑爾．沃伯頓（Nigel Warburton）就對學術界這個現象感到很掙扎。他認為科研評估（Research Assessment Exercise）[32]「逼人在五年、七年內擠出四篇發表」，就是叫人什麼都別幹「拚命抄注釋就對了」。大家為了通過評鑑「只寫有助升等的東西，不寫自己有興趣的東西」。沃伯頓後來就離開學術界。

認真評估並發現自己重視的事情不利在學界與業界立足，但仍選擇保持初心所以轉身離去，這樣的人我總是非常欽佩。而且這種決定通常會帶來好結果，因為他們將精力用來發揮自身所長。安東尼．肯尼是一個很好的案例，接觸到二十世紀英語哲學圈巨擘唐納德．戴維森（Donald Davidson）是他的轉捩點。「我清楚意識到作為哲學家他比我優秀太多，」肯尼說：「但同時我覺得他的思想體系太過人工，與自己認知的心智和行為哲學沒有多大關係，雖然能發光發熱一段時間，卻難有深厚貢獻。」在我看來這番話是了不起的先見之明，需要相當的自信。我認同肯尼的觀點——戴維森確實攀上高峰了，然而不出一兩個世代，大概就會被遺忘。

肯尼察覺到這種狀況對自己的哲學生涯代表什麼。「我就心想，既然人家比我強都還做不出貢獻，那我不應該枉費心機才對。」於是他將心力用在闡述詮釋柏拉圖、亞里斯多德、阿奎那等名家的著作上，「在偉大古人的思想裡打滾倒是愉快多了。」不只愉快，成果也豐碩，肯尼寫了不少好書，與戴維森的成就相比或許曇花

32. 譯按：由英國四間基金會約三至七年評選一次的高等教育研究報告。

一現，但幫助很多人深入瞭解哲學。要是當年他沒察覺學界路途崎嶇，一個不小心就會淪為二流的戴維森而無法成為一流的肯尼。

哲學界之外，思維受到制度誤導的現象一樣常見。商業上，企業文化要求員工溝通，卻造成溝通流於形式而缺乏實質內容。類似風險也出現在企業與社會責任的關係中，一味要求符合環保標準的報告導致方向偏差，反而不繼續強化環保實務。又或者一股腦兒投入研發，卻沒好好研究實際市場狀況。已故的克里夫·辛克萊（Clive Sinclair）有許多充滿創意的發明沒得到市場迴響，最為人所知的就是C5斜躺式三輪車。

看似微弱的社會因素也能成為思考阻礙。我們傾向與立場類似的朋友往來、閱聽世界觀相近的媒體，於是某些意見不斷得到強化，思考持續被導向同樣的議題並排除其他。一個人多關切巴勒斯坦問題又多關切中國問題常常並非客觀需求，而是取決於這兩個地區在同儕群體的熱絡程度。多數人接收資訊都是為了支撐而非質疑自己的信念，但即使不想質疑自己也該留意到心智資源的報酬率遞減，例如已經對巴勒斯坦問題瞭解夠多並建立觀點，繼續大量閱讀恐怕也沒什麼收穫，同樣時間不如試著用在所知不多的主題上。

一般而言，生活中充滿太多現實的事情，即使大家覺得某些反思內省很重要，也沒有時間好好進行。我最近就有很深的感觸，搬家過程一再延宕分為好幾個階段，油漆選什麼顏色、家具如何暫時安置、與各方溝通議價等等，有太多規畫要處理，腦袋根本裝不下別的東西。有時忽然意識到自己還在假裝有什麼心靈生活未免太自欺欺人。

近年來興起一個詞彙叫做「注意力經濟」（attention economy），起因是各式各樣媒體都試圖占用我們的時間。但其實每個人也有內在的注意力經濟體系，也就是我們怎樣分配寶貴的時間與認知資源。雖說是內在體系，但受到很多外在影響，而且多半是不易察覺的社會因素。我們的目標應該放在如何提升注意力經濟的效率，才能在思考判斷時更加全面完善。首先，我們偶爾得退後一步，問問自己什麼怎樣的思考判斷可稱為「全面」？否則個人慾望與好惡很容易受到外界牽著走，或被不相關的事物吸引過去。注意力經濟已經變得和消費經濟很像，大眾需求並非來自內心深處，而是由行銷與廣告所塑造。

善意理解原則

古印度文獻《正理經》成書於公元前六世紀到二世紀之間，一般認為編纂者為目足・喬達摩（Akṣapāda Gautama）。《正理經》為辯論設下關鍵標準，分為三大種類：「詭論議」（jalpa）和「壞義」（vitaṇḍa）的目標只放在駁倒對手，然而「論議」（vāda）則講求正當優質，訴求的是真理。喬達摩留意到很多人認為辯論重點在輸贏，我在哲學學界也觀察到同樣現象。所謂「懂」了對手，通常意思不是「我懂你意思了」而是「我搞懂你錯在哪兒了」[33]。理性思考應當追求真理或更深層次的認識，可是沒有人喜歡輸的感覺，所以我們有了立場以後常常不講道理，只在乎自己是不是「對」的那邊。

在競爭本能的引導下，我們開始尋找對手論述中的弱點。盡可能檢測論證原本應該是好事，但理想上該測試的是論證裡最好的部分而不是最差的部分。因此超過千年的印度古哲學辯證規範要求參與對話者要討論最強的反論，甚至扮演魔鬼代言人的角色。

這個標準的用意是避免參與者犯下「稻草人謬誤」（straw man fallacy）。顧名思義，稻草人謬誤就是自己紮個鬆散的稻草人貼上對方名字，將之推倒後聲稱勝利，但真正的對手在旁邊根本紋風不動。舉例而言，有些人認為疫苗政策是強迫干預人民身體，用法律語言來解釋就叫做侵犯人身，所以違反人權。但實際上多數疫苗政策都不強制人民注射，只是選擇不注射的人行動會受限，比較極端的情況可能

33. 譯按：此處略有英語文字遊戲成分，以動詞get的口語用法表達三種意義：「懂」是getting someone，「我懂你意思」是I've got it，「我懂你錯在哪兒」是Gotcha!（逮到了）。

要罰金。據此論述侵犯人權很難成立，可是對反疫苗陣營來說，侵犯人權這個稻草人要好打得多。

哲學界廣泛接納的「善意理解原則」(principle of charity）對避免稻草人謬誤做了更進一步要求，不只得放下漏洞百出的簡單目標，還得主動挑戰對立論述中最縝密有力的部分。舉例而言，很多人認為從環保角度來看肉食習俗早已不具合理性，因為數據顯示同樣面積土地生產植物能提供的熱量一定比生產肉類來得多，以肉為食並非最有效率的資源運用。既然基於數據又是這麼重要的證據，有腦袋的人怎麼會不認同？根據善意理解原則，我們就應該問：難道主張食肉的陣營內，沒有擅於思考的人提出辯護嗎？

當然有。很多放牧地原本就不能種植適合食用的農作物，何況多種禽畜的飼料來自人類食物生產的廢棄物。由此看來，我們並不需要因為環保就全部投向素食。（動物福利則是另一個議題。）不過為肉食辯護的人同樣應該採取善意理解原則。駁倒了一個思慮不周的說法，但對方最有力的論述呢？至少從這段辯論能發現肉類生產模式不該維持原樣，目前的畜牧業絕對不只在牧草地養牛、以糟粕餵雞餵豬，而是占據很多能轉為農耕的土地。

上面這個案例顯示，針對有力的論述才能使討論有進展，過程中雙方都會察覺自己的破綻，聚焦於更好更合適的論述。善意理解原則促成所有人通力合作朝著真理前進，而不是為了勝負爭得面紅耳赤，於是創造出具建設性又文明的討論空間。「社會傾向將對立面的人視作必須擊倒的魔鬼勢力，」瑪莎．納思邦如此形容：「談話性節目與網路文化都朝這個方向走。我們不想聽其他人說什麼，只想放大自己的音量好獲得勝利。」她認為若有良好的人文素養，「應該能明白每個人都有自己的理由，也會學著聆聽別人的理由。」

瞭解信念背後的**成因**能加深我們對他人信念的理解。以英國為例，很多人始終誤以為移民得到的社會福利與住居優先權高於生於本土的公民。如果只關注表面上的是非對錯，可能會對英國社會失去信心，並僅僅將這種流傳甚廣的偏見歸咎於仇外心態。然而，嘗試瞭解為什麼很多人輕易接受不實說法，會發現他們覺得政壇很關心少數族群的需求及權益，身為白人勞工階級卻長期遭到忽視。如此一來我們便會意識到誤會只是症狀，真正病因是積壓已久的不滿。

通常一旦發現結論本身是錯的，我們會懶得過問導出結論的過程。其實應該反過來才對，看見聰明人抱持虛假信念，我們更該好奇為何如此，背後常常藏著重要真相。比方說我對反疫苗論述實在缺乏耐心，但不代表他們說的話全無值得思考之處。納西姆．尼可拉斯．塔雷伯（Nassim Nicholas Taleb）在《反脆弱》（*Antifragile*）一書中提出論證，總結起來意思是「重病的人才需要藥物，健康的人不需要」，而且「人類**每一次**對自然做出的『改善』或捷徑，最後都造成**無法預見**的傷害」（原注5）。他的基本論點在於藥物本身有風險，除非真正必要否則根本別用。從這個說法得到的邏輯推論是：即使疫苗幾乎終結了天花、小兒麻痺、肺結核、禍亂、腺鼠疫（黑死病），還是不該施打，幫助我們度過新冠疫情的疫苗就更不用說。（原注6）意識到這點以後，可能會覺得他的論述不值得參考，但也會因此錯過重新思考的機會，檢視我們自己究竟何時應該或不應該尋求非必要的醫療處置。

有時候最豐碩的成果來自於有人能提出比支持陣營更動人的論述。譬如「森林浴」是源於日本的流行，說法是在森林裡散步對人有療效。積極鼓吹森林浴的人提出很多研究指向療效來源是「芬多精」，針葉植物會分泌這種有機氣體化合物，人類吸入後可以幫助身體對抗病菌。雖然有科學實證，但其實對人體造成的影響微乎其微，不構成鼓勵大眾頻繁進入山林的誘因。然而，考慮到漫步山林原本就增加了戶外、運動、抒壓、接觸自然這些要素，因此這項活動確實有益身心。採用善意理解原則就會發現撇開芬多精被某些人誇大這一點，森林浴依舊有其吸引人的地方。

安東尼．高特列柏是善意理解原則的模範，兩本優秀哲學導論裡談到不少思想能叫現代人嘖嘖稱奇。例如巴門尼德（Parmenides）認為人類根本無法討論「非存在」，阿那克西美尼（Anaximenes）推論世界的根源是氣體。「很多想法很瘋狂，」他表示：「但比如我嘗試深入瞭解巴門尼德和他的觀點，真的這麼做了以後，自然而然就明白他那樣說的理由……很多想法都一樣，覺得荒謬是因為只看到表面。」

前面我已經提過類似案例，也就是麥可．馬丁說他認為二十世紀後半值得學院哲學家閱讀的書全部出於學院哲學家之手。乍看非常自命不凡，還會讓人質疑這個人眼界怎麼如此狹隘，但其實馬丁有他這麼想的理由，就算我們不認同也不代表這些理由很糟糕。在他看來普通哲學與學院哲學不同，「學院哲學家對重點文獻有興趣，這些文獻構成哲學正統，而正統會隨時代更迭。」他在乎的是「延續特定傳統、思考方法、尋找和解決問題的能力，一代傳一代」。所以馬丁確實扮演立場很特定很狹窄的角色，而且也可以發現目前對學院哲學的貢獻絕大多數確實來自該領域自身。

善意理解原則需要一項重要的德性：認知同理心。情緒同理心是同理對方的感受，認知同理心則是同理對方的思維，瞭解他們的信念與信念基礎。即使你成了世界上最聰明的人，倘若不懂別人的想法和為何那樣想，你提出的疑問和評論就無法到位。

善意理解可以太多也可以太少。丹尼爾．丹尼特和知名的天主教哲學家阿爾文·普蘭丁格（Alvin Plantinga）辯論過後不久與我有過一場對話，他坦承從他的角度很難認為普蘭丁格與其他許多宗教哲學家的論述能稱之為合理。我聽了便詢問：所以是善意理解原則用過頭了，他說「對」。尊重別人立場也有極限，畢竟有些問題再委婉也沒用。「你有想過自己可能將人生奉獻給一個妄想嗎？」丹尼爾·丹尼特說，「可是這是該問的問題，當然也會冒犯很多人。實在很為難。有些人需要的是往臉上潑一盆冷水，有些人則需要溫柔呵護。」

所有文明辯論都會假設與對方能夠講理，放棄這個前提在哲學很罕見。即便如此，不代表放棄講理一定是錯的。麥依莎·切利（Myisha Cherry）在《正當憤怒》（*The Case for Rage*）一書中指出，文明的反對方式有時候只能維持現狀，弱勢者會被困在原地。瑪莎·納思邦也曾提到有些憤怒作為政治情緒是應該且有效的。面對真正重要的事情，表達情緒輕則該得到體諒，重則有其必要性。某些情況下，我們需要強調爭議點的嚴重性，不能將它當作飯局上大家客氣聊天的話題。

善意理解原則也要求我們偶爾別拘泥於別人講出不得體的話。譬如康德認為道德就是己所欲施於人，你不偷東西是因為你不可能真的希望別人總是偷你東西，同樣道理可以延伸到殺人、通姦等等。不過很多人都知道康德自己導出了荒謬結論：他在著作裡說如果有個想殺人的罪犯來敲門，詢問意圖殺害的對象住在何處，此時我們不該說謊，因為我們也不希望其他人對自己說謊。

如果我們覺得這句話罪證確鑿，於是推翻康德所有著述，那就不是善意理解原則。我們應該接受事實：再棒的哲學家也可能一時說錯話、說傻話，但並不因此抹煞他整體思想的優秀。奧諾拉．奧尼爾也說她搞不懂從康德哲學的大方向來看為什麼認為不能對殺人犯說謊，即使如此她依舊接受康德思想：「無論什麼哲學都能找到好笑的例子，所以我傾向看整體架構，而不是個別舉例。」

這個情況我們或許可以稱作「脫口謬誤」（fallacy of the telling slip），對於別人言論中的荒謬、可憎或明顯錯誤太敏感，立刻認定對方說過的每句話都不能信。我猜想這個謬誤一部分成因是很多人聽過佛洛伊德的理論，覺得脫口而出的無心之語比起認真講話更能暴露真實想法。問題是佛洛伊德自己都說過有時候雪茄就只是雪茄，不是每句口誤都需要以佛洛伊德心理學去解釋。如奧尼爾所言，注意力應該放在言行模式，而非偶發的偏差個案。

脫口謬誤最常見的情況牽涉到冒犯性語彙。不算太久前，英國議會就因為某個N開頭的單詞鬧得沸沸揚揚。那個詞確實帶有歧視色彩，為此道歉理所當然，問題在於如果當事人只是不小心說了一次，到底算不算心裡有種族歧視？我個人認為不算，而且我願意拿自己作為證據。個人的成長環境裡有些字詞大家都在說，隨著時代變遷現在被社會認為不能接受，例如 poof（娘）和 spastic（拙）[34]。這種字詞在我腦袋根深柢固，所以我沒自信保證自己在情緒亢奮或稍微喝醉的情況下不會脫口而出，可是本意並非攻擊同性戀或有學習障礙的人，單純是想形容某人性格軟弱或呆傻而已。其實我自己二十出頭的時候就曾經在一群同志朋友面前說自己「碰上蜘蛛就有點娘」，幸好他們也懂得善意理解原則，觀察我平常行為就明白只是一時用詞不妥。因此聽到某人說出帶種族歧視意思的詞彙，我們還是應該先思考與此人平日言行是吻合抑或衝突，想清楚了再判斷對方的道德品行究竟如何。當然我必須強調：用這些詞彙依舊不對，可是不需要因為對方說了一次就徹底否定對方人格。

也有些脫口而出的話語**確實**反映內心。希拉蕊・柯林頓說川普的支持者是 deplorable[35]，恐怕是壓抑許久的鄙視終於說出口。但我們會這麼想（或不這麼想）是基於對希拉蕊的認識，否則這個詞獨立出來並不具太大意義。

實踐善意理解原則的一個方法是設想一個可信的「錯誤理論」（error theory）。目標對象不笨卻說錯話做錯事，原因是什麼？又或者某些流傳甚廣的錯誤為何得到大眾接受？錯誤理論在自身立場與主流或專家意見相左時尤其重要。解釋自己的正確還不夠，必須能解釋為何其他那麼多人都錯了。

遺憾的是，多數人考慮錯誤理論時，第一反應就是覺得別人笨、別人偏執、別

34. 譯按：在英國或受英國文化影響較深的地區，poof 在口語可表示「男同性戀（尤其氣質陰柔者）」，spastic 則是說人「笨拙」，兩者皆公認為貶義詞。
35. 譯按：deplorable 一般翻譯（尤其在希拉蕊失言的媒體報導中）為「可悲」，然而另一層意義是指稱對象應當受到嚴厲譴責。

人道德淪喪。我們寧願相信多數人很好騙、容易相信漂亮話，他們需要安全感、需要被重視，或者只是愛跟風。這些理由有時候沒錯，但一般而言還是太草率又太低估人。

好的錯誤理論要能解釋為何錯誤觀念表面上可信且理性。針對只有少數人相信非物質靈魂的現象，宗教哲學家理察・斯溫伯恩提出的錯誤理論是否通過測試？

科學發現一些古時候的落後觀念是錯的，古時候大家都是虔誠教徒，所以宗教大概也就是錯的。但這一看就知道並非有效推論。大眾是被科學震撼了，於是產生過度尊崇的心態。我自己也相信科學，但我認為不應該用科學去衡量科學以外的事情。

大眾過度尊敬科學，又認為科學裡沒有靈魂存在的空間，所以就不相信有靈魂了。的確，有些人賦予科學家的權威超過應有程度，但要說社會大眾放棄宗教是什麼都沒想，連同其他「落後」、前科學的觀念一起拋棄，在我看來不符合善意理解原則，而且也不是事實。「（至少一部分）宗教觀念是非科學且原始的」，這個說法對多數不信教的人並非**假設**而是**結論**，所以他們才會加以拒絕。何況斯溫伯恩這番說法或許勉強能解釋相對不太思考的人覺得宗教落伍，但無法解釋專業哲學家、神經科學家為何也排拒心靈與肉體由兩種不同本質構成的論點，這不是需要虔誠信仰才能接受的觀念。因此在我看來斯溫伯恩的錯誤理論很薄弱，不但無法解釋大家錯在哪兒，連為什麼大家會錯也說不清楚。

將問題翻轉過來：既然不認為非物質靈魂背後有一套好論述，那為什麼如斯溫伯恩這樣頭腦很好的人會錯得離譜？這時候錯誤理論有點簡單又有點複雜，核心論點在於信念並非無中生有。如果一個人相信神與創世，某些觀念就自然而然顯得更加合理。對斯溫伯恩這種虔誠教徒而言，非物質靈魂與信仰體系十分融洽，同時並沒有論述或證據對靈魂的反駁能夠超越合理懷疑，所以他接受靈魂、排斥反面說法也就不奇怪了。換句話說，儘管斯溫伯恩對非物質靈魂提出的論述也不穩固，但錯誤真正的源頭是支撐那些論述的宗教觀念。

日常生活裡，很多錯誤理論都算簡單：不夠理解科學、從不可靠來源取得資訊、不信任某些名人所以有偏見、面對事實會損害自己利益或臉面等等。瞭解別人思考為何錯誤未必很難，只要經常自問聰明人怎麼還會犯錯就好。

想理解立場不同的人，另一個方法是別專注於他們相信**什麼**，將焦點轉向他們**怎麼**相信的。舉例而言，辯論自由意志的人大都同意人類能做到和不能做到的有什麼。雙方都認同人類可以做選擇，但由於這些選擇跟情境和生命經驗都有一定程度關聯，所以那個當下不會走向另一條路。有些人覺得這樣就夠了，人類擁有自由意志；但另外一些人則認為這樣很悲慘，僅只如此的自主談不上真正的自由意志。兩邊對基礎事實有共識，詮釋的態度卻大不相同。

我有時候會戲稱這就是語調的重要性。「那個當下不會走向另一條路」可以用訝異驚恐的聲音說出來，也可以用平淡寬心的聲音說出來。（類似概念是「哲學家的**只**」，在一句話中間插入「只」會造成那句話不太令人信服，即使其他字詞都沒變。比較看看「人類是生物機器」和「人類只是生物機器」的差異。聽到句子中間有「只」的時候，可以嘗試去掉「只」再觀察感受有什麼不同。）

接著想想看：沒被耶穌基督拯救的人就得永遠留在地獄，很悲慘吧？認真探討的話，能相信善神容許這種事情的只有惡人才對，他們贊同人類只因愚蠢到不信虐待狂的神存在就得承受無盡折磨。

但其實相信地獄的絕大多數人並非惡人，反而通常很善良。比較簡單的說法是他們並不**真正**相信我們這種人最後會下地獄，但更精準的敘述是這個觀念與其他觀念的形態不一樣。心理學家雨果・梅西耶（Hugo Mercier）將信念分為直覺式（或情感式）信念以及反思式信念兩種。我們與世界互動、打從心裡相信的部分是直覺式信念，比如相信喝汽油會生病所以不那麼做、相信碰火會燙傷於是保持距離、相信自己對伴侶的愛所以彼此照顧陪伴。反思式信念則是我們同意卻不怎麼，甚至完全不會表現在言行上的部分，比如相信蛋糕對身體不好，吃的時候並不會強烈認知失調；相信餓死是人間悲劇，也很少因此大受震撼或主動援助。我還認識不少人，包括一些哲學家，當面說過吃肉不道德，卻又能開心品嚐高級牛排。

入地獄不得超生這種觀念的反思成分大於直覺，即使當事人真心相信卻也隔絕在內心角落，並不衝擊到情感信念上對人類生命的重視與珍惜。乍看很奇怪，但要注意每個人都有這樣的信念，這個例子聽起來可怕但實際上不造成什麼傷害。

哲學家會討論信念的「語意內容」和「真值」（truth value），這種分析反映出西方思維以邏各斯中心主義（logocentrism）[36]當作前提，傾向將信念內容視為信念中最重要的特徵。語意內容在我們試圖精準敘述世界的時候確實很重要，但回歸日常生活時，語言功能具有多樣性，如果每句話都用哲學家模式看待反而容易流於表面。與其執著於別人相信**什麼**，不如多思考他們相信的**方式**，這樣才能在他們錯誤時找出更合適的錯誤理論。

36. 譯按：意指將詞彙、語言視為對外部現實的根本表達。

重要與否與情境有關

判斷孰輕孰重，不能僅僅停留在思考論證與理解他人。此處的P因子[37]是**洞察力**。乍聽之下洞察力像是什麼看透表象的神祕力量，但其實就是注意別人疏忽的地方，釐清曖昧模糊的部分，於是觸及真正的重點。

「出色的哲學家具有洞察力，能看出重點在哪裡。」雷・蒙克提到：「教授會告訴學生『別給結論，給我論證』。可是誰讀尼采、讀維根斯坦、讀齊克果的時候，是把書本內容當作一個個命題邏輯來演算驗證呢，那麼做不只無聊，還不著邊際。」

當代高度理性的分析型哲學家或許能以麥可・馬丁為代表。然而，麥可・馬丁也明言，好的思想家不是只靠一顆高性能的處理器。他以伊莉莎白・安斯康姆（Elizabeth Anscombe）經典著作《意圖》（*Intention*）闡述何謂「幾乎沒有論證的好哲學」。這本書分析了何謂有意圖的行為並舉出具體例證，譬如一個人做出伸手指劃過喉嚨的動作，實際意圖是下了殺人指令。馬丁認為讀者能夠從中「對有意圖的行為本質的某些層面得到真正的洞察、理解實際理由的特殊之處是什麼……我覺得有哲學品味的人讀這本書的時候很難不興奮」。

37. 譯按：作者自創詞，詳見作者序。

菲利帕・福特也是哲學家洞察力的傑出典範，她掌握了道德及我們理解的人性事實之間有何關係，並發揮無比耐性慢慢寫出透澈文字，直指問題核心毫無贅述。聊到她的著作《天然之善》（*Natural Goodness*）時，她的回答一樣簡潔：「我想應該縮短不了太多吧。」福特省去多數哲學書籍裡迂迴曲折的頭腦體操，直接點破重點與後果是什麼。

小說家、生物倫理學家亞歷山大・麥考爾・史密斯（Alexander McCall Smith）認為所謂洞察力包括「將理論框架置於脈絡中，調整時敏銳察覺是否能實際在人類社會運作」；換言之，也必須對人性有足夠理解。安東尼・克利福德・葛雷林則說：「什麼都按照純粹理性就像平滑的幾何圖形，與凹凸不平的人性勢必產生摩擦，所以真正合理的做法反而是一開始就面對那些凹凹凸凸。」

很多人看到「智慧」或「洞察」就頭暈，覺得玄之又玄。正如馬丁所言，我們很難明確陳述良好判斷力的成分為何：「沒辦法用圖靈機那種方式分辨好哲學與壞哲學。」這是難以言喻的概念，追求精準就像想把果凍釘在牆壁上。不過有時候關鍵就在這種不好掌握的部分，正因為好的思考沒有公式，所以才需要培養優良推理習慣，通過技巧建立洞察與睿智。

真正的洞察力很罕見，所以伯納德・威廉士說：「不分時代，九成的哲學思想其實沒那麼好。」但他也補充，「任何主題裡都有九成內容沒那麼好。」分辨輕重就是鎖定剩下那一成的能力。（也能幫你理解到這裡所謂的一成是虛詞，意思只是很少，並不代表實際比例。）

能敏銳嗅出重點以後，或許你會發現自己在某個主題上跳過大片內容，其中包括傳統上很值得尊崇的部分。比方說，當代神學家大多同意上帝存在的舊論證很薄弱已經無關緊要，彼得．瓦第（Peter Vardy）針對這個主題寫了好幾本書供學生參考，但他也認為：「論證本身是浪費時間，我自己都覺得無趣，而且也不是宗教真正的基礎。沒聽人說過什麼『我印象中上帝存在的機率是百分之六十八，但剛才看到《哲學家雜誌》上一篇文章說又提高了七個百分點，所以我要投靠耶穌會了』這種話。那太可笑了。」你可能與瓦第一樣單純基於研究哲學而對論證過程有興趣，但要是你真的以為信不信上帝和傳統論證有關，可就錯得離譜。

重要與否一直都與情境有關。有句話是 *sub specie aeternitatis*——「從永恆的角度來看」什麼事情都不再重要。回到人類的思想領域，有時候哲學上無比重要的事情，放在別的脈絡底下一點意義都沒有。關於自由意志的形上爭辯恐怕就是個例子。具哲學家身分的保守黨議員奧利弗．萊特溫（Oliver Letwin）就指出，人沒辦法在社會生活中迴避指責、憤怒、責任，這是「明擺著的事實」。他很清楚自由意志在「哲學上是千絲萬縷」，而且與「人類也是機器，而且還有物理法則」終究產生矛盾。但不解決這些問題他一樣可以從政：「又不是道德或政治上的實際問題。」因此儘管有人主張人類沒有自由意志、每個當下都別無選擇，但這種想法幾乎對法律責任的釐清毫無衝擊。

還有些情況是，深沉反思相關卻沒有用處。同樣是政治人物的政治理論家東尼・萊特就表示，以政府整體而言，「知識分子其實起不了什麼作用，因為他們總會說一個問題要顧及很多層面，每個層面都有很多困難」。深刻的討論「多半不會發生在政權最前線，通常得等到政黨或派系重新思考自身定位與策略的時候」。哲學有其適合的時間地點。

還有些場合最重要的東西不是哲學，甚至不是任何心智活動。過去許多年幾乎沒人發現哲學家麥可・達米特支持難民權益到什麼程度。曾經師從他、後來因販毒案出了名的霍華德・馬克斯（Howard Marks），回憶起來覺得有時候與其思考不如行動。[38]當時保守黨議員以諾・鮑爾（Enoch Powell）因為「血河」演說[39]引發眾怒，有抗議者因此遭到逮捕還得出庭受審，霍華德・馬克斯翹了達米特的課前去聲援，沒想到竟在法院看見老師自己也在現場幫另一個抗議者喉舌，罪惡感當場減輕不少。「正確的思想、聰明的頭腦，而且還是個老菸槍，多棒的組合，多令人欣慰。」

38. 譯按：霍華德・馬克斯因為走私大麻曾成為頭號通緝犯，最高紀錄一次被查獲三十噸，犯案期間用過四十三個以上的假名。他被判處二十五年徒刑，但七年後即出獄，出版自傳成為暢銷書，開始以公眾人物身分推動英國的藥物管制改革。

39. 譯按：以諾・鮑爾於一九六八年發表演說批評英國的移民政策和反歧視立法，演說內容沒有直接出現「血河」一詞，但因為引用埃涅阿斯紀典故而普遍被稱為「血河演說」。

如何分辨輕重：

■喜歡的話可以進行頭腦遊戲，但不要與正事混為一談。

■不要採用別人的標準去判斷事情的輕重緩急。

■理解有其意義，實務未必永遠最重要。

■想理解自己不同意的人，先試著分析他們在乎的是否也與你在乎的差異很大。看似在事實上有爭議的人，追根究柢常常是在價值觀上互相扞格。

■避免被制度性誘因與組織結構影響自己的優先順序。

■對同儕的輕重標準保持質疑。

■避免稻草人謬誤。打敗虛幻的對手只能迎來虛幻的勝利。

■記住善意理解原則：不要預設別人是笨蛋，觀察他們意見和論述中最好的部分，甚至試著幫他們想出更好的版本。

■不要只關心別人相信**什麼**，也要留意他們**為何**相信。

■思考信念**如何**反映在言行上。人類有很多反思式信念，雖然真心相信卻不影響平日的思考與作為。

■不要急著將一時的口誤或小錯當作人格缺陷的鐵證。有時候的確是，但有時候真的不是。

■提出**錯誤理論**，解釋為何自己肯定某個想法不對，別人卻那麼堅定相信。

■記住不同情境有不同的輕重緩急，脈絡才是關鍵。

第九章　破除我執

具有新意、能稍微說出一點新鮮話的人少之又少，極其罕見。

——杜斯妥也夫斯基，《罪與罰》

《禪與摩托車維修的藝術》（*Zen and the Art of Motorcycle Maintenance*）獲得全球好評之後，羅伯．波西格（Robert Pirsig）也成為國際巨星。這本書難得一見，結合了小說、回憶錄與哲思，十分具有啟迪作用，催動很多讀者腦袋裡的哲學引擎。

但波西格說那本書只是進入他完整哲學體系的導讀，該體系名為「質素的形而上學」（metaphysics of quality）[40]，主張「質素」（quality）或「價值」才是宇宙的基礎成分，但它難以捉摸。續集《萊拉：探究道德》（*Lila: An Inquiry into Morals*）[41]對質素形上學有進一步闡述，但沒有引發太大迴響，哲學界尤其不為所動。

多年後我與他有過一次筆談，雖然互動沒有擦出火花，但波西格正好提到：「我確實覺得奇怪，《萊拉》在哲學圈沒有蕩起漣漪。在我自己看來它比《禪與摩托車維修的藝術》重要得多，所以感覺自己拿了五元跟人換兩元，結果居然換不到。」《萊拉》沒有成為二十世紀最重要的著作，波西格也覺得懷才不遇內心苦澀，更重要的是他不再尋求生命體悟，後來幾十年頑固捍衛年輕時便已成型的思想。或許波西格是不受承認的天才，但又或許是他的自我膨脹了成就感，於是認為自己的思想很龐大，大到哲學界容不下。

波西格是一個特殊案例，但自我對人的影響卻不是。自我會影響每個人，對清

40. 譯按：此處採用《禪與摩托車維修的藝術》臺灣譯本對此詞彙的翻譯。
41. 譯按：雖然波西格的研究領域為東方哲學，但根據本人接受訪談的回答，續集書名中的Lila與梵語同拼字概念無關，靈感來自花朵（lilac）。

晰思考造成阻礙，不過有些人懂得擺脫束縛。例如已故的美國哲學家希勒瑞・普特南，「我不避諱說自己在一兩個重要議題上改變過主意，」他曾經表示：「我從來不認為決定立場以後靠維護立場成名很了不起，那樣很像經營品牌、賣玉米片什麼的。」

普特南對改變立場的想法其實不算特別，沒人認為好的思想家應該固執己見。但殘酷的事實是，多數人不太願意改變主意，至少在大事上很少見。於是普特南在哲學界也以多次轉換立場聞名，畢竟那不是常有的事。

也正由於畏懼彷彿單行道的知識分子生活模式，麥羅放棄博士學位變成音樂家和DJ。「不管是哪個學術界的人，他們好像都是二、三十歲就確定路線，接著堅持個二十年就能得到個牌坊還是獎杯什麼的。要是不夠小心，會是非常單調無趣的人生。」

很少哲學家對此表達憂心，不過克莉斯汀・柯斯嘉德（Christine Korsgaard）是例外，她大方坦誠：「年紀大了以後更不安，看自己寫的東西怎麼覺得好像打開研究所時就裝好的箱子呢。想了想以後覺得，嗯，我當了三十年的專業思想家，想法似乎沒什麼改變。這感覺有點不對勁。」

她將專業生涯形容為「不間斷的開箱」，我們確實也跟著柯斯嘉德的著作持續探索如何經由生活與行為創造身分。於是我問：不正是妳覺得有些事情太過真實無法逃避，於是出手開箱、翻出了驚喜，所以才得到最有趣的成果嗎？「希望是吧，」她這樣回答。

合宜的謙遜

我們的信念不會每天搖擺，背後有非常好的理由。只要稍微具備理性，想法多多少少會有連貫性。假如有人認為靈氣療法[42]無效，通常針對的並不單純是靈氣。他們很可能只聽說過靈氣可以隔空治病之類的。他們否定靈氣的原因與對於世界如何運作的認知有關，而這個認知又連結到神和來世是否存在，進一步則是價值觀與人生目標。各種信念彼此強化，形成互相支撐的結構，通常牽一髮就得動全身。忽然接受靈氣的話，其他信念會像骨牌一個接著一個倒下。

假如你的某個觀念受到挑戰時，即使你沒有直接否定，你的整體信念架構通常也會開始間接加以反駁。如果靈氣療法與你根深柢固的多種信念無法相容，就算讀到一份完善的研究指出靈氣確實有效，你心裡依舊會產生質疑。

所以在大事上要改變立場很困難才屬合理。也難怪科學哲學家大衛．帕皮諾

42. 譯按：一九二二年日本人臼井甕男開創的替代醫學療法，後來流傳世界各地並與新時代運動（New Age）運動結合產生多種不同版本。

（David Papineau）說：「切換到新思考模式的過程並不容易，已經有了想法的話，很自然會抗拒其他選項。必須先軟化態度，強迫自己思考新的可能，才有辦法騰出空間。」（原注1）

然而，如果搖擺和僵化之間有個完美的平衡點，多數人還是太過固執。合理迎接改變需要習慣自我懷疑，這對一般人而言不自然也不自在。何況改變立場不太能贏得他人敬重。我們會稱讚人「擇善固執」，卻將「急轉彎」或「回心轉意」視為軟弱的表現，改變態度不受到大家鼓勵。

我們對信念的執著，部分也因為那是個人身分的元素。思想和行為構成每個人，放棄核心信念就好像切除一塊自己。信念之於人不是車子或手錶，而是器官或終身伴侶，關係非常親密。錯了能認錯需要極大的虛心，因為那會損傷到自我。

就本質而言，改變立場並不比堅持立場更值得稱頌，重點應該放在理由充分時就改變，反論薄弱時無論多頻繁、多流行也別動搖。不過改變立場的障礙比較多，所以在思考的慣性和彈性之間，後者更需要多留意。多數人口中的「保持開放心態」其實還不夠，必須做到帕皮諾說的「軟化態度」，方法是認真自我質疑也尋求質疑，但前提是要能克服傲慢。謙遜越來越不受人推崇，這個年代將自信與進取、成功劃上等號，溫良恭儉讓的性格別說站穩腳步，連立足之地都未必保得住。

根據我個人經驗，許多人對自己的意見過度引以為傲。譬如我的電子信箱三不五時就會收到一種特定類型的郵件，今天早上的案例是某個「二十五歲年輕人」在信裡頭說：「我有個理論，我認為您一定會覺得很有趣，主題是關於客觀真實並不存在。」

我嘆息，我同情，因為會寫這種信的人多半聰明誠懇，只是沒有同儕或導師加以約束，或者提供書單和建設性批評來加以指引。我不希望他們輕言放棄，也不認為有博士學位和發表論文就一定比較強，但同時又對這些人的傲慢有點無奈──他們以為憑一己之力就做出了哲學突破，超越過去千年無數偉大心靈，卻通常都沒有先熟讀前人著作。

哲學家同樣有虛榮問題。公開說的人不多，但我常聽到私下的牢騷是，怎麼那麼少人在意他們的著作、不重視他們對整個學界的貢獻。過度自信還能成為專業生涯的優勢，蕾貝卡·戈德斯坦（Rebecca Goldstein）就觀察到「有時候成功的哲學家是那種性子最硬的人，腦袋非常非常難轉彎，甚至無法理解別人為什麼不同意」。

不過傑瑞·福多的故事可以作為警惕。二〇一〇年他思慮並未周全就試圖反駁達爾文的天擇理論，在他專業生涯後期出了一本聲譽不佳的書讓很多人惋惜。福多的研究領域是心智和語言，他曾經表示「我沒有研究過生物哲學，對生物學懂得也不是很深」，還有「我沒說過自己知道很多生物學的實際數據和實驗結果」，而他也解釋為什麼自己覺得無所謂：「哲學家從研究所時期學的東西，如果用比較白話的方式說，就是著重概念之間的關聯，或者簡單說是論證的健全性。經過這種訓練，自然能夠對建立在實證主義的研究領域做出獨特貢獻，」生物學也包含在內。福多認為即使對細節所知不多，仍有能力辨識出「達爾文理論基礎中概念的不連貫」，而且還有生物學家的共同作者做補充。

他的論述我就不多著墨了，因為得寫上好幾段，但只要稍微對演化有涉獵的人看了都明白誤會很大。在此就引用聶德・布羅克（Ned Block）和菲利普・基徹（Philip Kitcher）兩位的負評供參考：「福多先前對演化理論的意見就招致非議，但他們無所畏懼信心十足，認為倚靠有限生物學知識便足以大發議論，結果則是錯上加錯——從生物學角度來看無關緊要，從哲學角度來看令人費解。」（原注2）

然而，在其他場合福多表現很謙虛。「我可能錯了啊，」聊到關於達爾文的演化論這件事情，他說得直接：「以前也不是沒錯過。我這個人犯錯頻率滿高的，有時候連牙膏蓋都找不到。但重點又不在於我，是在於論證到底好不好。」

事實上，的確許多成功人士都頗為驕傲，學者、科學家、藝術家亦不例外。不過這不代表驕傲是成功的必要條件，相關性不等同因果關係。不招搖但有決心、有才華也願意努力應該就足夠。驕傲幾乎都只是附加的，驕傲的同時又能表現得如自己預期般出色的比例非常低。

因此沒理由認為天才必須具有或者得益於驕傲性格。在與蕾貝卡・戈德斯坦的對話中，我問她是否曾與天才互動過，她說有，那個人是索爾・克里普克（Saul Kripke）：「聽他說話感覺像是去了自己從沒想過能去的地方。我還是研究生的時候去聽過他的課，他沒給講義什麼的，但就讓人好像沉浸在美妙的音樂裡頭。」克里普克就不是傲慢的人，單純聰明得可怕，而且對哲學以外的東西沒什麼興趣。

我見過的哲學家裡，最優秀的那群也不傲慢，特別自負的幾個反而算是次一等。在我看來這並非巧合：過度自信的結果是不對自己的想法多做檢查驗證，也就很難發現其中缺陷並加以改進。傲慢令我們愛上自己的論證或見解，即使它們不如創造者想像的那麼有智慧且有意義。

合宜的謙遜並非輕視自己，而是看清楚弱點和侷限所在。我想最佳典範是菲利帕・福特，她坦率承認自己不算是學者：「我閱讀不多，也記不住那些書的內容和細節……要我花五分鐘講幾十個哲學家我都辦不到，就算聊史賓諾莎也一樣。其實我就不學無術。」更令人訝異的是，她還說：「我想自己或許是對哲學比較敏銳吧。但我不聰明，覺得論證很難看得懂。」熟悉福特和她作品的人應該都覺得這個說法自貶得誇張了，她分明是個聰慧又很有學識的人。不過我猜想她所謂的「聰明」是指邏輯清晰和進行複雜運算，若從這個角度來看，我會相信她或許不特別聰明，在同儕中算不上飽讀詩書。可是她能認清自身缺陷代表有強烈的自我覺察能力。

福特明白自己的天賦比較隱微，洞察力強大但思考不快，能明辨對錯但無法立刻說清楚。「我好像能知道誰說得比較好，很多次只是聽完論文內容就感覺有問題，聽起來不對，是種直覺吧。」與她共事的人形容，她是看見信號彈卻不知如何回應，福特的思緒要開花結果需要耐心等待與妥善照顧。「為了印這本書得砍森林呢，」聊到自己唯一一本專論《天然之善》時她這樣說，書中主張道德根源是我們知道人類需要什麼才能建立良好生活。福特每年都寫很多筆記本，其中有一本專門記錄小故事，用來幫助讀者更具體理解她的想法。

菲利帕．福特鑽研哲學的方法反映出虛心，以及願意花許多時間與其他哲學家對話，她總以為對方比自己優秀。福特提起約翰．坎貝爾（John Campbell）時說：「和他聊天真的很棒，兩個人都沒什麼架子，彼此都會因為被對方指出錯誤而感到開心。」

瑪麗．沃諾克也是十分謙遜的哲學家：「如果說我做的東西不是很有價值，那我想，其實也是公允的評價……我做的不多，也沒做得很好。我覺得自己在這個學術界就是很二等，甚至可能是三等的成員吧。」這樣的說法同樣有點荒唐，因為沃諾克成就相當高，不過其出色表現並非作為原創思想家，而是擅於解釋別人的意見，更重要的是她帶領了倫理委員會的一眾專家學者制定公眾政策。以純粹哲學學術而言，她或許不算最頂尖，但對後世的影響比起所謂「更厲害」的哲學家要大得太多。

菲利帕·福特與瑪麗·沃諾克都是知識分子謙虛的典範。我們應當察覺自己的長處和短處，譬如數字感不佳就別急著對統計學表示意見、不太或根本不懂法律就別對法院判決指指點點。寫這本書的時候，所謂評論家和社交媒體上正好七嘴八舌議論起來，因為二〇二〇年推倒愛德華·科爾斯頓銅像而涉嫌刑事損壞的四人，最後被無罪獲釋[43]。很多發言者只是一直看新聞卻信心滿滿，認為自己的意見比專業律師輔助下連續聽了幾天證詞的陪審團更加合理。看來大家真的很喜歡對自己能力範圍之外的事情發表意見。

除了意見，也要看理由

瞭解自己有多少能力，也就是瞭解自己的極限。然而，在「相信自己才能成

43. 譯按：二〇二〇年非裔美國人喬治·弗洛伊德被警察當街跪壓導致窒息死亡，世界各地出現許多抗議活動（「黑人的命也是命」），「推倒銅像運動」（拆除歷史爭議人物的銅像）為其中一環。

功」的社會氛圍下，量力而為反倒成了異端邪說，懷疑則被當成洪水猛獸。事實上，確認自己極限所在並不代表只能躲在舒適圈。對此伯納德．威廉士說得簡單扼要：「人類生活一個很基本的現象，是沒有人無所不能，但也沒有人發揮了全部潛能。艾略特說過，除非跨出合理範圍，否則什麼地方也去不成。」我們應該在做好心理準備的前提下竭盡全力，但如果不清楚自身極限，很有可能力氣用錯地方白費工夫。

套句邱吉爾的話：人要謙虛，因為有很多該謙虛的地方。即使人類成就那麼多、知識擴展那麼遠，錯誤和愚昧總在不遠處等待。伴隨驕傲而來的是隕落，不論理性或生活皆然。

如果你是池子裡最大那條魚，自我很容易膨脹。不幸的是，這種現象在學術界可謂常態，而且圈子越小就越容易名氣大，接著不僅覺得自己說話有分量，還可能將整個圈子視為自己地盤。這種情況很自然，因為它是個人身分的構成要素。無論人文、佛學、環保還是懷疑論者的團體都一樣，歸屬感導致成員依附團體的中心思想，一旦中心思想遭到挑戰就等於威脅到他們的身分認同。

池子小還有其他危險。舉例而言，幾十年前，將道德理論置入現實生活與實質議題的應用倫理學剛興起，當年也是英國道德哲學新星的羅傑．克里斯普（**Roger**

Crisp）觀察到，新興學術圈的擴張過程值得憂心之處：

應用倫理學幾個小圈子就像獨立小國一樣，裡頭有些人不是那麼熟悉哲學理論而招致罵名，弄得整個圈子烏煙瘴氣。就因為是新的圈子，標準不夠完善、不容易判斷好壞，所以容易出頭，也吸引很多人。

簡短幾句觀察心得，道出的不只是池子小，還有新鮮這個誘因。大衛・休謨寫過一句話：「這就是新鮮的好處。本來討人喜歡的話，是新的就加倍喜歡，」但同時，「反過來說，如果討人厭的話也就加倍討厭。」（原注3）就當代文化而言，大眾好惡決定得快，搭配社交媒體、實境秀、按讚分享等等，新點子才容易獲得關注，也就占了絕對的優勢。

新穎的吸引力還有一部分來自西方文化鼓勵原創。想想啟蒙時代與浪漫時代，很多人認為兩者相反，前者重理性、後者重情緒。然而，它們的共通之處是注重個人提升。啟蒙時代的重點是個人權利與自主思考；浪漫時代的重點是真實性與自我表達，總之都不是追隨他人，提出自我主張才能得到榮耀。就像杜斯妥也夫斯基在《罪與罰》裡透過拉祖米欣說的：「寧可用自己的方法犯錯，也不要為了做對就去學別人。」

然而，沒來由的反傳統（iconoclasm）與盲從一樣都是心靈怠惰。約翰．格雷專門攻擊自由必勝的樂觀態度，安東尼．克利福德．葛雷林對他的評語是：「反自由價值，反人權觀念，反人類價值觀念，反理性觀念，反個沒完。」他認為，「那是一種裝腔作勢，什麼『對抗正統、挑起論戰、攪動死水』之類，在我看來是非常不負責任的態度，因為人怎麼活、怎麼死、會不會互相殘殺都以信念為出發點，這不是能胡鬧的事情。」或許有人會覺得葛雷林挑毛病挑錯對象，但確實有些人為反而反是為了維護特立獨行的形象。

對觀念過度認同很常見，但並非必然現象。例如很有名的事件是戴維．查莫斯與安迪．克拉克（Andy Clark）一起提出「心智延伸」（extended mind）的假設，將筆記本和手機之類物品視為延伸到頭蓋骨外的心智。多年後他跟我說：「我始終對那個概念非常非常有共鳴，但同時並不是絲毫沒有內心矛盾。所以安迪和我第一次發表的時候加了註解，表明是按照對內容的信心程度決定作者次序。」而那篇論文在作者名稱部分寫的是：克拉克，查莫斯。

平常大家都假設某人提出某個主張，就代表他對那個主張完全認同，所以查莫斯說許多人看了註解覺得他「根本一個字都不信」、「只是名氣被人借用」。而且還要注意另一點：查莫斯對觀念認同的收放與他作為哲學家的企圖心強弱又是兩回事。他後來就跟我提到其實他也想試著「揮出一記全壘打」。

觀念很重要，而最重要的部分在於其真假，自己想的還是別人想的、自己所屬群體是否同意都不是關鍵。如果要在相信自己的錯誤觀念與採納別人的正確觀念之間做選擇，我想答案很明顯。

很難找到哲學家反對這一點，但是哲學界很不體面的真相是，儘管大家口口聲聲重複蘇格拉底老掉牙的「追隨論證不問結果」，實際上沒人真的照做。接受理性指引的程度很尷尬，竟然取決於性格、脾氣和既有的信念。我研究哲學傳記的時候發現了這個現象。顯然大家其實是根據直覺選擇哲學立場，於是井然有序邏輯分明的人就採用井然有序邏輯分明的概念區隔，受到曖昧與神祕吸引的人就迴避有條有理的做法。活在自己世界的人就喜歡抽象的東西，對世界運作很好奇的人就喜歡實證，企圖心強的人提出大膽前衛的理論，低調的人就不這樣做。

不過史蒂芬．穆霍爾表示：

> 哲學家似乎都特別容易忘記自己也是人類。雖然能夠理解，但是哲學家，包括但不只是分析派哲學家，常常忘了他們也有自己的處境，沿襲特定傳統、活在特定

歷史或文化脈絡底下，回應的問題與採用的方法多多少少都有些可以探討的背景。

追求客觀**依舊**值得讚賞。哲學不應該只圍繞在意見，也要看理由，所以很多哲學系學生會提到報告裡每句「我認為」下面都被教授劃紅線。然而，哲學語言系統性地消除第一人稱營造了一個假象，彷彿理性可以完全自思考者分離，論證完全不受到性格或背景影響。麥可・弗萊恩（Michael Frayn）的本業是作家，但副業是哲學家，他認為比較誠實的做法是，「接受自己也有習性與好惡，用自己的立場、自己的世界觀來書寫，會優於徹底非個人的筆調。」

沒有提出論證的人，論證根本不會存在。希勒瑞・普特南是二十世紀美國哲學家中的佼佼者，我很同意他的說法：「我認為哲學家要在一定程度上揭露自己的人類身分。」普特南針對心智本質與意義的著作並不特別個人或傳記化，他相信「智慧的地位至高無上」，但同時表示：「一定有情境，也一定有人的存在。」普特南還引用詩人華特・惠特曼（Walt Whitman）的句子：「閱書如閱人。」

艾瑞斯・梅鐸也談到：「研究哲學就是探索人的秉性（temperament），同時嘗試找出真實。」基蘭・塞蒂亞（Kieran Setiya）在 podcast 節目《五個問題》（*Five Questions*）裡以梅鐸這句話當作靈感，邀請專業哲學家來賓時先詢問：「你的秉性是否影響了哲學，如果有影響是怎樣的影響？」受訪的哲學家幾乎都會承認性情有一定地位——怎麼可能沒有呢？有些人提到性情影響了動機，例如史考特・夏皮羅（Scott Shapiro）回答：「我是因為揮之不去的困惑感才開始接觸哲學。」澤娜・希茲（Zena Hitz）則形容自己「發自肺腑痛恨虛假和錯覺」。也有人提到性情影響了研究哲學的**方式**，通常具有正面意義。湯米・謝爾比（Tommie Shelby）說：「我希望對自己不認同的人也能夠保持公平。」珍妮佛・洪斯畢（Jennifer Hornsby）附議：「我想自己性情裡面一定有些地方會影響風格，也就是說話和寫作如何呈現想法之類。」

可是幾乎沒有人相信性情會影響自己抱持的哲學立場，例如洪斯畢堅持：「如果針對哲學問題或哲學研究，我不認為性格或者說性情決定了我自己的想法。」南希・寶爾（Nancy Bauer）算是異類，她認為性情不僅是影響，甚至「幾乎可說**決定**了我的哲學研究方向」。還有其他極少數人承認性情與想法之間存在關聯，但不總是明確。寇菈・戴蒙德（Cora Diamond）對塞蒂亞說過：「我們有可能受到不相容的觀念吸引，像我就這樣覺得。」理所當然這會衝擊到她的觀點。吉迪恩・羅森（Gideon Rosen）也有類似看法：「我對哲學的深度存疑，對所有玄之又玄的東西存疑。」

人們很難接受性情對思考有很大影響，是因為隨之而來的質疑：我們究竟選擇了客觀上最可靠的論點，還是選擇了最吸引自己的論點？羅森為難地回答：「哲學常常什麼都沒改變，只是過渡到另一邊以後，世界觀比原本更深入、更清晰、更說得明白。」

無法虛懷若谷，谷就會被自我塞滿

很驚人嗎？取決於你是否認為思考可以且應該獨立於主觀性外。但毫無爭議的是，人在思考時無法擺脫好惡與成見。某些領域如數學或自然科學，由於理論對錯的標準十分清晰，長期而言這些因素無關緊要，對的觀念最終必然會勝出。可是在其他領域，學者對正確答案的判斷標準沒有絕對共識，哲學也是其一。雖然這不代表我們的立場僅僅反應性格，也不代表完全沒辦法區分論述的好壞，可是若有多個理論彼此角逐且都沒有明確瑕疵，大家的選擇至少有部分跟個人性情相關。

我認為這完全是意料之內的事。既然沒有純粹建立在理性或證據的方法能判斷數個論點的對錯，人尋找認同的方式自然也就不會僅限於邏輯與證據，於是性格與背景開始發揮作用。這種現象並非推理或哲學失靈，就只是無可避免，我們應該大方接受。也因此米蘭妲・弗瑞克（Miranda Fricker）聽到塞蒂亞的提問時很正面，「哲學也是人寫的。」她認為分析哲學追求的「自我消解」和「客觀中立」雖然不無好處但也造成問題，「讓人陷入作者、讀者、歷史脈絡可以不存在的幻想中」。

推論可以集體進行，參與者將個人性情帶入人類社會的重要討論有可能是好處，主題若是政治和倫理時尤其如此。對於最佳生活方式的想像如果建立在單一性格上，得到的解答就有可能不適用於很多人。

個人好惡未必是推理瑕疵，可是假裝自己沒有好惡也不試著接受好惡則會變成瑕疵。例如自己喜歡條理分明的方案，但其他人卻認為那**過度**整齊的時候，我們該質疑自己是否有雅量接受。但我很少看到哲學家針對這點做反省，刻在德爾菲神殿且受到蘇格拉底讚揚的「認識自己」似乎不再是哲學箴言。

原因之一可能是很多人不再認為人能夠真正認識自己。塞蒂亞詢問性情是否影響哲學觀，她常常得到的回答是：我如何確定自己的性情？

在此節錄該節目第一季得到的答案。海倫・史督華（Helen Steward）：「我不完全肯定要怎樣判斷自己的性情。」米蘭妲・弗瑞克：「妳這麼問的時候就假設我多多少少知道自己的性情怎樣表現在哲學裡，但其實我很可能一點頭緒也沒有。」蘇珊・沃夫（Susan Wolf）：「我不是很有信心能判斷自己的性情，或者性情怎樣反映在工作上……從其他人的角度觀察可能比較好。」里察・莫朗（Richard Moran）：「我的性情怎麼影響我的哲學研究，這個問題問我自己好像不合適。」巴瑞・朗姆（Barry Lam）：「我不太肯定怎樣歸類自己的性情，那種事感覺就是別人會比自己更清楚。」

或許有人覺得這些回答是自謙與自覺，心理學不就指出人類的心思對自身而言並不透明，很多動機藏在潛意識，以為透過內省就能「認識自己」會不會太天真？然而，有幾個人的回答點出另一個思考方向：我們並非**完全**不認識自己。必須接受的現實是我們不可能透過內省就徹底瞭解自己，對自我的學習還要經由外部觀察言行，並詢問認識自己的人有什麼發現。甚至不一定要問，只要留心身邊的人表示過什麼就好。我們時時刻刻從其他人那裡得到反饋，職場有各種考核、正式或非正式的同儕報告等等。取得這些資訊不用錢，卻很少有人認真研究。

再者，我們可以培養自我審查的習慣。審查時要仔細，還要有批判性。「觀察自己在什麼事情上含糊其辭會有很多發現，」珍妮特・雷德克里夫・理查茲這樣告訴過我：「如果想為你很認同的一個觀點辯護，真正的檢驗方法是將主題換成你沒感覺的東西，然後套用同樣的論證，看看還會不會有非常信服的感覺。當你越在乎，盲點就越大，換成其他脈絡說不定一下就看出破綻了。」

《五個問題》節目裡的多數哲學家不願意乾脆地承認性格會影響哲學觀、不想深入瞭解這種影響如何運作，甚至很快搬出人無法自知來迴避問題。我個人對這種現象頗感氣餒，因為我堅定認為好的思想家要能掌握自身好惡和偏見並設法與之共存。仔細分析想法的同時，不可避免一定也會分析到思想者的特質。哲學界應該繼續提倡「認識自己」才對。

缺乏自知並非一定會影響思考的清晰度，但至少會妨害我們分析自己與個人生活中的種種問題。有些邏輯傑出的推理者很不擅長內觀自省，因為他們不知如何應付曖昧模糊、難以計算的事物。雷．蒙克就觀察到伯特蘭．羅素：

> 一定程度上受到自己的哲學能力或哲學觀點阻礙，在心靈和推理之間劃下太僵化的界線。我想羅素認為無法以有效演繹論證得到滿意答案的事情都只能憑感覺，或者說他太強調情感是非理性的而且無法處理的。要是有一天他醒來忽然覺得不愛艾麗斯[44]了，大概也就那樣了吧。

又是一個該避免的哲學家思考模式。

還有不少哲學家提醒大家不必自命清高與曲高和寡。哲學界的氣氛嚴肅，

44. 譯按：羅素的妻子。

笑話不多也大都不太有趣，所以能逗人笑出來的哲學家就很特別。席德尼・摩根貝塞（Sidney Morgenbesser）就是一個很好的例子。約翰・朗肖・奧斯丁（J. L. Austin）聲稱所有語言裡都找不到雙重肯定會變成否定的用法，席德尼的回應竟然是：「對啦對啦，你說的都對。」還有一次學生打斷他講課表示：「我真的不懂。」席德尼回答：「你懂了的話我在這兒幹嘛？」

目前專業哲學演變出高度的表演性質，自我懷疑常常得不到好回應，自嘲更不用說，甚至只是文字風格平易近人都可能動搖地位。丹尼爾・丹尼特說：「有些哲學家對輕鬆的哲學提出抗議，他們說要嚴肅認真！我是很嚴肅認真啊，但不必沉重吧。」

克莉斯汀・柯斯嘉德很懂得善用詼諧，她的一篇學術論文居然開頭就意有所指：「每當需要稻草人，喬治・愛德華・摩爾總是自己跑出來……」她認為塑造輕快氣氛有「很好的哲學理由」，也就是：「幽默通常是後退一步、保持距離的表現，而這一步的距離或許能讓人看得更清楚。」她還認為：「哲學明明是世界上最有趣的科目，多數文章讀起來卻那麼痛苦。這兩種性質搭配得很不好，既然哲學有趣，就應該有辦法能寫得有趣。」

羅傑・坡爾・德洛瓦是哲學家之中少數享受趣味的人。他在《還好嗎？》的開頭就寫道：「完全別認真看待這本書裡的東西？太誇張。全部都認真看待？更誇張。」他向我解釋這句話的時候則說：「我個人對於文章、書籍或觀念有個偏好，喜歡那種你無法完全肯定到底認真還是不認真的風格。有些哲學家就是給人這種感覺，像尼采很多地方讀起來你就沒辦法分辨那一段他到底正不正經。」而且這也符合他對自己新書設定的目標，「旨不在傳遞理論，而是一步一步、一物一物來營造世界的奇妙感。」斯拉沃熱・齊澤克（Slavoj Žižek）有時候被人批評是小丑，他隨時準備好嘲笑自己。我問起他哲學裡的心理分析基礎，他打斷問題插嘴說：「我不是執業的心理分析師。知道為什麼嗎？現在見到我本人了，你想想看，你有心理問題會來找我嗎？」

太在乎自己形象也會干擾清晰思考，讓人忘記多聰明的人都可能有荒謬之處。牛頓癡迷煉金術這件事情很有名，拿過諾貝爾獎的化學家萊納斯・鮑林（Linus Pauling）也無視證據執著於高劑量維生素的功效。如果誠實面對心智，不但會接受自己也可能愚癡，或許還會驚覺無意間自己已經犯過傻了。無法虛懷若谷，谷就會被自我塞滿。

如何破除我執：

■若想要改變想法，心態保持開放還不夠，更要主動積極去嘗試。

■堅持信念的勇氣，常常等於害怕改變的怯懦。

■時時思考改變一個想法以後，還有多少想法會跟著變動。

■不求進取的謙遜是萎靡，不懂虛心的進取是傲慢。

■認為自己是某個觀念的初創者時，請注意這極有可能是誤會，先研究調查是否有前例。

■瞭解自己的極限，但最好能尋求突破。

■自我克制，別對超過能力範圍的事情大放厥詞。

■不要恐懼但也不要迷戀新穎事物。

■不要高估自己所在圈子的規模。

■不要將自己的意見視為財產或領土來保護，重點在於對錯而非出自何人。

■不要為反而反。

■增進自我認知，但不能只靠內省。

■留意個人性情對思考的影響並加以包容。

■別將自己看得太重，無法自嘲的人反而更可笑。

第十章　獨立思考並非獨自思考

這年頭的男人們很可笑，竟不明白單打獨鬥沒有用，靠社會團結才能得到真正的保障。這種荒謬的個人主義遲早要迎來盡頭，屆時所有人會驚覺彼此隔絕是多不自然的事情。

——杜斯妥也夫斯基，《卡拉馬助夫兄弟們》

說到魯賓遜・克魯索（Robinson Crusoe），很多人第一反應不是可憐他與世隔絕，而是佩服他能自給自足。西方的個人主義文化期許大家盡量不依附他人，於是將魯賓遜塑造為英雄人物。（魯賓遜同時是殖民時代產物，象徵白人社會的自主性不會因為黑人提供勞務而折損。）現代西方對心智的描繪，究其本質與理想都是孤獨的，哲學、科學、藝術在大眾想像中是天才寂寞的追求，尤其哲學的孤僻天才意象被濃縮在笛卡兒所謂的「我」（ego）之中：內在且自成一格的心智。從小我們就被教育要「獨立思考」，如果導師們比較博學或許還會引用一句康德的「*Sapere aude!*」，也就是要「敢於運用自己的理智！」

假如採納這些建議並且認真獨立思考，我們會得到什麼結論？想要思路明晰就該躲進閣樓一個人沉思？

「魯賓遜回歸社會之後，社會是否使他變笨？」戴維・查莫斯這麼問道。某方面來說的確如此，「在荒島他一個人能做到很多，在人類社會他一個人能做到的卻很少。」可是再換個角度，回家以後「他能透過身邊的人際關係達成更多」，因此在社會裡「他的能力總和是更高的」。

當時查莫斯與我身在韓國的世界哲學大會上，他的心得是「西方傳統將每個人的認知系統視作孤島，自己思考、自己行動」，但當地文化則不同，一種「集體共有的思考模式」深植人心。不只是韓國，亞洲整體而言認為社會是「龐大而錯綜的思維、理解與行動」，個人思考只是其中一塊拼圖。

魯賓遜在島上是否更顯聰明這個問題就像是瑞士刀與工具箱的比較。一把瑞士刀的用途比箱子裡任何單一工具都多，可是一整箱工具加起來則又勝過瑞士刀。自己一個人思考就像把腦袋改造成瑞士刀，不依靠世界上其他大量心智及其各自的長處。思考自主的代價是降低思考總能量，針對社會整體認知的研究蓬勃發展之後，我們發現理性不僅喜愛也需要夥伴。之前許多年心理學家彷彿玩上癮，不斷透過巧妙實驗展示人類愚蠢的一面，可是開始比較單獨思考與集體思考的差異之後，團結就是力量的道理十分顯而易見。

舉例而言，華生選擇任務（Wason selection task）是實驗設計的經典，揭穿了人類的抽象推理多麼薄弱。你只有一條簡單的邏輯規則「若X則Y」。這條規則可能置於社會情境下，例如「若人未滿十八歲，則不可購買酒類飲料」；但它也可能純粹進行抽象分析，例如「若卡片一面是黃色，則另一面畫了三角形」。放在社會情境底下多數人都能理解，八成受試者作答正確。可是在純粹抽象分析的時候，竟然有八成五的人會答錯。不相信的話，你可以自己透過網路接受測驗（原注1），應該會發現就算能答對但需要比較迂迴的思路。有趣的是：完全一樣的邏輯規則與測試

內容，如果不是給個人而是給團體作答，正確率就又回到八成。換言之，離開個人認知的孤島確實使人變聰明。（原注2）

孤獨的天才是特例

近年來哲學界也矯正觀點，不再過分傾向獨自思考，研究信念的形成與證成（justification）的社會面向的社會知識論（Social epistemology）成了活力最旺盛的領域。社會知識論出現之前，普遍觀念是社會妨礙了理性思考，譬如科學家若太過顧慮「社會因素」就失去客觀性。食品工業贊助特定研究導致大眾認為飲食的危險因子不是糖而是油脂；化石燃料企業贊助特定研究以支持氣候變遷並非事實的說法；藥廠將實驗裡無效或負面的數據悄悄埋葬；農業科技企業解決耕作問題時總是忽略較為緩和的方法。實例確實多得罄竹難書。社會對理性的影響包括政治或意識形態動機、文化風俗的濾鏡、財務成本誘因等等。

社會知識論的先驅奧文．戈德曼（Alvin Goldman）認為，這種考量沒有錯但同樣片面，因為這等於閉上眼睛不願面對另一個真相：「經由社會資源，也就是藉助他人的經驗與貢獻，可以得到更多知識。別人或許有好的想法，或許在特定主體上受過較好的教育，也有可能單純就是讀過的書比自己多。社會因素不一定與理性、與獲取知識互相衝突，可以相輔相成。」

孤獨天才並非不可能，但他們是特例而非常態。此外，由於人類世界已經累積太多知識，單一個體很難消化足夠分量的知識轉換為真正的獨創，所以孤獨的天才越來越少見。何況仔細研究觀念史也會發現，所謂孤獨的天才少之又少，最優秀的哲學家進行獨思，但也會與其他人才互動並且結合兩邊成果。歷史早期案例是亞里斯多德，他講課之前一定會先研讀其他人針對主題發表過什麼意見，他與柏拉圖創立的學院也都是方便哲學家隨時討論的場所。學院是現代大學的前身，思想家就是在這種環境中形成社群、推動理解。即使笛卡兒《沉思集》的內容非常像是個人思考所得，實際上他也主動搜集並回應了許多人的反對意見。休謨避居到偏遠的拉弗萊什（法國西部）寫出第一本鉅著，但其實他常常和當地飽讀詩書的僧人聊天，也很看重學養高的朋友並保持通信。現代學術界之所以將同儕審查制度化，也是維護眾人集思廣益的良好傳統。

我們最好不要困守在自己的腦袋裡面，因為世界上絕大多數出色的思考都發生在外頭。如果你喜愛音樂，只聽自己作的曲子、自己國家的歌謠未免錯過太多。同樣道理，如果你想增進理性，一個人埋頭論證卻忽略別人的見解實在太傻。

當然獨立思考不可避免，因為追隨或拒絕主流是個人抉擇也必須承擔責任，有時候不盲從才是正確決定。問題在於，許多人將**獨立**思考與**獨自**思考混為一談，自己悶著想破頭，多半得出的是半吊子妄想而非什麼驚世預言。所以重點在於融入社會但不隨波逐流，藉助其他人的心智能力但保持獨立判斷，走出自己的道路。可是究竟怎麼做才好？

擴展心智視野的途徑之一，是走出所屬文化圈，地區性質或專業性質皆然。進入政壇的英國哲學理論家畢丘．帕雷柯（Bhikhu Parekh）基於這個理由主張推動多元文化，他的看法是：「沒有文化能做到獨占智慧、代表所有好的價值觀，彼此應當對話與借鏡。唯有透過對話，每個文化才能察覺自身的成見與優缺點，然後截長補短。」

回顧歷史會發現帕雷柯所言不假，多樣性是思想的調味劑。哲學的開花結果幾乎都發生在人員大量流動且百家爭鳴的年代。古雅典是一個充滿活力的貿易樞紐，十八世紀的巴黎、阿姆斯特丹和愛丁堡也一樣，這些時空環境裡無數不同知識背景的人在各種正式與非正式場合相遇，並且一同進行思考。

帕雷柯將這種現象稱作「互動性多元文化」（interactive multiculturalism），也可稱作多元主義（pluralism）。互動是其中的關鍵要素。很常見的一個誤區是，有人認為多元文化只是擁抱各種不同觀點，彼此不存在挑戰，甚至對別的文化智慧提出質疑都要被打上缺乏包容或沙文主義。帕雷柯不認同這種沒有創造能力的「尊重」，我們無需認為文化的多元性承受不了批判並且阻絕相互學習的機會。

達成思想多樣性的另一個辦法是尋找有智慧的交流對象，但並非每個人都有機會。我在訪談中聽到許多哲學家表示，能從睿智的同儕身上獲益良多，例如麥可·弗萊恩提起自己在劍橋進修時的指導教授強納森·本奈（Jonathan Bennett），他描述對方「充滿熱情活力」，而且是「我遇過最能言善辯又最難應付的人……就算你只是說句『早安』，他都有辦法跟你辯起來」。他們的討論常常從午前持續到一起去餐廳用餐，然後回到研究室繼續，晚餐過後可能還沒結束。「非常辛苦，但又令人樂在其中。」

如果無法真正找到一起動腦的夥伴，想像對方的內在思維或許有幫助。許多小說家就會這樣做，像蕾貝卡·戈德斯坦很喜歡從自己筆下的角色得到驚喜。她的第一部小說作品《身心問題》（*Mind-Body Problem*）採第一人稱寫作，可是主角與作者的差異極大。戈德斯坦回憶自己創作期間在紐約地鐵目擊小型事故現場，「一開始是**我**先有反應，」她說：「後來**她**也跟著反應了，而且她是比我有趣的人，說出非常好笑的話。那是很奇妙的心理過程，讓我體驗到自己一輩子也不會產生的念頭。」戈德斯坦舉了一個例子：她曾經提出「重要性索驥圖」（mattering map）的概念，那是輔助一個人判斷生命中何者為重的工具，然而她之所以能有這個概念，其實是因為她從小說主角的角度觀察世界。

不是每個人都有小說家的想像力，但我們都能嘗試從別人的角度看世界。多數人無意間內化別人的觀點以後都做過這件事，比方說：面對某個情況時會忽然想到換作自己父親是什麼反應、同事或配偶知道了會怎樣想。我們也可以有意識地聆聽自己以外的聲音，譬如基督徒常自問：「如果是耶穌基督，會怎麼做？」（顯然沒意識到自以為能想像神的心思是一種傲慢褻瀆。）想像有智慧的朋友會如何說、如何做通常有幫助，而且奇妙的是這代表自己一個人思考的同時又能做到集思廣益。

然而，在某些情況下，集體思考不是解放而是囚籠。一九七八年五月，華語報紙《光明日報》一篇文章的標題名為「實踐是檢驗真理的唯一標準」，作者署名「特約評論員」。二十年後，中國哲學家歐陽康提到：「該文主張包含馬克思主義在內，所有形式的知識，其本質真假都必須透過實踐來加以評量和證明。包含馬克思主義在內，所有科學知識都應該在實踐之後，配合當下的特殊條件接受修正、補充、發展。」

對中國哲學家而言，那是「思想解放」的時刻。「以前的學術哲學是領導者思想的附屬品，並不具有獨立地位。一九七八年之後，哲學研究才終於得到相對的自主。」

一九九八年我為《哲學家雜誌》編譯歐陽康的文章是一個警醒的經驗，讀完不由得驚覺享有思想自由的我們十分幸運，不該將之視為理所當然。歐陽康後來又提到雖然「有人以為在中國教科書改版只是教學法的問題」，實際上「只有課本裡體現的馬克思主義才被當作正統的馬克思主義」，教材內容改變象徵整個國家的思想方向起了巨大變動。

在西方世界，體制壓迫思想的問題並非來自國家，而是來自團體迷思（group-think）。共同思考帶來優勢，可是過多的共識也有其風險，就是另類觀點很難得到重視。歷史上好幾個重大失誤可以歸因於團體迷思。較早發展相關概念的心理學家歐文·賈尼斯（Irving Janis）以美國入侵古巴豬玀灣慘敗當作個案研究主題，當年甘迺迪總統及其團隊毫無批判就接受中情局認定的正當性及樂觀評估，提出異議的人都被排除在外。一九八六年挑戰者號太空梭災難的事後檢討也發現，美國太空總署不多過問就採納團體決議的發射時程，也就是說關鍵成員針對安全性提出嚴重疑慮卻未得到重視。團體迷思不只強化意見，還會將意見推往更極端的方向。

但同時「團體迷思」並非一種清楚明白的現象描述，畢竟它不是某種心理疾病，每次都有相同的病灶及症狀。團體迷思是一種所謂的傘式術語（umbrella term），囊括各式各樣因集體思考導致過分信任與遵從共識的狀況。以批判性思維預防團體迷思的想法能夠稍微令人安心，卻又落入另一個認知偏誤的陷阱裡，也就是一廂情願。

就拿哲學圈為例，如果有人認真覺得哲學圈不會陷入團體迷思，應該回頭看看哲學史上怎麼會有那麼多派系，像是維也納學派、美國實用主義、英國經驗主義、劍橋柏拉圖主義、蘇格蘭常識學派，還有布達佩斯學派、愛奧尼亞學派、京都學派、利沃夫華沙學派、法蘭克福學派。隨便列舉就這麼多。現在各大學的系所也依舊有自己的風格與方法，即使同處英語系國家也會因為身在哈佛、牛津、芝加哥或艾塞克斯而對哲學多多少少有不同印象。

團體迷思

相信哲學家都能自由思考也是一種心理舒坦而已，現實已經多次證明人的哲學思維很大程度與所在環境有關。如果不相信自己可能掉進團體迷思，逃離迷思的機會反而會更小。大家都不想盲從，可是無意間可能就被牽著走了。任何團體都有形成內部共識的傾向，共識建立以後要跳脫並不容易。

這對政治保守派尤其危險，畢竟他們原本就認為社會習俗與規範之所以成立是經驗證明其價值，即使有時候做法似乎不理性。英國保守黨政治人物暨哲學家傑西．諾曼也同意並指出：「一個觀念被很多人接受，究竟因為它是眾人的智慧結晶，還是因為相信的人傻，確實沒有保證能夠加以分辨的好辦法。」講道理的保守派不會預設既成的習俗或信念就是最佳解答，但同時不會因為乍看不合理就想要加以廢止。

團體迷思並非不可抗力、無法迴避。賈尼斯就認為正因為甘迺迪政權從豬玀灣大敗學到教訓，隔年古巴飛彈危機才能處理得漂亮。團體內的從眾現象可以透過幾種策略主動處理，例如領袖要將自己的參與度壓到最低並鼓勵批評，問題要經由多個不同且獨立的小組討論，盡量尋求外部專家意見，然後將所有選項都納入考慮。

從個人角度則以類似但相對非正式的態度抵抗團體迷思。主動尋求不同於自己的見解，諮詢所屬圈子之外的人。資訊來源不要只有一個，也不要都是類似立場。學著對朋友同儕提出質疑，但不要咄咄逼人或勢如水火。忠誠的對象應該是人，而非意見。

一旦讓自己成了「門徒」，就會分不清自己究竟忠於人還是意見。麥可．達米特說過一個小故事，背景是以前德國「每個教授都有自己的體系，希望學生接受之後好好研究」，而故事主角前往弗萊堡師從胡塞爾：

他說自己到了胡塞爾住處表明是學生，結果應門的是胡塞爾本人。胡塞爾要學生等等，回到屋內捧了一大疊書出來說：「*Hier sind mein Lebenswerke*。」（這些就是我畢生心血。）意思是要學生帶回去讀完才有下一步。

「我很不贊同這種做法，」達米特表示。然而，師徒制在哲學界歷史上有其值得稱頌的地方。古中國和印度都有弟子「拜」師的說法，未必只是比喻，可能要真的跪拜（此外師父幾乎沒有女性）。做徒弟的人因此學會謙遜，也明白讀的書夠多才能提出見解，還很可能認為自己的看法也不過是對先賢的再次詮釋。

當代西方哲學界則反其道而行，期望學生一開始就能拆解大師的論證。連笛卡兒《沉思集》這種經典文獻也被當成磨練批判技巧的「靶」，所謂尊師重道自然並不存在。

我自己出身英語哲學圈，早已習慣獨立思考與公開批判，但我認為這些精神可以稍加修正。面對不同立場，我們可以學著在抨擊之前先多花些時間理解。此外，口口聲聲說那些是哲學史上的重要著作，卻又讓初入門者揪出一大堆漏洞，之於學生而言印象應該很矛盾。

不要為反而反，也不要失去主見。我們不該將自己的意見當成財產維護，也不需要對特定的思想家、理論或學派忠心不二。理性不會選邊站，我們也沒必要那樣做。

派閥（partisanship）的危險性有個極其醒目的例子是維根斯坦。他是貨真價實的天才，而且非常特立獨行，於是之前許多年劍橋的哲學研究幾乎完全以他為中心。甚至學生會去模仿他的舉止和言談風格，這麼做恐怕不是刻意為之而是單純太過崇拜。

史蒂芬．穆霍爾也很崇拜維根斯坦，卻清楚察覺這樣下去做出來的哲學會變成鸚鵡學舌，因為「想討論怎樣繼續深入，或怎樣從維根斯坦往前走，變得十分困難，聲音完全被淹沒，到最後只能重複他已經做過的東西」。

成為門徒的人非常看重心儀思想家的方法與觀點，會盡可能廣泛運用。穆霍爾認同這麼做「有其吸引力」，但「也有很大的機械化風險」。在他看來，維根斯坦之後的第一代和第二代有許多著作「幾乎進入諧仿（parody）的範圍」。

穆霍爾希望有另一個路線是「熱愛維根斯坦並且以他為根基，但在研究中表達出自己對主題到底有什麼想法」。其實所有好的思想都該這樣處理，承認它們的貢獻之後，既不拋下也不將之視為不可置疑的永恆真理，而是帶著它們繼續前進。安東尼．肯尼就是這樣發展出自己的一套維根斯坦式哲學：「我並不想一輩子看著維根斯坦，因為就是他給了我一雙眼睛去看清楚其他事物。」

所幸獻身式崇拜在哲學界不常見，不過倒也並非前所未聞。個人遇過最極端案例是荷蘭哲學家維姆．科勒佛（Wim Klever）。大學時期我曾以交換學生身分在鹿特丹上過他的史賓諾莎課程，能夠很清楚感受到他的畢生志業就是證明史賓諾莎每句話都是對的。意識到報告太具批判性可能討不到好處，我反過來維護這位荷蘭歷史上的偉大理性主義者，於是滿分十分科勒佛教授就給了我十分。以哲學而言這很荒謬，因為完美應該是不可能的事情。即使我有那麼一點期待自己真的是天才所以能拿滿分也很快幻滅，因為另外三位同樣來自英國的交換生以同樣的好話策略拿到了同樣的滿分。

相較於絕對信服單一哲學家，更常見的則是對某學派保持死忠。換作在印度的話，這是常態。古代哲學家各自組成幾個門派，現代學者也多半要擇一加入。印度的哲學大會上每次全體講座都成為特定門派的專場，我有聽到的講者也都會維護自己所屬的派別。

如果在西方，這麼明顯的門戶之見會令人蹙眉，但其實派系仍以比較隱微的方式存在。最顯著的是所謂分析派與歐陸派，兩者之間的隔閡起於十九世紀末，但到了二十世紀中已經築起鴻溝，彼此歧異最容易理解的說法就是針對康德後的時代以何種方法研究哲學有不同意見。康德認為人類知識侷限於「現象界」，也就是表象的世界，至於「物自體」存在的「理智界」則是人類知識所無法觸及。英語哲學圈將這個概念當作綠燈：以後我們專注在經驗及「務實」的哲學就好，不要再去想什麼終極真實之類玄之又玄的空話。康德思想則在德國與法國催生出現象學，主要分析人類在這個世界的體驗。以康德後的時代而言這很合理，畢竟接受他的思想代表我們能探討的經驗也僅止於這個世界。

我個人不認為這個分歧有許多人想的那樣嚴重，可是幾十年過去了，這個分歧因為制度面的問題而被放大，求學或研究工作的地點不同代表讀到的後康德文本也不一樣，裡頭有各自的術語、主題，或至少相異的主題框架。這就好比哲學世界裡的兩個不同地區發展出自己的方言，時間久了就很難理解彼此。

西蒙·葛倫丁寧認為這種隔閡也有象徵意義。他指出從歷史來看，哲學一直想與詭辯劃清界限。哲學論證是真誠的，詭辯將理性當作賣弄但缺乏實質。從這條界線出發，就有了更多對立陣營：「邏輯與修辭，清晰與曖昧，精準與模糊，白話與詩意，分析與臆測。」在葛倫丁寧的觀點中，哲學為了自身形象需要找到「他者」來襯托。因此就英語圈哲學家的立場，歐陸哲學「自詡的分析方式代表始終存在於哲學卻又威脅到哲學的可能性，那就是空洞，會使哲學淪為詭辯」。

這種門戶分別導致英語哲學圈放棄了一整個哲學傳統，即使兩者其實相近得好比異卵雙胞。更不用說西方哲學也幾乎對非西方哲學視若無睹。

黨派之分影響思考的另一種方式，在於鼓勵「群集思考」（cluster thinking），也就是假設某些信念自然歸為一組，但實際上它們彼此獨立。最常見就是政治思維，比如我今天正好看到一輛車上貼了標語：「女同志支持社會主義」，還有小字「資本主義不可能達成同性戀解放」。怎麼看都不對，純粹的資本主義具有放任性質，只在乎你是否消費，並不在乎你與誰睡，否則也不會有企業主打「粉紅經濟」、大聲支持同志驕傲活動與LGBTQ+的權利。但如果某個人正好是女同志又正好支持社會主義，就有很強的心理誘因想將兩者視為不可分割的天生一對。

米歇・翁福雷（Michel Onfray）提出一個群集思考的爭議案例。他發現政治左派將批評伊斯蘭視為禁忌：

> 一邊是資本主義、資產階級、美國、喬治・布希、以色列；另一邊是巴勒斯

坦、伊斯蘭、第三世界、解放運動。選了伊斯蘭就是和布希、和西方資本主義作對。但我拒絕這種假兩難，我並不想在布希或賓拉登之間做選擇。二十世紀的一大錯誤就是在蘇維埃和美國之間選邊站，沙特如此、雷蒙．阿隆（Raymond Aron）也如此。那我還是和卡繆同一邊好了，不要做選擇。

很多政治討論都受到群集思考妨礙。美國共和黨遲遲不願承認氣候變遷，因為氣候變遷被視為民主黨的訴求。碳稅應該是降低溫室效應氣體排放的最佳方案之一，但右派很多人反對，因為增加稅項感覺很像社會主義；環保主義者則排斥與現行資本主義體系合作。歐洲左派或中間派對愛國主義不屑一顧，也不接受移民可能引發問題，因為那些都是右派、排外的國族主義。

如米歇．翁福雷所言，群集思考常常製造假兩難，將問題塑造為非黑即白，但實際上根本沒必要做選擇。例如某些環保團體聲稱人類必須在經濟持續成長與降低環境衝擊之間做出抉擇，這就是所謂假兩難，因為某些經濟成長來自效率提升而非資源消耗。若有高效能的再生能源就能同時提供動力又降低溫室氣體排放，以及自然資源使用量。「經濟或環保」（growth or green）這種逼人表態的方式，視明明可行的綠色成長（green growth）為無物。

傑西．諾曼對我說：「我們終於脫離群集思考的無聊階段，以前只要知道一個人的一個立場就幾乎能說出他所有想法了。」可惜我覺得他口中的「我們」可能還是少數，希望將來這不只是個反群集的群集，而是時代整體的氛圍。

不要成為盲目的門徒

思考可以太過獨立或太過不獨立，理想狀態是在過度孤獨與過度從眾之間取得平衡，可是這個理想平衡點未必剛剛好位在正中間，而是根據情境決定。某些情況下，適當的獨立其實就是孤立無援彷彿獨行俠。但這是怎樣的情況？

「我當然知道自己是非常弱勢的族群，」理察．斯溫伯恩表示。很少哲學家如他一般相信非物質靈魂、認為理性能得到上帝存在毋庸置疑的結論，但斯溫伯恩不認為這是問題，反而說：「我有興趣的是真理，也希望能從其他人身上學習，但最後還是看論證……任何時代的任何哲學家都必須面對其他人，有些出色的哲學家一開始也站在少數那邊，所以我並不特別擔心，該煩惱的只有論證。」

這番話乍看讚頌了人類心智的獨立，抽象層次而言也的確無法反駁。然而，我認為斯溫伯恩並非眾醉獨醒的案例。儘管特立獨行的少數派對自身立場有浪漫幻想，殘酷現實是絕大多數獨行俠之所以獨行是因為錯得很明顯，但他們都會以斯溫伯恩這種論調為自己辯駁。這現象或許可以叫做「獨行俠悖論」：特立獨行的人不盲從群眾而是跟隨證據與論證，可是多數獨行俠卻從證據和論證引導出錯誤結論。

但悖論成不成立並不重要，真理不是投票表決，無法以人數多寡決定。實際狀況是，如果已經有夠資格的專家針對主題表態，提出異議的人必須證明自己的異議有道理。其他條件不變時，預設異議者弄錯了才是常態。好比一個數學題，其他二十個能力不錯的人答案都一樣，只有你不同，幾乎就可以肯定你算錯了。

當然數學比較乾脆，其他領域則常有模糊地帶。但即使問題比較複雜，既然有專業人士也有相關證據，提出異議的人要設法證明自己的對，而非反過來要別人證明他們的錯。

想像一下，如果你是個室內設計師，現在正要挑選瓷磚。你知道多數人廚房採用同個款式，卻找到價格稍高、品質應當較好的另一款，上市好幾年了卻沒有流行。你開始懷疑原因，覺得是不是業界過分保守不敢採用新材質，但聽說過不少廠商嘗試新品結果只是又貴又不好用。怎麼判斷眼前這款的好壞？

當然應該由新產品製造商自己設法證明，畢竟舊款已經經歷過無數考驗。這個標準不是歧視新品而是合理要求，既存商品有多年實際使用經驗作為後盾，新品則沒有。

舉證責任有一部分是提出錯誤理論，解釋為什麼多數人會犯錯。或許是消費者缺乏關鍵訊息，直到最近才披露。也可以指責其他人都太保守，要是那些人沒證據就說新品不好，就更像那麼一回事。但如果人家說出了採用新品卻不滿意的實際案例，這種錯誤理論就顯得很薄弱。

換作屋主也該採用同樣原則。如果十個設計師有九個認為新款瓷磚划不來，屋主就很有理由相信它真的划不來。當然這還停留在假設層次，得到新資訊、新證據可以回頭修正結論。然而，若只有一個設計師獨排眾議，聽他的恐怕並不明智，尊重專家之間的共識並不等於盲從。

舉證責任由提出不同意見者承擔，因為一般而言多數意見建立在最有資格的專家和最廣泛的證據上。意思並非不同意見絕對是錯的、完全不該理會，而是接受不同意見之前必須小心謹慎，這與視野受到侷限的群集思考並非同一回事。

某些情況下，承擔舉證責任的不只是異議者，也包括想維持現狀的人。政治和公共政策上有很好的例子，珍妮特·雷德克里夫·理查茲主張：「如果政策造成明顯損害，應該先假設政策不合理，並且請支持政策的人找出證據推翻假設。」無論所謂專家怎麼說，政策的害處顯而易見時，維護政策的一方就要負責辯護。

這個觀念對保守派造成壓力，他們總認為無論何時何地，舉證責任應由改革方背負。想維持現狀的人什麼也不必做，理由是任何改變都有可能帶來意料之外的風險，如果沒有足以服人的理由，什麼都別動才是最保險的。但我想珍妮特·雷德克里夫·理查茲說得很清楚了，保險起見的原則不能盲目濫用，既然現況就是有人受害，那就不是改革派而是保守派應該出面證明維持現況會更好是為什麼。

我個人很喜歡的例子是過去女性職業受到限制，傳統上例如消防員是不准女性從事的工作。這種禁令的壞處一目瞭然——某些行業少了整整一半的勞動力參與。想改革的人或許是少數，但限制為何存在應該由主張維持現狀的人來解釋。一旦試圖解釋就會發現其中很多不合理之處，譬如主流說法是這種工作需要女性不具備的體能，珍妮特·雷德克里夫·理查茲直接戳破其矛盾點：如果標準是體能，那招募時測試體能就好，而不是直接從性別加以排除。（原注3）

她進一步指出，人類社會充斥類似矛盾，「多數日常生活中的論證其實是先確定立場再尋找理由」，仔細檢視會覺得令人「震驚不已」，因為太多歧視性陋習的背後理由「一看就站不住腳」。常見情況是「前提根本不支持結論，或者為了結論而捏造前提，可是太多大家熟悉的觀念都是這樣累積出來的」。

舉證責任的歸屬有時候不好釐清。譬如公共衛生緊急事件，要求藥廠證明療法或疫苗安全的急迫性可能沒有平常那麼高。即便如此，養成習慣確認責任歸屬很有幫助，通常都能得到很清楚的答案。

然而，為了得到結論，依賴專家不可避免，從他人那裡取得知識的代價是必須信任來源、無法靠自己檢驗對方說的每句話。於是又衍生出另一個問題：既然自己沒能力針對專業做判斷，又如何判斷哪個專家可以信賴？

我的想法是採用「知識論分級」（epistemological triage）流程，針對專家說法做評估。（原注4）首先觀察專家自稱的領域：我們是否能夠合理相信這個領域有專家，如果有，能專業到什麼程度？看看新冠陰謀論就能明白了，有人聲稱這個病毒根本不存在，但我們也很清楚相關領域有什麼：病毒學、公衛、醫學、醫療管理等等。

確定有對應的專業領域以後，下一個階段是鎖定其中的專家。很多否定新冠病毒的言論聲稱引用了專家說法，仔細一看卻發現這些專家不是上述的相關領域。物理學家和化學家當然學有所長，可是病毒學與醫學也都自成一格，瞭解希格斯玻色子（Higgs-Boson）不代表瞭解呼吸道疾病成因。從上個階段我們就已經知道能夠相信的專家應當是病毒學家、公衛官員、醫師和醫院管理階層。

前面兩段讀起來像是理所當然，現實中卻出現這方面和那方面的各種專家全部統稱為專家的現象。回想多少媒體報導「根據科學家表示」，卻沒說這位科學家是什麼背景，有時候連主題跟科學有什麼關聯也沒解釋。我最喜歡也最痛恨的例子是「科學家說人類沒有自由意志」，自由意志根本不是科學能或不能證明的東西。更貼近生活的例子是，電工對線路系統很熟悉，但不代表他們也有研究室內裝潢或人體工學，人家對設備或擺放提出建議的時候最好自己多想想。經濟學家或許能判斷什麼就業政策最能提高ＧＤＰ，但完全不懂政策對社會與勞工身心會造成的影響。醫生能對各種療法結果做預測，卻無法幫病人決定該延長壽命還是將剩下的日子活得漂亮。

近年來一股新的民粹風氣排拒菁英階級，從而也對各領域專家缺乏信賴感。重建信心的首要之務就是停止將不同領域的專家大鍋炒。賈克・洪席耶（**Jacques Rancière**）認同民粹思潮裡的一個訴求，也就是漠視大眾的傲慢菁英確實對民主制度造成威脅。然而，在他看來問題不在於專家，而是「對於『專業』的壟斷，將『專業』當成單一概念」。這個方向的菁英主義確實不民主，因為它否定了民主社會建立在不同專業相互配合的前提上。

確定專業領域和適任專家以後，知識論分級的第三階段則要檢驗特定專家是否可靠。在九一一陰謀論的情況，這個階段很簡單，幾乎所有適任專家都同意雙子星崩塌不需要人為操控爆破，也找不到理由懷疑他們的說法。

有些主題則需要小心。例如有個理論聲稱MMR（麻疹、腮腺炎、德國麻疹）混合疫苗會導致自閉症，這個主題與醫學高度相關，所以安德魯．韋克菲爾德（Andrew Wakefield）應當有資格表達意見，畢竟他是發表紀錄優良的醫師。但結果他在研究中建立了MMR疫苗與自閉症的錯誤連結，還成功投稿到最頂尖又有同儕審查的醫學期刊《刺胳針》（*The Lancet*）上。表面上看他通過了分級測試。

詳細審查才會察覺韋克菲爾德提出的主張超過其專業能力所及，論文不僅清楚顯示疫苗與自閉症之間沒有因果關係，還只是十二個家長參與的小型研究。但他卻決定召開記者會、發布新聞稿要求停止施打MMR疫苗，於是遭到同儕譴責。如前所述，在既有的專業領域內，提出不同意見的人有責任證明為何大家都錯了，而韋克菲爾德並沒有做到。

何況儘管論文通過同儕審查還提出強力結論，以單一研究作為科學證據並不充分。我們常常在媒體讀到某個研究「顯示」某某現象，其實意思幾乎都只是「指向這種可能性」。新發現只是個指標，需要更多後續研究才能確定真偽。

隨時間過去，大家更肯定韋克菲爾德的說法不可信，因為其他研究得到相反結論，而且有人揭露他的實驗樣本來自特定家長團體，該團體當時打算對MMR疫苗廠商提出訴訟，至於研究經費則來自能從訴訟得到利益的單位。這個案例也顯示，我們應該要對不良思考習慣打預防針。

知識論分級幫助我們判斷誰可信、可信的領域、可信的程度高低。而如果主題是占星，很有理由認定根本沒有所謂專業，最多就是瞭解占星的歷史與做法。星象預測不比和陌生人閒聊可靠多少。如果主題是飲食，就該注意雖然有相關專家，但這個領域的知識還不夠齊備。無論面對什麼主題，盡量尋找最合適的參考對象與文獻，不要隨便誰都信，也不要迷信暢銷書或 YouTube 的訂閱人數。

再者，有些領域究竟是不是真正專業也必須打上問號，表面光鮮亮麗還有各種學會、學位及證照，但仔細研究竟然發現這些東西都是虛的。「神經語言規畫」（Neuro-Linguistic Programming, NLP）是個特別的例子，聽到某人自稱是神經語言規畫的高階執行師可能會覺得他很厲害，但神經語言規畫不受體制管理，也就是說只要花錢受訓都能取得證照，而訓練單位也都是以神經語言規畫名義開設的營利單位。想更進一步確定其價值，必須深入瞭解神經語言規畫的內容和效果，這麼做的同時就要參考其他心理療法專家的見解，於是又得去認識這些心理治療才能好好評估。（神經語言規畫到底可不可信，就當成作業讓讀者自己去決定吧。）追究下去沒完沒了，恐怕一輩子不會有明確結論，每個階段都得自己判斷什麼可信。

這麼說感覺好像兜了一圈沒講完，但如奧諾拉．奧尼爾所言，「在我看來，沒有信任問題的生活是種幼稚幻想，」她認為並沒有「什麼訣竅能讓人在生命中處處得到擔保，不必思考自己該相信什麼」。奧尼爾舉的例子很普通，就是買車：「我很不懂車子，只好依靠別人，這時候要找誰？為什麼是這個人？有辦法保證找到的人完全客觀中立嗎？……我想永遠不會有完美做法，最後的選擇還是得靠自己。」

尊重專業有必要也有好處，但不能變成自動反應絲毫不帶批判。社會上有很多假專家，而真的專家也不該被奉若神明。許多人都有景仰效法的對象，但即使這些對象也得接受質疑。尊重專家與傑出的人是一回事，然而永遠不要讓自己成為盲目的門徒。

如何獨立思考但不獨自思考：

- ■多接觸其他的人和觀念。
- ■知識方面的問題盡量集體處理，不要單打獨鬥。
- ■對自己的觀點尋求建設性批評。
- ■跳脫自己所屬的興趣、學術、文化圈，與其他圈子互動時保持尊重，但不要喪失批判性。
- ■如果沒辦法直接問，試著想像你尊敬的人會有什麼想法。
- ■別以為自己能脫離團體迷思。誰都不行。
- ■資訊來源不能只有一個，也不能都是類似立場。
- ■忠於人，而不是忠於想法。
- ■不要囿於門戶之見。
- ■避免群集思考：認定某些實際上相互獨立的概念必然相伴出現。
- ■拒絕將複雜的問題化為二選一的假兩難。看似二擇一常常是因為皆是或皆非的選擇遭到隱瞞。
- ■思考舉證責任的歸屬。已經建立知識及專業的主題，通常由提出異議者舉證。但明顯造成損害時，維護現狀的人需要解釋為何容許損害持續。

■尋求專家意見之前，先思考主題背後是否真有專業可言，接著建立專家名單，最後確認鎖定的專家的可靠性如何。

第十一章　見樹也見林

沒人一開始就完美，生命中許多事情最初無法瞭解。為了達到完美，人一開始無法瞭解太多。

——杜斯妥也夫斯基，《白癡》

斯拉沃熱・齊澤克對自由派多元文化主義者有很獨特的見解：「他們將別人捧得很高、說得很棒，但如果聊到同性戀、女權那些事情，又覺得別人很可怕。」在他看來，「包容」一詞掩飾潛藏很深的敵意。「那些人說『包容彼此』的意思其實是『你離我遠一點』。」他抨擊的是自由派人士會頌揚其他文化裡的傳統與習俗，但面對自己所處社會的傳統習俗時，卻認為沒有遵守的必要。「這不是自貶或者虛情假意的尊重，實際上是抬高自身的地位，因為從那種角度來看，別人都被身分給捆綁，只有他們自己無拘無束。因為有特權、有自由，所以才去包容別人。」

若論述停在這裡的話，齊澤克就是他那個時代最有趣、最有火花的思想家。不過對我而言，當他開始給自己的分析套上一個理論基礎的時候，就走味了：

用拉岡的說法，這個純粹的個體就是純粹象徵性的個體，也就是拉岡所謂幻想的核心「小它物」（*objet petit a*）[45]之類的，再不然也可以換個方式詮釋，用康德的說法就是病態殘留。從康德來看，人沒有純粹又不具病態的人格主體，要有最低限度的病態才能化零為整。我想心理分析可以做到，所有問題都在這個層次上，包容以及不包容。小它物讓人戀愛，也造成對他人的厭惡，還會害怕太靠近他人。

45. 譯按：*objet petit a* 一般認為無法翻譯為其他語言，基本意義是心理發展過程的殘存物。

除了繞口之外，齊澤克還有不少毛病，在我看來最大問題就是他無論說什麼都要套用拉岡的心理分析架構。與其說這種做法為他的分析見解增加了深度或重量，不如說增加的其實只是長度與包袱。

或許會有讀者覺得齊澤克是比較極端、不夠具有代表性的例子，但我希望大家能察覺到強行將意見與論述塞進理論裡會造成多大危害。連結不同觀念應該是為了追求事物全貌，理論是重要的解釋工具，我們當然也應該研究善用。然而，常見到的卻是堅守一個理論，將之套用在所有事情上，這對思考是阻礙而非助力。

以哲學界而言，理論常常處於舞臺中心，所以哲學史讀起來很像「主義史」。幾乎每本哲學導論都要向讀者介紹實證主義、理性主義、效益主義、柏拉圖主義、存在主義、實用主義等等[46]，再不然就是各種「學」，例如現象學和義務倫理學之類。印度哲學也會直接列表陳述正統與非正統各有什麼學派，包括正理論、數論、瑜伽、吠檀多不二論、佛學、耆那教義、順世論、正統派等等。思想被切割為各式各樣不同立場的主義學說來一較高下。

可是被放進這些類別的哲學家未必都符合描述。理性主義與經驗主義是極為常見的區別，教科書會說經驗主義者相信知識來自人類對世界的經驗；理性主義者相信不用透過觀察，只要運用理性就能發現很多真理。如果根據這些標準，接下來敘

46. 譯按：作者還提出同為 -ism 結尾的 Confucianism 與 Daoism（儒家思想與道家思想），但中文慣例並不稱為儒家主義或道家主義。

述的兩位大家很熟悉的哲學家，各自屬於哪一個陣營呢？

哲學家甲，觀察到感官常常欺騙我們，採取質疑一切的立場，也研究人體解剖，曾以圖示解說火焰如何刺激神經末梢、熱感如何傳遞到大腦。他主張所有確切知識的基礎是察覺自我，因為只有這個觀察絕對不會虛假。

哲學家乙，主張我們不能從事實陳述跳躍到價值陳述，結論有「應然」但前提沒有「應然」的論證無效。他還主張我們對因果關係的信念並非奠基在對真實世界的因果觀察上，並認為只有思考「觀念之間的關係」才有可能得到確定性。換言之，真理是邏輯性而非經驗性。

避免壁壘分明的思維模式

畢竟是刻意透過反差來凸顯前段指出的現象，讀者應該很容易判斷誰是誰。哲學家甲是偉大的「理性主義者」笛卡兒，但我們可以將他描述得像是一個經驗主義者。哲學家乙是以經驗主義聞名的休謨，但同樣可以敘述成理性主義者。不可否認我針對寫作需求篩選他們的經歷，但挑選的項目並不模糊也不冷門，都是休謨與笛卡兒的主要思想。

當然仔細討論兩人的研究方法就能理解為何一人被歸類為理性主義者、另一人則成為經驗主義者，但著重在這種標籤通常沒有幫助。實務上，兩人都致力理解經驗，也都運用邏輯分析，所以重點應該放在他們是否在正確脈絡下提出正確論證，並因此得到對的結論。

此外，該記住的一點是，這些頭銜標籤大半是後人所賦予，或至少事後才得到確立與重視。多數哲學家在世時只是努力研究，並不特別在意自己屬於什麼陣營。以齊克果為例，人稱他是存在主義之父，但就算這是事實，他根本不可能知道自己創造出什麼，因為存在主義這個詞是他過世後的產物。如果唯物論的洛克和休謨發現自己和十八世紀愛爾蘭哲學家喬治・柏克萊（George Berkeley）被擺在一起稱作經驗主義者，他們應該也會感到很訝異，因為柏克萊明明採取唯心論來詮釋何謂真實。

也有些案例中，標籤不只弄錯時間順序，甚至根本就不正確。濫用最為嚴重的是「後現代」一詞，只要哲學家看似對「真理」這個概念有些許質疑，就能稱之為後現代。很多人說尼采是後現代主義，但他寫作的時代早了這個詞彙整整一世紀。連史蒂芬・平克討論真理和理性為何重要的過程也如此稱呼尼采，讀了總讓我覺得不大對勁。（原注1）除了「後現代」，還有「新自由」、「資本主義」，這些標籤在公眾論述中定義太鬆散，幾乎沒有參考價值。

遺憾的是，當代的哲學訓練時不時就鼓勵貼標籤。學生在報告中通常得針對特定議題採取特定理論，例如從效益主義分析安樂死。這種要求引導學生認為效益主義針對每個主題都會有**一個**觀點，但其實效益主義者彼此之間有很多意見分歧。這種錯誤並不限於大學部，道德哲學家羅傑・克瑞斯普（Roger Crisp）表示：「社會大眾很享受你來我往的哲學辯論。」可是這種心態導致多數人選邊站，將不同意見視為競爭對手。「看到期刊文章也都採納這種區分，好像每個陣營都能達到共識，我真的會覺得憂心。」

當代英國政治哲學家喬納森・沃爾夫（Jo Wolff）指出，方法論的原則並不支持意識形態的侷限：「一般而言，只要一個人夠聰明，針對某個主題想得夠久夠努力也夠深入，然後組織出一套連貫的思想，就不太可能真的錯得一塌糊塗。」他解釋，「最常見的錯誤反而是只掌握一部分道理就覺得自己什麼都懂。」

譬如我並非馬克思主義者，但如果否定馬克思也有真知灼見，那傻的就是我自己。我也不是新自由主義者，但不代表我就該對市場效率的討論不屑一顧。然而，人類觀察世界時很容易沉迷在特定的一種模式，想將所有東西都套用同一種濾鏡。

一個例子是伊恩・麥基爾克里斯特（Iain McGilchrist）出版了《主人與使者》（*The Master and His Emissary*），書中將人類歷史的許多發展歸因於大腦左右兩半功能不同，這套理論流行以後，彷彿作者是主人、大部分讀者成為使者，不知道多少次有人興沖沖告訴我左右腦差異能解釋幾乎所有現象。（劇透一下：沒這回事。）麥基爾克里斯特那本書內容沒問題，但不代表就是完整真相、無所不包的終極理論。得到類似待遇的還有肖莎娜・祖博夫（Shoshana Zuboff）的「監控資本主義」、諾姆・杭士基指出國家政府會製造共識、娜歐米・克萊因（Naomi Klein）的「災難資本主義」、湯瑪斯・皮凱提（Thomas Piketty）對資本所有權和貧富不均的理論。它們都對某些現象提出一部分的解釋，但沒辦法用來解釋整個世界。

之所以該避免壁壘分明的思維模式，另一個理由是它們變相鼓勵競爭，但通常看似矛盾的雙方攜手合作時容易產出最豐碩的成果。觀念史學者喬納森・以瑟列很贊同巴西裔以色列語言學暨哲學家馬塞洛・達斯寇（Marcelo Dascal），馬塞洛主張：「從歷史與經驗來看，在辯論脈絡中形成的概念，傾向針對探討主題挑起態度極化與二分法。」他認為思想的重大突破發生在偉大心智找到辦法「超越辯論框架並消弭衍生的僵固二分法與極化心態」。

破除二分法需要「軟理性」，也就是試圖「軟化造成非黑即白的僵硬邏輯」。如果二分法沒有僵硬到需要軟化會更好，因此我個人主張「主義主義」（Ismism）：合理抗拒過度依賴各種意識形態。依附任何觀念都應該小心謹慎並保持批判。

將所有想法硬塞進一個意識形態是不好的，但我們也很難讓想法停在空白之中毫無串連。信念彼此支撐，這個結構應當盡量保持一致性，最好沒有任何部分感覺勉強。系統化程度太過會有壓迫感，太少則會另人覺得雜亂無章。

二十世紀英語哲學圈就值得借鑑：瀰漫質疑大型抽象體系的氣氛，結果卻又過度倒向另一側。「在牛津的時候，」約翰．瑟爾憶當年，「『瑣細』（piecemeal）變成稱讚了。」其實不難理解，就哲學史來看，體系的複雜度及其規模大小似乎與令人信服的程度成反比。即使康德這樣優秀，但我想他那套拐彎抹角又龐雜的「體系論」、各種分類及判斷表格沒有得到太多重視。史賓諾莎與黑格爾發展出的成熟形上學體系同樣迴響不大，卻不影響他們的地位。

但誠如蕾貝卡．戈德斯坦說言，哲學家的想法有統整性。「例如丹尼爾．丹尼特有自己的一套哲學觀，與湯瑪斯．內格爾（Thomas Nagel）有明顯差距，不難從他們對一個話題的看法推敲出其他方面的立場。」回顧所有偉大哲學家，他們的想法都能夠組織成前後連貫的風景。「休謨有大致一套理論、洛克有大致一套理論，連柏克萊也能說是有自己的一套觀點，」約翰．瑟爾補充：「所以我想，在知識層面上，我們不可能滿足於零散的資訊和理解，一定會希望全部串起來。」

瑟爾說得沒錯，我們需要警惕的是別將不相關的點連起來，明明沒有把握還硬要擠出完整的解釋。伯納德．威廉士從未落入這樣的誘惑。他回想「我的哲學被人說過最好聽的話」，就是「很有解放性，能讓人跳出框架，不再認定每個東西都要彼此相關」。所以即使威廉士的哲學觀沒有將很多點串成線，卻成功幫助許多人察覺自己的線畫錯了。

二十世紀的哲學圈強調瑣細，一個幕後因素是西方社會整體風行所謂的還原論（reductionist）。還原論造就科學的勝利，自然被拆解為最小單位加以理解，其他學術看到了開始仿效。可是還原論就算在自然科學也有其極限，很多新興領域終究轉向系統的複雜度。

在哲學與非自然科學的領域內，還原論排擠了整體論（holistic）。（「整體」一詞常伴隨替代醫學與假靈性之名的話術出現也是幫凶。）瑪麗．米雷與艾瑞斯．梅鐸這兩位哲學家並沒有掉進陷阱。米雷說：「我想艾瑞斯和我有同樣想法，覺得最重要的是看清全貌，因為『X就只是Y』這種自欺欺人很常見。」她並不否認「某些情況只注意Y有很好的理由」，問題是在許多情況下，不只注意Y也很重要。還原論者提出的解釋不僅容易以偏概全，還傾向高估單一解釋的效力。每個理論都有對應的範圍和侷限，即使物理學上所謂「萬有理論」（theory of everything）也不真的能夠解釋世間萬物，放到生物學、氣象學、心理學不管用，倫理或藝術就更不用說了。

目前最極端卻又最盛行的還原論就是科學主義（scientism）。亞歷山大・羅森堡（Alex Rosenberg）將科學主義定義為：「對科學發現具有誇大的信心與不合理的信念，認為科學方法可以解答所有問題。」從定義能看出這個詞常帶有貶義，所以也很少人將它往自己身上貼。但羅森堡卻是例外，他希望重新打造科學主義，賦予正面形象：「如果拿掉『誇大』、『不合理』這種形容，我就願意為科學主義背書。」他確實相信「科學方法是獲得可靠知識的唯一可靠途徑」。換言之，無法以科學方法檢驗的信念就不能稱為知識，只能當作意見。道德與美感只是個人好惡的表達，政治只是社會運作的實務工具，生命的意義本身沒有意義。從科學主義的角度，絕大多數哲學只是空洞的文字遊戲。

提出有意義的問題

科學主義對人類理性的詮釋貧瘠而狹窄，成立前提是偷渡一個不合理的要求：

理性只能建立在最為客觀、最能接受驗證的事物上。科學主義嘗試為道德找到客觀事實作為基礎但一無所獲，於是全盤否定了道德論述。問題在於，對人有意義、人能思考的事物，為何受限於一眼可見的事實？這種主張本身其實也沒有奠基在事實上，「唯事實而已」是價值陳述而非事實陳述。

科學主義還淡化非自然科學領域內的事實。道德不是自然科學，但也不僅僅是意見。人種在生物學分類上沒有多大意義、男女兩性智力應該相仿、動物也能感受痛苦、受精卵沒有中樞神經系統、經濟政策會造成很多影響，這些都是事實，也都具有顯著的道德意義。道德或許不像科學那樣容易套用理性思考，但不代表它處於理性思考之外。

也不是每個擁護科學主義的人都拒斥道德，像神經科學家山姆・哈里斯（Sam Harris）就持不同觀點。他認為道德可以完全建立在科學上，只要大家都同意人類幸福感（well-being）很重要，神經科學遲早能夠解答如何達成幸福感的最大化。這種觀點實在太過簡化，當作論述基礎的人類幸福感就不屬於自然科學領域，科學從未告訴我們生命中什麼重要。即便我們跳過這一點，哈里斯描述的共識也並不存在。派翠莎・徹蘭就針對他的觀點指出：「該說太樂觀還是太悲觀呢，端看個人立場。即使同一個文化、同一個家族內，不同人也對自己的幸福感有不同想法，就像有人喜歡隱居山林、狩獵農耕，也有人無法接受都會區文化熔爐以外的生活方式。每個人對幸福感的元素會有很大差別。」

科學主義與所有還原論一樣，成功將點串連起來的方式是大幅削減希望達成的連結數量，僅選擇相似且相近的點進行處理。比較起來，全面性的連結當然困難很多，必須搆到位於遠方、性質差距很大的點，而且連線自然帶有試探性，比較弱也比較容易斷裂。

理論應該建構在事實上，這一點科學主義並沒有說錯。可惜的是，多數人以自己認為的事實去撐起想要的理論。沉迷於特定理論就會讓人變得盲目，無視反面的經驗證據。畢竟理論單純而純粹，即使明顯無法應付紛亂複雜的現實依舊誘人。

我記得多年前有位自由意志主義的政治哲學家向我保證自由市場不會失靈，因為經濟學家路德維希・馮・米塞斯（Ludwig von Mises）證明了自由市場的成功有先驗性質——也就是從純粹邏輯角度看必然成立。馮・米塞斯認為經濟學是「人類行為學」（praxeology）的一環，具有「形式與先驗特性」，所以「先於任何概念與經驗的實例」（原注2）。倚仗這種無需證據的確定性，自由意志主義者預言經濟如何強大：不做任何規範的自由市場是為人類創造繁榮幸福的最佳機制。

儘管仍有不少自由意志主義者崇尚馮・米塞斯，這幾十年來他的光環衰弱不少，因為大家都發現古典經濟學對真實的人類行為沒有足夠的預測力。經濟學家即使不情願也都得接受事實，人類終究不是毫無情感的計算機，永遠按照所謂的最佳利益做決定，而是會受到各種慾望、偏見、價值觀左右，無論是好是壞。這也就是股市為何瞬息萬變，有時集體的非理性繁榮（irrational exuberance）心態導致交易者都認為經濟成長永無止境，也有時候反過來刺激了恐懼造成賣壓和撤出。

理論歸理論，最終要基於證據和經驗做判斷，這件事說起來容易，做起來卻不簡單。有些人真心認為自己一路跟著證據推導出理論，最後還是更偏袒理論而不是作為根據的觀察結果。換個方式來說：觀察導出理論，結果人類比較相信理論，而不那麼相信觀察。

新冠疫情期間就出現這種有趣現象。很多政府急著讓防疫政策生效，於是想藉助行為科學分析各種限制會造成什麼後果。二〇一〇年就設立「行為洞察小組」（Behavioural Insights Team）的英國政府一再拖延或解除封城，理由是專家認為國民不會遵守禁令。二〇二一年六月衛生部長馬特・漢考克（Matt Hancock）才承認：「當時科學意見清楚表明政府需要提出封城之類的規範手段，但封城代價會立刻顯現，最重要的是，當時專家認為國民能忍受的時間有限。」也有人引用心理機制的研究證據作為解釋，其中包括「樂觀偏誤」（以為生病的都是別人不是自

己）、「抗拒心態」（被命令不要做反而更想做）、「行為疲乏」等等。（原注3）

但事實上，民眾願意配合限制自身行為，在民調中，封城措施的支持度比政府內部聲稱的高很多。英國政府很奇怪的執著於一個「先驗」立場，從而認定人民對自由的需求是什麼。

後續爭論包括是行為科學分析錯誤、政府詮釋錯誤，還是兩邊都有犯錯。（前面提到的「行為疲乏」似乎是政府官員的自創詞，教科書或行為洞察小組的文件裡都找不到。）（原注4）無論有何內幕，整個事件就是警訊：急著得到結論，人就容易附和所謂有證據支持的理論，忘記也得考慮證據是強是弱。此外，又一次，我們看到人常常不注意當前問題與過往經驗之間有何異同。行為科學還是新領域，不適合當作在前所未見的情境下預測大眾行為的權威。然而，當時需要資料，而行為科學似乎是唯一來源，於是它被賦予太高分量。

前面已經提過，雖然我們要從過去學習，但注意力要同時放在前例與當下的情況。最要緊的兩個問題是：有沒有真正的前例可循？前例與現在面對的情境有沒有重要差異？回答這兩個問題時必須留意世界極其複雜，我們不該假設自己能輕易辨識出重要規律。

後來我認為，就倫理學而言，理論造成的妨礙會大於幫助。多數人的態度是：

判斷何為道德正確之前，必須先決定最高道德原則，然後才能將之套用在眼前的情境。但我反對這種假設。效益主義者會問：什麼行動能為最多人達到最大的幸福？崇拜康德的人會問：在各種可能選項中，我能否有把握地確認哪一個是同樣狀況下任何人都適用，而不單單適合我自己的？儒家思想則會問：是否做到了己所不欲勿施於人？

這種將理論套用於個案的「應用倫理」討論下去沒完沒了，尤其回到現實世界必然失敗，因為大家連採用哪一套理論都無法達成共識。所以珍妮特・雷德克里夫・理查茲說：「我覺得最沒用的事情大概就像是，跟醫生說你支持康德就這樣做、你喜歡效益主義就那樣做，何況康德主義者和效益主義者他們自己有沒有共識都很難說。」所謂應用倫理做法如同羅傑・克里斯普所言：「通常切入正題以後會發現共同點比想像中多，」而且大家「很容易得到同樣結論。譬如環境倫理上，多數人都認為人類不該照現況破壞環境，而且會提出各種論證主張我們應該停止這種行為。」

喬納森・沃爾夫認為不要過分傾向特定倫理理論還有個理由，就是不同理論指出不同的道德重點，有些著重繁盛，有些著重權利，有些著重選擇，有些著重社會關係——這些全都是該考慮的面向，沒有誰先誰後，想要全面性理解倫理「必須將這些都納入考量，然後就會得到複雜混亂的理論」，他表示，如此一來：「或許會造成麻煩與混亂，但我並不覺得應該因此拋棄任何一項。」

道德理論幫助我們提出有意義的問題，例如：我有權利這樣做嗎？我是否造成沒必要的損害？我承擔了自己的責任嗎？公平公正嗎？然而，這些問題的真正功能是幫助我們集中注意力，想要解決問題仍需要各方面通盤考量。

認清這點的哲學家之一，就是瑪麗・沃諾克。她為英國政府主持過一九七〇年代的身障兒童及青年教育調查委員會、一九八〇年代的人類生育及胚胎學調查委員會，是哲學家對公眾生活及政策做出實質貢獻的典範。「我還是認為，即使以學術性的道德哲學而言，瞭解實際面對的狀況非常有價值。」她說：「如果要有個名字，就叫做情境倫理學好了。」

情境的重要性與影響力可以用是否開戰當作例子。這是很少見的倫理學討論，因為出乎意料大部分人對原則形成了共識。所謂的「正義戰爭理論」（just war theory）其歷史淵源是天主教和伊斯蘭教，如今已經世俗化。戰爭的道德正當性分為兩大面向：「開戰理由」（*jus ad bellum*）及「正確的戰爭行為」（*jus ad bellum*），雖然不同版本的細項會有些許差異，但有幾條基本原則共通不變。開戰理由是否成立取決於戰爭是否為合乎比例的回應方式、目的與動機是否合乎公平正義、戰勝機率是否合理、主導者能力如何，而且應當是不得已的最後手段。確定發動戰爭以後，正確的戰爭行為的三項檢驗標準是攻擊目標要合理、武力規模必要且合乎比例、戰俘得到公平待遇。

我們很難反駁這些質疑，卻很容易質疑它們是否在每個個案中都成立。一方口中的起義革命，是另一方口中的恐怖組織；這國聲稱合乎比例，卻被那國視為反應過度或者姑息養奸。戰爭是最後手段的情況也很少見，卻可以主張是最後的**合理**手段，因為再拖延下去可能風險太大、衝突太過血腥，抑或是不具正當性的陣營反而會獲勝。

直覺、猜測、想像力都是理性的養分

二〇〇二年我在《新聞挖挖挖》（*Making Sense: Philosophy Behind the Headlines*）書中，以第二次波斯灣戰爭為例解釋正義戰爭理論如何幫助大眾判斷戰爭之中的道德問題。當時我刻意避免過多政治修辭，主要呈現支持與反對的論證，並且在那章最後一段提到：「從理論考量前進到是否支持戰爭，需要知道各個選項會帶來什麼威脅、風險、動機、後果……此時哲學家也必須退場，最後判斷交給其他人。」

二十年後的今天，我讀起來覺得自己似乎主張道德理解是從理論層次出發，提供證據是獨立作業，而且誰來都可以。現在我認為不對，針對具體事件的道德理解，從最初就應該要重視實際情況，「先確立原則再套用」的道德理解模式從根本上就錯了，而且錯得很危險。

在《新聞挖挖挖》書中，我並沒有對第二次波灣戰爭做出明確的道德結論，因為當時覺得不能妄自尊大，目標不是道德批判，而是提供讀者自行得出結論的工具。另外，我也是想避免哲學訓練常造成的過度自信，就像雷．蒙克留意到羅素多次對政治發表天真見解：「羅素會自以為是地說，『最困難的部分我已經想通了，下一任美國總統誰來當是很簡單的問題。』學他那種態度沒有好處。」

問題是我並非只是虛心，而是真的沒有明確結論。相較於社交圈裡其他人強烈反對的態度，我倒是認為正反兩面論述勢均力敵。回顧當時情況，我認為原因之一是很多反戰理由從哲學來看很薄弱，卻得到我太多關注——我忙著找出反戰論述的缺失，卻不去看裡頭幾個關鍵主張。這是哲學訓練的副作用，力氣用在尋找漏洞與弱點，忘記自己也需要建立良好的論證，加上質疑主流也是哲學專業養成的反射性思考。

現在我認為與其思考正義戰爭理論再加以套用，不如一開始就直接檢視已知的事實。一個理由是戰爭評論家會刻意淡化許多不光彩的真相，譬如薩達姆．海珊是血腥獨裁者，與鄰國激戰也曾經侵略其他國家，伊拉克在一九八〇年代有過生化與核子武器計畫，他也在一九八〇到八八年的戰亂中對伊朗、對自己國內的庫德族和馬丹族（沼澤阿拉伯人）使用過化學武器，因此其他國家本來就該合理懷疑他還藏有生化武器。再者，他也多次刁難聯合國的武器檢查人員，是地球戰火最旺地區中最不穩定的因素，讓他繼續在位是極大隱憂。

另一方面，從歷史可以發現戰爭總是製造大量傷亡，戰後想要建立和平的民主政權難度非常高，若當地原本就沒有具規模的民主制度，加上內部分裂，問題就更不在話下。換言之，開戰必然導致災難結果，但不開戰也是放任悲劇持續而已。

我們可以將這些資料放進正義戰爭理論的框架，分析海珊的侵攻行為是否為戰爭提供合理背景、戰勝機率是高是低等等。這些細節或許都很有幫助，分析本身就是集中注意力的強大工具。但是追根究柢並不需要理論或複雜的道德論述也能知道戰爭多危險、代價多高，對美國及其友邦是沒有必要的賭博。

過分在乎理論反而會模糊掉這個簡單道理。比方說，有些理由總是能在正義戰爭理論中成立，對抗暴虐統治者是正義的、在聯合國通過決議案、參戰者都是民主國家且師出有名、聯軍盡可能不波及平民百姓並遵守日內瓦公約等等。至於獲勝機率，美英兩國政府有信心，當時大家也認為他們的情報能力最頂尖。

在我看來，二次波灣戰爭就是一個血淋淋的例子，證明了道德理解可以從事實出發並以理論進行輔助分析，而不需要先提出大原則才套用到現實世界。理論優先的做法轉移了焦點，但事物的實際狀態才是第一順位，我們的標準和立場不應該喧賓奪主。

有時候我們試著將腦海中的拼圖組起來，一直想一直想一直想卻總是碰壁。有沒有可能是我們想太多了？如果這裡所謂的想，意思是有意識且按照步驟的分析，那麼答案是：確實有可能。思考要清晰，就必須注意思考引擎是否得到適當的潤滑，最明顯的就是適度運動、充足睡眠、不要長時間酒醉和宿醉。

思考需要的不只是腦力，這點梅森．柯瑞（Mason Currey）在他有趣的作品《創作者的日常生活》（*Daily Rituals*）中透過一百八十一位藝術家和知識分子得到清楚體現。受訪者個個不同，但絕大多數都保持生活規律，而且一天只工作三到五小時。給心靈放空或遊蕩的時間似乎是關鍵，所以我也學會早上忙了幾小時以後，去散散步或喝個咖啡不必有罪惡感。寫完這段我正要去。

書中內容也反證了藥物和酒精能刺激認知能力這個浪漫說法。例如傑克遜．波洛克（Jackson Pollock）酗酒嚴重，但他最棒的作品出現在相對清醒的時期。雖然很多人覺得透過藥物酒精得到亢奮時能參透什麼道理，但其實只是在當下聽起來深奧玄妙，並不真的有什麼意義。迷幻藥能給人帶來強烈的連結感，彷彿和宇宙萬物融為一體，但這種感受無法轉化為具實用價值的知識。儘管有少數例子是用藥激發偉大靈感，但我們不該認為藥物有助思考是個常態現象。藥物**偶爾**對思考有益並不是作用在理性，而是刺激直覺與聯想之後開啟更多可能性。釋放想像力不會取代理智，新想法出現後反而更需要理智的測試和打磨。創意本來就依賴想像力多過於理性。

這種想法來自何處通常就是個謎團。阿根廷小說家吉耶摩．馬丁尼茲提出疑問：「比方說，在數學上找到一個定理，或者小說故事進入腦袋，這到底是一瞬間，還是一步步的過程？你覺得會不會有些靈感其實背後藏著推理？」即使我們努力思考，答案常常像是莫名其妙忽然蹦出來。我想很少有人覺得結論來自演繹步驟，而是反過來**先**有想法，**才**認為得到良好論證的支持。這代表想要思考進步，不只要學習位於心智前景的分析技巧，也得塑造利於心智在背景運作的種種條件。

哲學家吉娜維芙．洛依德（Genevieve Lloyd）則認為「理智與想像力的運作密不可分」，因為理智「包含對於接收到的思維模式進行批判反思與轉換」，而要想出別的可能性就需要想像力。

有時候以無關理性，甚至非理性的方式點燃想像力，也是合理推動理性的辦法。人本主義作家菲力普・普曼（Philip Pullman）透過筆下高度理性卻會參考《易經》的科學家角色瑪麗表達這個有趣見解，他跟我說他自己並不真的相信易經、塔羅之類占卜能勘透真相，但「我認為用處在於隨機產生一套說詞，藉此釋放人類心靈中屬於創造力而非理性的部分，發現原本看不到的角落」。

普曼還表示瑪麗這個角色「聰明得不會被理性綁住」，這句話非常有道理。或者換個方式說：理性能夠運用的範圍並不限於純粹的理性，直覺、猜測、想像力都能成為理性的養分。

如何見樹又見林：

- ■留意各種「主義」和「學」，雖然它們是很棒的分類工具，但並非知識本質上的區別。
- ■理論符合事實，而不是事實配合理論。
- ■對於倫理理論要多一分質疑，不要輕易將之套用在真實世界。掌握狀況細節為先，理論與原則只是思考的輔助工具。要從現實角度檢驗理論內容和其侷限。
- ■真相之中會有特別重要的部分，但它們不代表全部。
- ■試著鬆綁而非增強僵固的兩極化立場。
- ■相關的點才能連成線，不要製造虛假連結。
- ■不要僅針對事情的一部分進行分析，尋求完整解釋全貌的答案。
- ■避免科學至上，「只有科學是真理」這個說法本身就是不科學的自相矛盾。
- ■善用想像力得到新的發想，培養直覺對理性分析也有幫助。
- ■給心智一些時間休息、漫遊，潛意識有它神奇的運作方式。

第十二章　持之以恆

通過錯誤才會找到真理！我犯錯，所以我才是個人！沒有十四個錯誤，甚至一百一十四個錯誤，怎麼可能達到真理。

——杜斯妥也夫斯基，《罪與罰》

恆心毅力是廣受稱頌的美德，熬過失敗終於成功是大家耳熟能詳的故事類型，哲學界也有這樣的例子。大衛．查莫斯與安迪．克拉克的一篇論文遭到主流期刊退稿三次才獲得《分析》（*Analysis*）刊登，他們提出的「心智延伸」也成為心智哲學領域的熱門話題。

在思考層面上，恆毅也是一種美德，但原因並非它能帶來最終的勝利。其意義反而在於即使得不到解答，也願意堅持動腦思考的生活方式。對於智人而言，思考不只是達成目的的手段，還展現了人之所以為人的獨特性。

二十年前喬納森．里伊講齊克果的時候，就對這個道理做了精彩的詮釋：「重點不是當個哲學家，而是**變成**哲學家。」我常常忘記這段談話中的其他細節，只對這種精闢見解留下深刻印象，就算和主題沒什麼關係。里伊那句話觸及哲學思維的根基：思考是活動、是過程、是有方向的旅程，而非目的地。覺得自己走到盡頭、全部想通了，實質上就是放棄，假裝自己完成了不可能的任務。

如果人無法到達終點，只能走在成為哲學家的道路上，那麼就如安東尼．克利福德．葛雷林所言：「自稱哲學家是狂妄，別人倒是可以這樣稱讚你。」也就是說，「還是有很多真正的哲學家，過著充滿哲思的生活。他們未必研究或傳授哲學，也不一定走進過大學。」反觀某些以教授哲學為業的人，他們可能完全不是哲學家。

學習哲學家的思考模式，也就是持續走在成為哲學家的道路上，必須堅持不懈，不停提出問題也不能安於現狀。這種描述聽在某些人耳裡可能非常痛苦，但「安息」這個形容是有道理的，不安逸才叫做活著。

從前面章節我們可以發現，哲學思考永無止境但常常都在解決困惑，很多信念獨立出來有道理，擺在一起就相互牴觸。思考過程不會結束也是因為困惑，而非站在原地等著被處理，努力思考的途中會創造新的困惑。西蒙．克里奇利說：「哲學應該是在大家習以為常的地方培養出矛盾。」所以回答一個問題卻製造兩個新的問題沒什麼好奇怪的。

困惑不只會發芽成長，許多哲學家還認為某些困惑生成之後是沒辦法解決的。康德闡述了四種「二律背反」（antinomy），也就是為了瞭解終極真實必然遭遇的矛盾。人類總是想相信宇宙有終始**卻又**無窮盡，所有物體都能化解為最小單位**卻又**都是複合物，萬事萬物皆有因**卻又**有事物獨立於因果外，宇宙中有一個絕對必然**卻又**沒有任何絕對必然。湯瑪斯．內格爾認為自由意志與客觀宇宙無法結合，我們只好採用「雙重觀點」，時而對自主有信心，時而自視為宇宙機器的一個小齒輪。柯林．麥金（Colin McGinn）認為意識永遠無法得到完整解釋，每個物種的理解力都有極限，就像貓不會理解加密貨幣，人也不會理解意識如何產生。

丹尼爾．丹尼特則有不同看法，他認為至少某些問題哲學界朋友放棄得太早。「我聽到某些人說問題不會有答案，第一個反應是猜測他們自己希望沒有答案、保持原狀……有時候很明顯，意識的問題就是個例子。麥金和福多的意思就是，『這沒答案，大家可以去打球了。』」

發現錯誤是哲學的價值

判斷自己的思考是否走進死路也是重要技巧，有時候我們必須承認失敗，但多數情況下面對無解的最佳回應並非徹底放棄，而是不要一再重複已經失敗的方法。撞牆有兩種可能性：一個是牆壁沒有自己想像的那麼硬、那麼高、那麼厚，單純是還沒找到穿過去繞過去的辦法；另一個則是可以稍微後退再另闢蹊徑。停滯不前未必是不該繼續思考，常常代表思考方向錯誤而已。

只不過我們常常沒辦法得到一個俐落又完整的解釋。有些答案表面上過得去，偏偏無法回答所有疑問、填補所有空白。道德思考常有這種現象，許多事情不是非黑即白，於是造成大家挫折。但托馬斯．斯坎倫說：「想要研究認真的哲學，就必須對挫折感和不完整有足夠的忍耐力。如果能夠輕易解答，就不會變成哲學問題了。」德希達也說過：「簡單的事情大家又何必討論。」

有時候無論我們的批判性思維技巧多純熟，也無法得到答案。偉大哲學家逃不出這個窘境，或者說他們遭遇得更頻繁。大衛・休謨就在書中提到，因為他發現「人類理性有諸多矛盾與瑕疵」，這個「強烈主張」導致「大腦發熱，想要排斥所有信念與推理，不去在乎觀念之間的真偽」。還有他「對這些問題深感疑惑」，想像自己「處於可以想像到最可悲的境地，心靈蒙上最深沉的黑暗，徹底失去了思考能力」。（原注1）雖然休謨留意到「理性不足以驅散這些陰霾」，但所幸「自然世界就是最佳的解藥，療癒我哲學上的鬱悶狂亂」。回歸生活能夠減輕焦慮，「我繼續吃、繼續下棋、繼續和人聊天、繼續與朋友取樂，經過三、四個小時休息再回頭看看自己種種猜想，如今竟是如此冰冷勉強可笑，一點也提不起勁了。」生命不會等待我們找到答案，也不需要那些答案。

但有人不想停留在不確定性之中。科技幫助人類精準測量，結果虛假的確定性和精準度也開始橫行。從來沒有證據證實每日剛好一萬步能促進健康，可是許多人卻相信並努力計算步數。可可黃烷醇（cocoa flavanol）或許真的「有助血管內皮細胞舒張並促進正常血液循環」，但我們真的要相信歐洲食品安全局說的一天兩百毫克嗎？（原注2）手機上的氣象應用程式有接下來好幾天的預測，但大家不都知道會一改再改，只能到時候見真章？在這些案例裡，精準度是假的，營造出虛幻的確定感，不那麼精準卻反映了不確定性的忠告反而更有實際幫助：多活動、可以的話適度攝取黑巧克力，然後留意今天和明天是不是有降雨機率。

可是面對現實很難。心理學家研究發現人類就是喜歡確定感，甚至在坦承疑惑與展現信念的人之間也傾向信任後者。伊莉莎白．羅芙托斯就指出，多數人的判斷是本末倒置，比方說法庭上證人述說證詞時很有信心比較容易被接受，問題是信心根本不代表精確。而且這個偏誤很難克服，像我明知道心理學怎麼說，也排斥傲慢和過度自信，但遇上表達觀點具有絕對信心的人依舊很難去懷疑。指責別人不誠實或有天大的誤解是非常苛刻的事情，我發現接受對方說法會使自己內心舒坦很多。

人類除了受到確定性吸引，也本能排拒不確定性。很多時候我們抓著自己不真正想要的東西不放手，背後原因是改變伴隨著風險。「喜舊厭新」通常是合理的謹慎，但也反映人類對不確定性存有缺乏根據的偏見。舉例而言，要辭職還是要堅持下去？辭職通常會帶來難以預料的生活狀態，留在原位則很好規畫。倘若工作不算差就構成按兵不動的理由。但如果你真心討厭目前的工作，除非那份不確定性有可能造成難以挽回的後果，否則有什麼理由不辭職？答案通常就只是前途未卜令人恐慌。這種對於不確定性的恐懼太過度，哲學或許能夠發揮一些治療作用。哲學雖然會提供答案，但通常並不確切，反而更擅於教導人如何與不確定共處，接受缺乏最終答案與完結的狀態。

傾向確定性和精準度恐怕還是與個人性情有很大關係。但人都能轉變。希勒瑞・普特南受到確定性吸引，卻有足夠智慧不被左右。他不喜歡「維根斯坦派對哲學加諸的限制」，可是他也說維根斯坦很多「對人類思維陷阱的批評在我看來十分正確」。思維陷阱可能源於「誤信任何事物都具有系統性」，他稱之為「哲學家的**必然**」，而抗拒思想必須理路井然也促成他對脈絡敏感的強調。真正的思路清晰必須重視每個狀況或現象的獨特細節，講求確定性則容易演變為追逐一體適用、無所不包的大理論。

斯圖爾特・漢普夏爾（Stuart Hampshire）也同意這點，他談到邏輯是一種「收斂推理」，意思是「任何能瞭解主題的人都會接受推導得到的結論，僅此而已」。比方說：「羅素在自傳提到讀歐幾里得好像忽然進入心目中的完美世界，因為結果都能證明，沒有爭論。」問題是，「現實問題從來不會『僅此而已』，能實際運作的想法都是可能出錯的想法，必須要承擔風險。我們可以盡力，但盡力不一定就會做對，也有時候連怎樣叫做對都是個模糊的概念。」

從很多例證能看見渴望確定性、普世有效性、涵蓋所有結果的超級原則最終會淪為狂想。以科學哲學而言，幾乎所有科學家都同意「科學方法」這個描述包括了科學家真正在做的事情。「我很懷疑科學方法上真的會有一應俱全的理論，因為科學就是講求理性，」物理學家艾倫．索卡爾說：「而理性就是不斷去因應前所未見的狀況——如此說來，要怎樣制式化？」自詡能夠完整制訂科學方法的哲學家沒能認清的是「世界極度複雜」，只是一味強加主觀想法在科學家身上，結果「太多形式邏輯，卻太少去理解科學家實際上到底在做些什麼」。

還有些人對於運用了理性卻留下這麼多不確定、這麼多空白會感到失望。他們以為原來啟蒙只是夢想，現實依舊昏昧。不過幻滅常常起於期待過高，葛雷林就提到許多人一開始就假設錯誤，以為「既然理性這麼棒，一定會有完美答案」，於是面對顯然不完美的結局就逆推出理性其實沒那麼棒的結論。「我覺得這是個誤會，」他以在英國彼此競爭的天空衛視和英國衛星電視為例。天空衛視的技術明明比較差卻得到較高市占率，這並不是因為消費者不理性，因為除了科技效率之外，還有很多因素應該納入考量，像是價格、節目表、投資報酬率等等，推動這些考量的還是理性。「理性選擇是名單上第三好，甚至第十好的情況很常見，」葛雷林解釋：「這仍舊是理性思考的結果，而且多半比起單純強者勝出或隨機決定要好得多。」理性並不保證最好的決策和結果，原因之一就是運用理性的是人，而非完人。但無論如何，理性終究是我們理解世界的最佳工具。

另一個矛盾是，有時候我們瞭解越多卻覺得越沒有道理可言。記得幾年前我針對自己講自由意志的書上臺演講，第一個提問的人起身就說：「今天晚上過來是希望更瞭解自由意志，但聽完你演講以後我卻更不懂了。」或許我講稿寫得太差勁，但即使我寫得好，他恐怕還是會有同樣疑惑，而我的回答同樣會是好的解釋。我告訴他：大家坐下來用力思考之前，通常都只有模糊不清的觀念，之所以覺得合理是因為沒有深入探究，所以才沒能看出其中有什麼缺陷和矛盾。處於這種缺乏反思的朦朧思維中，我們會覺得自由意志顯而易見，每個人都有。就像知識與信念不同，我們也都能分辨差異。可是一旦開始思考、開始放大檢視，會忽然察覺事情遠比我們先前以為的要複雜許多。換言之，**清晰度帶來複雜度**，這也代表至少初始階段會有更多困惑。

理想狀態下，突破這個階段以後，清晰度就能幫助我們解開原本的悖論和矛盾。但是期待每次事情發展都很理想並不明智，何況就算事態不如預期，清楚的思考還是比較好。我想二十世紀英國偉大哲學家伯納德．威廉士很能體現這個優點，讀完他的著作我常覺得自己比較清楚了，但要是別人問我威廉士的立場到底是什麼，我好像也答不出來。

與威廉士見面時，我說了自己如何描述他的作品，問他聽了會開心嗎？「會啊，」他說：「大概因為我覺得哲學的起點就是發現我們並不真的明白自己的行為與思想。」威廉士著重的是「提出建議與開發可能性，幫助大家理解得更好」。

有些人覺得這個做法太過消極，像他以前的導師迪克．黑爾（Dick Hare）就曾經說：「你把東西都敲掉了，要改放什麼上去？」威廉士回答：「我不會擺東西回去，那個地方不應該有東西。」

我同意威廉士的看法。有些人的埋怨是他們原本想從哲學找到答案，卻衍生出更多問題。這個說法不大公道，思想有進展不必然等於得到正確答案，有時候拒絕錯誤解答並修正問題已經足夠。有一次唐納德．戴維森提起同行朋友威拉德．歐曼．奎因（Willard Van Orman Quine），他表示對方：「刺激我思考一個可能性，就是透過哲學不一定能夠找到什麼是對的，可是一定能找到什麼地方出了錯。其實發現錯誤才是哲學唯一可靠的價值所在。」

思考的苦痛

「釐清是個過程，不是狀態。」雷．蒙克說道：「很好的講課、很好的討論，學生提出自己的疑惑，離開教室的時候腦袋比原本清楚了一點。但不代表整個課程結束了。」

傑西·諾曼將思考連結到詩人濟慈的消極感知力（negative capability）的概念，他形容為「不急著判斷，將主體放在面前，等待輪廓清晰、心智上與實務上能夠處理的時刻」。濟慈原本對消極感知的說法則是「接受懷疑、迷惑、不確定，按捺住不伸手捕捉事實和理由」。如果詩人說的是不要伸手捕捉事實與理由，那當然就錯了，但他的重點在於「按捺」，否則我們會被自己的不安逼得倉促著急而壞事。諾曼補充：「現在誘因多不勝數，從經濟到心理，再再催促我們早點行動……很少人能維護思考的紀律與自主，暫且保持距離。」

清晰與確定——我覺得所有哲學家都在追求其中之一。雷·蒙克以維根斯坦和羅素做對比：

> 維根斯坦最終沒能達成的是澄靜透明的清晰，羅素最終沒能達成的是百分之百的確定。我覺得可以從他們兩人的對比看見自己為什麼研究哲學，是像羅素一樣想為自己相信的事情找到絕對確切的基礎，還是覺得迷惘困惑所以想驅散那層朦朧？

我認為回顧兩種方法在過去兩千年的發展，答案就算不確定也算是清晰了：釐清是比較有效的做法。儘管絕對清晰與絕對確定都無法真正實現，但尋求清晰度會一點一滴有進展，反觀追求確定性則總是讓人失落。雖然口語上會說「越來越確定」，但確定性這個概念沒有程度之分，無法真的確定就叫做不確定，而我們唯一確定的就是有討論價值的確定性並不存在。

要人放棄確定性轉而追求清晰度感覺很悲觀，結果似乎也令人失望。珍妮特．雷德克里夫．理查茲說：「哲學的問題就在這兒。事情弄清楚了就好像有眼睛都看得見。」但意思就是，弄清楚之前睜大眼睛還是看不見，而強調確定性的風險就是真相明擺在眼前我們卻視而不見，反而轉身追尋虛妄幻夢。

追求絕對與確定造成的危害，最嚴重的情境之一是政治。身處政壇的哲學家傑西．諾曼否定「帕斯卡口中的幾何精神（*l'esprit géométrique*），也就是政治觀念自先驗性的理性理念反映在人類行動上」。他將這種想法追溯到柏拉圖在《理想國》裡主張統治者階級「瞭解抽象概念而自成一格」；相對的，亞里斯多德看待政治則以經驗為基礎，認為政治是實務性、解決問題的體制。「然後看看對於政治治理的構想，」諾曼說：「會發現亞里斯多德的方法好得多。」

政治是妥協的藝術，要處理互相競爭的利益和價值，沒有包容退讓和模糊不可能成事。毫無異議的政治會變成獨裁，政府自詡為絕對的公平正義會催生出暴君與災難。

以批判自由主義聞名的社群主義哲學家邁可．桑德爾（Michael Sandel）說：

大家下意識期待一個毫無摩擦的公眾圈，這個想法本身就對民主運作有害，會將某些根深柢固的道德觀點逼到黑暗角落藏起來，每個人都要裝作中立客觀。久而久之，孳生的是仇恨、嘲弄，大家都覺得彼此沒有說真話，也就沒有任何一套觀點會得到認真對待。

追求共識在科學上有價值，但在政治上沒有。一樣是桑德爾的說法：

我不太確定是不是該把共識當作最高宗旨。這是一個多元社會，每個人對什麼叫做好日子、對道德對宗教，對正義與權利的想法都各有不同……我認為我們該做的是盡可能追求社會正義，問題是正義實際上有什麼前提、要尊重什麼權利、何謂共同善都會持續不斷有爭議。

理智的人都明白：正因為人有理智，所以爭執不會停歇。環境哲學家戴爾・賈米森（Dale Jamieson）說：「人有很多不同立場不是因為不理性，有很多不同感受也不是因為感受力混亂。」但這不代表理性對話、嘗試分享經驗毫無意義，「思路還是有好有壞，感受也有程度差異，社會生活就是必須打造共同價值。」眾人能夠交談、傾聽並集體思考的社會才能一同生活，雖然未必事事圓滿，但至少稱得上和諧。

因為察覺到完美並不存在，於是很多作家與創作人士不會輕言作品完成。所謂完成多半只是外界給予的時間壓力，他們不得不交出作品。某些人因為完美主義所以產量相對少但品質高，例如珍妮特・雷德克里夫・理查茲不過寫了兩本書，而且相隔二十一年，但內容都很精闢。德里克・帕菲特（Derek Parfit）一九七一年發表重要論文，過了十三年才出書，續集兩冊更是二十七年後才問世。

菲利帕・福特到八十多歲才出版第一部也是唯一一部著作《天然之善》，篇幅簡短卻字字珠璣，而且她保持一貫虛心態度，自知還有很多值得探究的主題未能全部囊括。譬如她提到：「我不知道該針對幸福和繁榮說什麼，說不定我們真的對幸福有兩種概念，其中一種是惡人也能繁盛，而另外一種不能。」「重點是讀那本書的人得知道裡面還有沒說完的地方」以及「我還想繼續補強」。福特這番話不是自謙而是透澈，所有學者都需要察覺自己不足之處和如何向前邁進。

完美主義也有自己的問題，某些情況即使心知仍有進步空間，宣稱大功告成還是有好處。不過如果每個人都覺得劃下句點代表無法再突破，那麼這個世界會少了很多出色的著作。像大衛．休謨寫了很多書，晚年則是一再翻修撰寫新版，對他而言最終版本並不存在。科學家也將「需要進一步研究」當作口頭禪，甚至咒語不斷複誦。放到哲學界，相應儀式是指出某些問題將會或者應該「另以專文探討之」。身為思想家就得記住我們永遠需要更多想法，「結語」都只是為現在做個結論，而不是終極解答。

不過早結束研究的另一條路，是對自己無法理解的觀念保持開放心態。西蒙．葛倫丁寧認為困惑是他的主要動力：「我發現自己受到無法理解的內容吸引，然後其他人反而因為他們無法理解就不想讀。」所以他極其仔細讀完海德格、維根斯坦、德希達這些思想家的著作，並且「包容其他人不願接受的晦澀」。

這同樣是先前提過的善意理解原則的例證之一。葛倫丁寧表示，「我對這些艱深文字抱持善意，主要因為我覺得這些作者都比我聰明太多。」風險則是**太**善意的話有可能花費過多時間在不值得的地方，葛倫丁寧也坦承「確實有幾次我發現一開始就沒必要忍受」，不過這裡寧可過分善意而犯錯也比棄之不顧來得好，因為無論不瞭解的思想家是否比自己聰明，至少可以肯定他們都是聰明人，覺得別人著作毫無可看處才是不合理的假設。

時間寶貴，我不認為有必要將自己覺得艱澀或不可信的作品放在優先順位，但至少偶爾嘗試一下，確保知識的門窗沒有緊閉。以我自己而言，海德格讀起來有種造作感和無意義的隱晦，可是透過別人的二次詮釋，我卻意識到他某些見解值得自己思考，像是人與科技的關係。而且想必還有我沒挖掘到的寶物。德希達也不在我平日會想接觸的範圍，甚至偶爾會取笑鑽研他著作的人。然而，讀過葛倫丁寧解釋德希達以後，我才終於掌握到他對語言重複的觀點，彼得．薩蒙（Peter Salmon）為他寫的精彩傳記也證實他絕非浪得虛名。

基於傳聞或誇張說法而排斥德希達和海德格的人很多，這種現象頗令人無奈，幸好安東尼．高特列柏就不會這樣說，因為他從多年記者生涯學會最寶貴的教訓就是：「不要徹底信任任何人事物，檢查、檢查、再檢查。」他撰寫西方哲學史時，這個座右銘發揮了很大意義：「我這才發現原來不只是新聞，很多書籍內容也有錯，因為都是從其他地方抄來的。」我們對自己的思考也應該檢查得同樣精細。

然而，現實因素導致我們常常必須為研究計畫或主題劃下暫時句點以邁入新階段。這本書的交稿期限也逐漸逼近，儘管我努力試著將成品塑造成理想樣貌，但即使後半輩子都耗在這上面還是不可能盡善盡美。實務上常常沒辦法保留太多空間，但至少心靈上要能夠做到：即使現在闔上了那扇知識之門，只要我們還記得它，就有機會回頭再次開啟。

一生不停質疑，這樣的日子聽起來辛苦，實際上也不容易。筆調充滿哲理的作家麥可・弗萊恩曾經說：「我這輩子深陷在思考的苦痛，看不到逃脫的希望。」他選了「希望」這個詞很有趣，因為弗萊恩最常被引用的劇本臺詞之一來自《分秒不差》（*Clockwise*）：「蘿菈，問題不在於絕望。絕望我能夠承受，無法承受的是希望。」電影裡希望成了一種折磨，主角空等不曾來臨的救贖。

希望很重要，但希望遲遲得不到滿足就會化作詛咒。如果期盼某一天能解開所有困惑謎團，生命從頭到尾都合理通順，那其實就只是自尋挫折和失落罷了。我們得學著與空白共存，甚至像弗萊恩那樣從中自得其樂。他說過與強納森・本奈聊到生命中最大的喜悅，本奈的答案是「思考的苦痛」。我聽過不少尋求快樂的訣竅，但這種建議絕無僅有。

或許是本奈比較特別。我比較同意雷・蒙克的說法：「哲學不會使人快樂，也不應該使人快樂。哲學為什麼要撫慰人心？」然而，快樂是個籠統說法，如果意思是純粹強烈的感官，那恐怕為時短暫，而且一盤美味點心絕對比康德《純粹理性批判》要來得快速見效。

快樂有時候代表「滿足」，但滿足的意義同樣需要仔細分析。如果將滿足詮釋為飽滿完整，那麼同樣一閃即逝，而且跟努力思考沒有多大關係。但若滿足代表一種已然足夠的感受，我認為透過深沉的思考可以達成，即使最後沒有定論。

不是所有人都得這樣生活。不做太多反思一樣能活得很好。我想生活值不值得，重點在於**投入**。有時候根本無需語言文字，某些人的投入是耕田種地或者持續接觸大自然，其他人的投入可能是社交互動，還有人投入在藝術或工藝的創作。思考只是用力投入這世界的一種管道，能夠開拓心靈視野、以想像不到的方式重新認識世界，解開現象背後的千絲萬縷能讓我們活得更自在。

或許有人覺得這種想法過度樂觀，冷眼底下看到的就是個冰冷世界才對吧？我不認為。對事物瞭解更深、對現實掌握更多，驚奇也會不斷增加。研究基本力量背後機制的科學家多是讚嘆而非氣餒，「每次科學將我們推離中心，都會指引另一個方向，」神經科學家阿尼爾·賽斯這樣說。（原注3）物理學家卡洛·羅威利（Carlo Rovelli）也在書中表示：「每當已經建立的知識開始動搖，甚至被推翻，代表又有空間騰出來，我們能夠看得更遠。」（原注4）

並非所有發現都正面是事實。哲學與科學的不同之處在於尋求標準，我們不只想知道事物的實然，也想知道應然，而這條理想與現實的隔閡就有可能成為失落感的源頭。但我們對此如何反應則是自己的選擇。在法國存在主義中，生命的荒謬造成苦痛、放縱和絕望；英國存在主義卻以此來製造歡笑。我所謂的「英國存在主義」其實是蒙提．派森（Monty Python），他們在電影《聖杯傳奇》和《萬世魔星》中都揶揄生命由某種高層次、超越性存在推動的觀念，凸顯我們或許就只是苟活於世，常常得忍受殘酷與嘲笑。話雖如此，這兩部片可都是喜劇，觀眾笑得出來是因為其實也沒那麼慘。「很多情況下，笑是因為承認我們沒達成理想，」羅傑．斯克魯頓說：「沒有理想的話，就只剩下黑色幽默了。」

做好心理建設，有些問題得不到答案；追求清晰，而不是絕對的確定；不專注於正確答案，而是先矯正錯誤——這些做法都不叫做放棄。沙特說過：「人並不需要希望也能做好該做的事情。」換個方式說，既然生命沒有承諾過我們什麼，我們就按照沒有任何保證的方式去過活。嘗試不必是因為相信最後必定成功，只要相信自己不是一定會失敗就好。

但要人在充滿挫折、迷惘與困難的思考道路上持之以恆做到最好，最有力的論證還是我們**應該**這樣做。理性之中包含「應該」是沒有爭議的共識，面對強力論證就**應該**接受結論。很多人覺得此處的「應該」與倫理學上的應該不是同一件事，我倒不認為。人應該設法增進思考，因為思考進步以後我們就能夠更清楚明白自己該思考什麼。如果思考方式錯了，沒找到自己真正該思考的是什麼，很可能就會產生不該有的信念。因此好的思考不只是工具，也是人類的道德使命。

如何持之以恆：

■將思考視為永無止境的成長歷程，而不僅僅是獲得最終知識的工具。

■接受現實：某些思考的問題我們未必能得到答案，已經解答的問題也會被新問題取代。

■思考碰壁有可能是路徑錯誤，稍微回頭尋找新的切入角度。

■生命不能也不該等待重要的不確定性消失。與不確定共存。

■抗拒虛假的確定性、精準度與過度自信。

■學習克服對不確定性的恐懼。不確定性無所不在，沒必要害怕。試著接受懷疑、迷惑、不確定。

■認清形式與體系有其極限，並非任何問題都能簡化為規則或方法。

■不要誇大理性的力量才不會因此感到失望。理性並非到達真理最好的管道，只是其他辦法沒效罷了。

■追求清晰度，但記住一開始它反而會使問題更複雜，帶來更多困惑。

■面對眾人的慾望、偏好與價值觀，別試著強加共識或抹煞任何一方，而是努力居中調解。

■即使你不是完美主義者，也很容易明白好還能更好，思想與創作的結束都只是暫時的。

結語

最重要的是避免虛假，各種虛假，尤其是欺騙自己的虛假。分分秒秒留意你是否欺騙了自己。

——杜斯妥也夫斯基，《卡拉馬助夫兄弟們》

幕後支撐這本書的，其實就是「中庸」這個極其實用的道理。亞里斯多德說過，孔子也說過。所謂中庸之道，意思是德性並不存在反面，而是過多或欠缺時會造成問題。例如揮霍和吝嗇的中庸是慷慨，無情與濫情的中庸是理解，自厭與狂妄的中庸是尊嚴。

思考方面亦然，前面章節討論到很多案例。你可以過度精準或過度模糊，而過度精準常常都是假象。你也可以深入自己不同意的見解，或者連機會都不給。又或者你為自己想得太多或是太少。因此每條忠告都伴隨警語，提醒大家不要盲目跟從：即使跟著論證，也不能跟著走進荒謬的結論；質疑一切，但有時可以先放下質疑；對詞語下定義，但別以為所有詞語都能夠定義。思考的德性是平衡與判斷，每種錯誤都有對等且相反的錯誤方法，批判性思維的原則可以用得太多，也可以用得太少，必須根據脈絡來決定。中庸之道是我們應該時時記住的形上準則。

但中庸並非開啟理性的萬能鑰匙。書中反覆強調的是良好思考沒有標準公式、沒有一體適用的辦法，也沒有單一的P因子。即使如此，如果有個類似備忘錄的東西，或者一個將各種優良思考要素整理起來的粗略框架，還是會對我們有所幫助。

我試著設計一套簡潔說法，卻發現想要描述的應該是一種過程。我說「應該」是因為它也並非簡單易懂的線性流程，必須依照脈絡細心調整，無法機械式套用。

而且很遺憾，拆解出來的四個部分沒辦法組成簡單好記的口號：專注（Attend）、釐清（Clarify）、解構（Deconstruct）、連結（Connect）用首字母組合變成澳洲很棒的搖滾樂團 AC/DC，但會有點好笑因為他們可不是靠思考成名的。這或許也能提醒大家，有些事情不需要太執著。

專注

這是增進思考的第一步，也是後續階段的必要前提，再怎麼強調都不為過。其實本書裡每個建議都算是專注力訓練：專注於證據，專注於重點，專注於推理步驟，專注於未明言的假設，專注於用字遣詞，專注於其他專家或學門的意見，專注於心理陷阱，專注於自己的偏見和性情，專注於自我，專注於事物全貌，專注於宏大理論的誘惑等等。

聽起來很辛苦，因為它真的很辛苦。嚴謹的思考很大一部分建立在用對力氣。演化使人類「認知吝嗇」，我們希望以最少的心智能量得到溫飽及生育後代，能不思考最好別思考，非得思考的話最好也不必認真，邊喝酒邊胡言亂語或者在社交平臺上大放厥詞多愉快。只要是人就有這個弱點，差別在於有些人追求精進思考、有些人則否，有些人試著將心智推向極限、有些人只想留在原地。

釐清

專注對我們最大的幫助之一，就是讓問題變得更加清晰。不過分地說：多數錯誤是因為沒有釐清思考主題所導致。必須瞭解問題真正的癥結，而不是假設自己或別人已經觸及核心。重點是什麼？代價又是什麼？必須先釐清相關事實及其中各種概念的意義，釐清論證是什麼結構、屬於歸納演繹溯因或混合。想改善思考，釐清通常是最能有成果的做法，而且不在一開始盡量看清楚狀況，事情結束後多半不會更明白。

解構

集中注意力，盡可能清晰看待問題，接下來就到了解構時間：做出必要分辨、拆開議題的不同面向。有些屬於形式：論證怎樣開展，步驟是否踏實？也有屬於概念或語言的部分：字詞背後是否不只一個意思，需不需要另立新詞以求更精準表達？有沒有將不能或不該視為一組的概念強行歸類？還有些解構建立在經驗上：什麼事實重要？又有什麼事實只是偶然、造成誤導，甚至轉移焦點？然後還有心理層面要顧慮：看來可靠的部分有多少程度只是自己想相信？被排斥的地方又有多少只是自己不喜歡？每個細節都要拆開來仔細檢驗。

連結

專注、釐清、解構都是好的思考的主要特質，但也因此產出一堆未經組合的材料，乾淨整齊但仍派不上用場。元件終究得結合，而架構能夠多完善則要事成後才能判斷。不過不試著將一些點串連成線，很難談得上建設性，而組織拼湊同樣依賴專注力。有些連線或許不明顯，譬如相信有機蔬食是最符合道德倫理的飲食模式，卻沒意識到缺乏動物糞便作為肥料時多數有機農場無法運作。破解迷思聽起來很棒，但心理學研究發現，所謂的事實查核反而會強化錯誤見解。許多觀念聽起來新鮮刺激，但我們不能一頭熱，應該放慢腳步從頭到尾想透澈。

連結能得利於思考的社會層面。閱讀不夠廣泛可能會錯過其他領域內與主題相關的知識，不與聰明人交流意見也會錯過他們令人驚喜的發想。

思考進入構築階段更要謹慎小心，保持虛心與耐心。AC/DC 四個元素的前三個都在準備和分析，到最後才嘗試導出結論，這個比例是有道理的。如果良好思路有核心，那大概就是**別直接跳到結論**。慢慢來，趴下去用爬的也沒關係，地毯式搜索檢查每一處。這個世界已經給了我們很多快速便捷，就讓思考辛苦些、慢一些吧。

附錄

關鍵概念詞彙表（交叉引用以底線表示）

Abduction 溯因推理
尋求最佳解釋的論證方法。其他**條件相同**（*ceteris paribus*）時，最佳解釋會是單純性、連貫性、全面性、可測試性的結合。

Accuracy 準確
伯納德・威廉士眼中的「真理德性」之一；另一個則是**誠懇**（sincerity）。堅持準確，通常能找到真理。

***Ad hominem* fallacy 訴諸人身謬誤**
不針對論證本身，而是針對提出論證的人，也就是對人不對事。瞭解提出論證的人有時候很重要，但不能當作判斷論證好壞的依據。

Affirming the antecedent 肯定前項
演繹推理的有效形式：若X則Y；X（前項），所以Y。例如：如果香腸由豆腐製成，素食者就可以吃。這裡有一條香腸是用豆腐做的，所以素食者可以吃它。

Affirming the consequent 肯定後項
演繹推理的無效形式。若X則Y；Y（後項），所以X。例如：如果香腸由豆腐製成，素食者就可以吃。這裡有一條香腸是素食者可以吃的，所以它是用豆腐做的。（為何錯誤：因為這條香腸也可以用素肉、植物蛋白質或其他很多種材料製作，不一定非得是豆腐。）

Aggregation fallacy 累積謬誤
誤以為（通常是未言明的假設前提）某物是好的，則越多就會約好。

Aporia（或 apory）迷境
兩個或更多的論點單獨看都沒問題，放在一起就互相矛盾。一個哲學家不知為何都忽略的例子是：史提夫汪達（Stevie Wonder）明明是音樂天才，卻寫出〈電話訴衷情〉（I Just Called to Say I Love You）這麼好笑的歌。

***A posteriori* 後驗**
根據經驗而來，例如科學。與其相反的是……

A priori 先驗
先於經驗，或不需要藉由經驗。例如數學是先驗的，想理解二加三等於五，只需要明白數字與符號的意思。

Attention economy 注意力經濟
在當代消費環境中，各種組織會不斷爭奪消費者的注意力，時常可將之換算為貨幣單位。企業從中獲利，因為我們經常輕易就給出注意力。

Availability heuristic or bias 可得性捷思法，或可得性偏誤
人類傾向採納時間最接近、最容易注意到的資訊，而非尋求最相關或最具解釋性的證據。

Begging the question 乞題
將論證中一個或以上的前提視為理所當然，使論證自動成立。

Behavioural fatigue 行為疲乏
英國政府根據不明的社會心理學論述所創設，用於解釋在疫情時期拖延封城的用詞。此例可作為警惕，看起來像科學的不一定真的都是科學。

Biting the bullet 咬牙忍痛
接受論證或立場帶來反直覺或難以置信的後果。不要輕易嘗試。

Category mistakes 範疇錯誤
將某物歸為某類，但實際上它屬於另一個類別或根本無法被分類。

Ceteris paribus 其他條件相等時
其他事物相同不變的情況。很多陳述都可以用這個標準做判斷，但很少人活用。

Change blindness 變化盲視
人類的奇怪傾向，如果注意力沒放在改變發生的地方，或者根本沒有集中注意力，會無法察覺物理環境起了變化。

Clusiter thinking 群集思考
傾向將邏輯上和／或經驗上有明顯區隔的不同信念湊成組合，並認為接受其一就必須接受其他，排斥其一也就必須排斥其他。很容易發生的**認知吝嗇**現象。

Cognitive empathy 認知同理心
理解他人思考的能力，與情感同理心相對。情感同理心是分享他人感受的能力。

Cognitive misers 認知吝嗇
人類天生認知吝嗇，希望以最少的心智能量生存下去，因此思考上有許多**捷思**、捷徑，但也易造成誤導。

Conceivability arguments 可想像性論證
根據人類是否能夠想像符合條件且不自相矛盾的情境來當作論證成立的基礎。多數可想像性論證都難以想像地糟糕。

Conclusion 結論
要避免直接跳到結論。**有效演繹論證**的結論必須從**前提**一步一步推導出來。

Confirmation bias 確認偏誤
人類傾向注意和記憶支持自身觀點的證據，忽略且遺忘會**撼**動自己立場的資訊。也稱為「我方偏誤」(myside bias)。

Consistency 一致性
信念不彼此衝突的理想狀態。

***Cui bono?* 誰得利？**
是誰從中得到好處？這個問題很有意義，可以點出既得利益者，然而問題本身並不能用於判斷論證是否**健全**。

Dead cat strategy 死貓戰術
不考慮真相或相關性，只求譁眾取寵以將大眾目光從自身困境轉移到別處，在政壇很常見。

Deduction 演繹
從前提推論出必然結論的論證方式。

Echo Chambers 同溫層
真實或虛擬的空間，身處其中只能聽見與自己相同或類似的意見。同溫層並非新現象，社區、報紙、社團組織等等常常都形成同溫層。

Empirical 經驗主義的
以經驗為根據。科學是經驗主義的，數學與邏輯學則不是。

Enthymemes 省略式三段論
將前提略過，通常被視為理所當然，但其實值得確認。

Error theory 錯誤理論
解釋為何某個論證或觀點是錯誤的卻仍有理智的人會相信。

FAF
好的思考的重點：確認事實，保持專注，檢查是否得證。

Fallacy of the complex question 複合問題謬誤
提問方式強迫人無法直接回答，必須先接受自己不承認的前提。例如：你為什麼這麼混蛋？

Fallacy of domestication 歸化謬誤
以特定方式詮釋觀念，使其接近自己熟悉的論述。在跨文化情境下很常見。

Fallacy of equivocation 歧義謬誤
有意或無意將詞彙中含義模糊之處用在不適合的地方。例如：只是點出差異卻被指責為歧視。

Fallacy of the telling slip 脫口謬誤
將口頭禪或無心之語視為一個人的品格展現，反而無視對方平日言行舉止。

False dichotomy 假兩難
營造只能二選一的情境，但實際情況並非如此。例如：有人聲稱言論自由與管制假新聞只能二選一。但想想，以不造成傷害為前提、有條件的言論自由是否可行？

Genetic fallacy 起源謬誤
因為質疑論證或信念的源頭就直接加以否定，即使來源與論證或信念的真假沒有關聯。壞人未必不能提出好的想法。

Heuristics 捷思法
心智上的捷徑或定理，幫助我們節省大量思考資源。人類依靠捷思法生存，但也常常因此受到誤導。

Iff 若且唯若
又稱作雙條件句。單純的「若」和「若且唯若」邏輯相當不同，有時候必須說明自己是什麼意思。見肯定前項與肯定後項。

Implicit bias 隱性偏見
下意識的偏見。承受偏見的對象自己可能會認同，因為人類傾向內化社會常模。

Incertophobia 不確定性恐懼症
對不確定性感到恐懼。可以藉此觀察心智的成熟度。

Induction 歸納
由經驗建立論證，雖然在演繹上無效，但與人類生存息息相關。

Intonation 語調問題
對於我們理解各種信念有很大影響。例如：「沒有上帝，道德就只能靠人類」，這句話可以用平靜輕鬆的語氣說出來，也可以用恐慌激動的語氣說出來，同一個信念給人的感受卻天差地別。

Intuitive and reflective beliefs 直覺及反思信念
打從骨子裡覺得是真的、影響我們行為的叫做直覺式信念。被問到時表示是真的，卻未必如預期會影響我們感受和行為的是反思式信念。一個人反思後認為不該繼續喝啤酒，但真的多喝一杯也不會覺得怎麼樣。

Ismism 主義主義
合理抗拒各種「主義」、「學」之類的分類方式，它們會將人類思想切割得過度乾淨俐落。

Is/ought gap「是」與「應」的差距
事實陳述和價值陳述之間的邏輯區別。以事實為前提的有效演繹論證無法針對價值做出結論，但不代表事實因此失去價值。

Groupthink 團體迷思
通常團體內的意見會逐漸趨於一致，導致表達或思考不同意見變得極為困難。

Holistic explanations 整體性解釋
從系統整體的狀態和行為進行解釋，與還原論形成對比。

Logocentrism 邏各斯中心主義
以詞彙或概念為優先的理解模式。

The maverick's paradox 獨行俠悖論
獨行俠跟隨證據與論證而非從眾。問題是他們往往會推導出錯誤的結論。

The mean 中庸
倫理和思想上，在過與不及之間取得平衡的德性。例如：不過分模糊也不過分精準，不吹毛求疵也不敷衍了事，不輕言放棄但也不固執己見。

Meaning as use 依用途決定意義
字詞定義並不絕對固定，必須根據使用情境來判斷。

Meta-induction 後設歸納
不根據當前問題的詳細情況，而是以「這類事物」的一般前例作為判斷標準。在細節資訊不足但對「這類事物」瞭解頗深的情況下可以善用。

Myside bias 我方偏誤
見確認偏誤。

Naturalistic fallacy 自然主義謬誤
認為事物的自然狀態就必然是正確的或好的。這個謬誤也錯得非常自然。

Ockham's Razor 奧坎剃刀
根據這條準則，提出解釋時不應該在非必要時增加新的實體。更通俗的說法：其他條件相同時，簡單的解釋比複雜的要好。

Onus of proof 舉證責任
需要普及的思考標準。有爭議時，是否應由某一方主動提出證據證明自己的論點？通常責任會落在主張造成明顯危害的一方，或者與專家意見衝突的一方。

Optimism bias 樂觀偏誤
有人會傾向做最好或至少相對好的預期，但不是每個人都如此。

Premise 前提
構成論證基礎的陳述（或命題），必須經由經驗或其他健全論證證明為真。

Principle of charity 善意理解原則
判斷一個論證或信念時，以你所能想像的最佳版本為準，否則即使能夠加以駁斥仍嫌草率。

Psychologising 心理學化
以內心潛藏其他動機的說法來詮釋他人的信念及行為。由於幾乎都只能停在臆測程度，一般而言應當避免，即使詮釋者是心理治療師也不例外。

Redefinition, high and low 重新定義，限縮與擴張
限縮定義是將字詞使用方式縮小到超乎尋常。例如：為了掩護朋友的醜事得犧牲自己去坐牢，這種定義超過友誼的合理範圍。擴張定義則是將字詞使用方式擴大到超乎尋常，例如：沒捐款給急難救助事件就被指責是殺人凶手就太誇大。

***Reductio ad absurdum* 歸謬法**
以邏輯推導出某個信念會產生荒謬結論，以顯示此信念是錯誤的。例如：有人認為氣候變遷尚未得到百分之百的

科學證實，因此可以暫不處理，根據邏輯則任何事情都可以暫不處理，因為世界充滿不確定性。這個結論太荒唐，代表得出暫不處理的思考方式一定有問題。

Reductionism 還原論
將事物拆解為最小構成單位的解釋方式。在自然科學非常有效，然而在其他情況裡，拆解目標可能就會失去了分析的目標，因此並不適用。例如：攝影中的美感無法從單獨的像素得到解釋。

Regression to the mean 均值迴歸
多數系統有自然回到平衡狀態的傾向。不瞭解這點導致許多人曲解了連勝的機率或疾病康復等種種現象。

Scepticism 懷疑論
懷疑論也有多種不同程度和形式。方法學上的懷疑論是對過程的每個部分保持懷疑，以求建立出最確切的結果。皮浪懷疑主義（Pyrrhonian scepticism）[47]則主張，人類一無所知因此不應相信任何事物。大衛．休謨提倡緩和懷疑論（mitigated scepticism），承認人類無法確定任何事物為真，但也接受實際生活中必須接受某些事物為真，並從這兩種極端找出平衡點。

Scientism 科學主義
認為只有科學能驗證的信念才有意義。科學主義本身就不科學。

Semantic slide 語義滑坡
有意或無意微幅改變字詞意義，雖然與原意相近卻有關鍵性區別。以英文為例，「awesome」原本釋義是「引發敬畏感」（inspiring to awe），但隨著時代變遷已用於表示「非常棒」（quite good）。然而，並非所有語義滑坡的案例都無害。

Significance 顯著性
意義容易模糊的詞彙。若某個現象具有統計上的顯著意義，代表源於實驗失誤的機率很低。然而，顯著性放在其他脈絡意義下會有所不同，例如：某個行為對健康造成的影響可能具有統計顯著性，但實際差異卻又小到如何選擇並不那麼重要。不吃你最喜歡的食物可以延長一個月壽命，你就真的不吃了嗎？

Sicnerity 誠懇
與**準確**並列為伯納德．威廉士的「真理德性」。誠懇是以誠實態度傳達自身信念，並發自內心追求真理。

47. 譯按：創始者塞克斯圖斯．恩丕里柯（Sextus Empiricus），認為人宣稱有標準可以判斷何為真理，但這個標準如何檢驗？檢驗這個標準的標準又從何而來？因此不可能有真正足以檢驗真理的標準。

Situational ethics 情境倫理
若以小寫字母表示，情境倫理強調仔細留意每個道德困境內的獨特細節，不粗糙套進泛用原則。不可與約瑟夫・弗朗西斯・弗萊徹（Joseph F. Fletcher）的基督徒處境倫理（Christian Situation Ethics）混淆，因為後者有時會以大寫字母的「Situational Ethics」稱之。

Slippery Slope 滑坡謬誤
主張某個好的或可接受的事物無可避免會導致惡果。通常滑坡謬誤是心理因素而非邏輯因素，所謂的惡果也不如示警者所言那麼無可避免。

Social epistemology 社會知識論
研究知識獲取與判斷的社會基礎。

Sorites paradox 堆垛悖論
獨立時不具意義的小變動，累積起來就會引發很大衝擊。拔一根頭髮不會禿，一直拔下去最後總是會禿的。這個悖論顯示許多概念的界線並不明確。

Sound 健全
若一個**演繹**論證是健全的，代表論證**有效**且**前提**為真。

Stipulative definitions 規定性定義
此定義或許與既有的釋義不同，但符合當下討論的特殊需求。參與討論者很清楚主題與相關詞語時可以使用規定性定義，但不可故意混淆為字詞的真正含義。

Straw man fallacy 稻草人謬誤
攻擊對方意見或論證中較差、通常並非重點訴求的觀點，而不回應對方的完整主張。

Testimonial injustice 證言不正義
某人提出證言卻沒得到足夠重視，通常是因為發言者本身沒被賦予足夠的地位。

Thought experiment 思想實驗
以經過設計的假想情境刺激直覺及釐清人類思考中的關鍵要素。不應與實際的論證混為一談。

Transcendental argument 先驗論證

論證結構為「由於此項顯然為真，彼項必然也為真」。林布蘭的自畫像是天才的作品，那麼林布蘭當然就是個天才。

***Tu quoque*「你也一樣」謬誤**

「你也一樣」並非針對立場的決定性論證，而是指出對手的論述矛盾。舉例而言，別人指責你吃肉不道德但他自己也吃肉，他們就犯了「你也一樣」謬誤。然而，這與吃肉道德與否沒有直接關係，只是凸顯對方的偽善。

Valid 有效

有效的**演繹**論證，結論必然從**前提**得證。然而，有效並不必然代表**健全**。例如：理性的人都會去把我其他的書也買來看，你有理性所以你會去把我其他的書買來看。結構上有效，可惜並非健全的論證。

本書受訪者

本書許多內容來自過去二十年裡我做過的訪談，對象是哲學家或具哲學思想的人物。以下介紹幫助讀者瞭解他們背景、受訪的時間與主題、進一步理解他們想法的參考資訊。不過此處提供的是作者個人建議，未必是受訪者最知名的著作，讀者自己搜尋應當不難。如果受訪者的著作內容對一般讀者較為艱深時，在此會加註Φ符號作為提醒，可是這點見仁見智，每個人的閱讀偏好都不同。

多數訪談曾刊登在《哲學家雜誌》（*The Philosophers' Magazine*）（以下簡稱 TPM）。一九九七到二〇一〇年我擔任該雜誌編輯，那段期間哲學界女性聲音仍舊稀少，金字塔頂端更罕見，雖然後來逐漸好轉，但可惜性別和族裔多元性的比例問題都會反映在這份受訪名單上。不過哲學界已經進步了，可以參考 YouTube 上英國皇家哲學院的影片，二〇一九年我出任節目的學術總監；或可收聽哲學院的 podcast《深思遠慮》（*Thinking Hard and Slow*）。

大部分訪談稿經過整理編輯，收錄在《哲學家們想什麼》（*What Philosophers Think*）以及《哲學家們還會想什麼》（*What More Philosophers Think*）。編輯者除我之外還有傑瑞米．史坦葛倫（Jeremy Stangroom）（Continuum 出版社，二〇〇五年與二〇〇七年發行）。也有幾位的訪談刊在另一本書《新英國哲學：訪談錄》（*New British Philosophy: The Interviews*），編輯一樣是我們兩人（Routledge 出版社，二〇〇二年發行）。

Kwame Anthony Appiah
克瓦米．安東尼．阿皮亞是政治與道德哲學家，對世界主義和非洲知識史特別有興趣。訪談刊載於 *TPM issue* 53, 2nd quarter 2011。入門作品：*The Lies That Bind: Rethinking Identity-Creed, Country, Color, Class, Culture*（Profile Books, 2018）。

Joan Bakewell
瓊安．貝克維爾是廣播主持人與知名作家，職業生涯中常接觸知識分子。訪談刊載於 *TPM* issue 72, 4th quarter 2005。入門作品：*The Centre of the Bed: An Autobiography*（Hodder & Stoughton, 2003）。

Simon Blackburn
賽門．布雷克本主要研究倫理與語言哲學。訪談刊載於 *TPM issue* 15, 3rd quarter 2001，《哲學家們想什麼》亦有提及。入門作品：*Truth: A Guide for the Perplexed*（Penguin, 2005）。

David Chalmers
大衛．查莫斯是心智哲學家，以意識問題相關著作聞名。訪談刊載於 *TPM issue* 43, 4th quarter 2008 and *Prospect*, online,

February 2022。入門作品：*Reality+: Virtual Worlds and the Problems of Philosophy*（Penguin and W. W. Norton, 2022）。

Patricia Churchland
派翠莎・徹蘭是神經哲學家，主題為心智哲學和道德的神經生理基礎。訪談刊載於 *TPM issue* 61, 2nd quarter 2012 and *Prospect*, November 2019。入門作品：*Touching a Nerve: Our Brains, Our Selves*（W. W. Norton, 2013）。

Tim Crane
提姆・克蘭是心智哲學家，同時對信念的本質感興趣。訪談刊載於 *New British Philosophy*。入門作品：*The Meaning of Belief: Religion from an Atheist's Point of View*（Harvard University Press, 2017）。

Roger Crisp
羅傑・克里斯普是道德哲學家。訪談刊載於 *New British Philosophy*。入門作品：*The Cosmos of Duty: Henry Sidgwick's Methods of Ethics*（Oxford University Press, 2017）。Φ

Simon Critchley
西蒙・克里奇利的著作涵蓋歐陸哲學、文學與哲學、精神分析、倫理學和政治理論。訪談刊載於 *TPM* issue 40, 1st quarter 2008。入門作品：*Infinitely Demanding: Ethics of Commitment, Politics of Resistance*（Verso, 2007）。Φ

Daniel Dennett
丹尼爾・丹尼特是心智哲學家。訪談刊載於 *TPM issue* 6, 2nd quarter 1999 and issue 30, 2nd quarter 2005。另一訪談收錄在我的另一本書 *Freedom Regained: The Possibility of Free Will*（Granta, 2015）。入門作品：*Intuition Pumps and Other Tools for Thinking*（Penguin and W. W. Norton, 2013）。

Roger-Pol Droit
羅傑・坡爾・德洛瓦以哲學家身分針對日常生活發表許多著作。訪談刊載於 *TPM issue* 34, 2nd quarter 2006。入門作品：*How Are Things? A Philosophical Experiment with Unremarkable Objects*（Faber & Faber, 2006）。

Michael Dummett
麥可・達米特是語言哲學家。訪談刊載於 *TPM issue* 15, 3rd quarter 2001，《哲學家們想什麼》也有提到。入門作品：他的哲學極度深奧，讀者不要輕易嘗試。幸好他對塔羅的歷史很有興趣，所以寫了 *A History of the Occult Tarot* with Ronald Decker（Duckworth, 2002）。

Jerry Fodor

傑瑞・福多主要研究語言哲學。訪談刊載於 *TPM issue* 49, 2nd quarter 2010。入門作品：*LOT 2: The Language of Thought Revisited*（Oxford University Press, 2008）。Φ

Philippa Foot

菲利帕・福特是二十世紀最有見地也最為重要的道德哲學家之一。訪談刊載於 *TPM issue* 21, 1st quarter 2003，《哲學家們還會想什麼》亦有提及。入門作品：*Natural Goodness*（Oxford University Press, 2001）。

Michael Frayn

麥可・弗萊恩是小說家，劇作家，也有兩本哲學著作。訪談刊載於 *TPM issue* 47, 4th quarter 2009。入門作品：也就是他的經典劇本 *Copenhagen*（1998），二〇〇二年改編為電視劇。

Simon Glendinning

西蒙・葛倫丁寧專長是歐洲哲學。訪談刊載於 *New British Philosophy*。入門作品：*The Idea of Continental Philosophy*（Edinburgh University Press, 2006）。Φ

Anthony Gottlieb

安東尼・高特列柏本業是記者，但著有兩冊西方哲學史。訪談刊載於 *TPM issue* 16, 4th quarter 2001。入門作品：*The Dream of Reason: A History of Philosophy from the Greeks to the Renaissance*（Penguin, 2016）。

A. C. Grayling

安東尼・克利福德・葛雷林是學術型的多產哲學家。訪談刊載於 *TPM issue* 26, 2nd quarter 2004，《哲學家們想什麼》亦有提及。入門作品：*The Challenge of Things: Thinking Through Troubled Times*（Bloomsbury, 2016）。

John Harris

約翰・哈里斯是生物倫理學家與哲學家。訪談刊載於 *TPM issue* 13, 1st quarter 2001，《哲學家們想什麼》亦有提及。入門作品：*Enhancing Evolution: The Ethical Case for Making Better People*（Princeton University Press, 2007）。Φ

Sam Harris

山姆・哈里斯研究神經科學與哲學。訪談刊載於 *The Independent*, 11 April 2011。入門作品：*Waking Up: Searching for Spirituality Without Religion*（Simon & Schuster/ Transworld, 2014）。

Jonathan Israel
喬納森・以瑟列是觀念史學家。訪談刊載於 *TPM issue* 43, 4th quarter 2008。入門作品：*A Revolution of the Mind: Radical Enlightenment and the Intellectual Origins of Modern Democracy*（Princeton University Press, 2011）。

Dale Jamieson
戴爾・賈米森是主攻環境倫理與動物權利的哲學家。訪談刊載於 *TPM issue* 3, 3rd quarter 1998。入門作品：*Reason in a Dark Time: Why the Struggle Against Climate Change Failed- and What It Means for Our Future*（Oxford University Press, 2014）。

Anthony Kenny
安東尼・肯尼研究心智哲學、古代經院哲學、宗教哲學以及維根斯坦。訪談刊載於 *TPM issue* 37, 1st quarter 2007。入門作品：*Brief Encounters: Notes from a Philosopher's Diary*（SPCK, 2019）。

Kobayashi Yasuo
小林康夫是歐洲與日本哲學之間重要的橋梁。訪談刊載於我另一本書《世界是這樣思考的：寫給所有人的全球哲學巡禮》（*How the World Thinks: A Global History of Philosophy*）（Granta, 2018）。Where to start: very little has been translated into English but there are essays in English and French in *Le Cœur/ La Mort*（University of Tokyo Centre for Philosophy, 2007）。Φ

Christine Korsgaard
克莉斯汀・柯斯嘉德研究道德哲學、實踐理性、能動性、個人身分、人類與動物關係。訪談刊載於 *TPM* issue 58, 3rd quarter 2012。入門作品：*Self-Constitution: Agency, Identity, and Integrity*（Oxford University Press, 2009）。Φ

Oliver Letwin
奧利弗・萊特溫具有哲學博士學位，為英國保守黨籍前國會議員。訪談刊載於 *TPM issue* 32, 4th quarter 2005。入門作品：*Hearts and Minds: The Battle for the Conservative Party from Thatcher to the Present*（Biteback, 2017）。

Alexander McCall Smith
亞歷山大・麥考爾・史密斯成為暢銷小說家之前是醫療法規教授。訪談刊載於 *TPM issue* 29, 1st quarter 2005，《哲學家們想什麼》亦有提及。入門作品：Any book in *The Sunday Philosophy Club* series。

Tony McWalter
唐尼・麥瓦特為英國工黨籍前國會議員，有哲學學士學位，參與 *TPM* issue 17, 1st quarter 2002 之中的圓桌論壇，

《哲學家們想什麼》亦有提及。沒有入門作品，動手不動筆的人一樣值得敬佩。

Howard Marks
霍華德・馬克斯曾經是國際規模的大麻走私犯。訪談刊載於 *TPM* issue 54, 3rd quarter 2011。入門作品：他的自傳 *Mr Nice*（Vintage/Secker & Warburg, 1996）。

Michael Martin
麥可・馬丁主要研究知覺哲學。訪談刊載於 *New British Philosophy*。入門作品：得繼續等，他在網站說自己「一直想從直覺理論角度寫本素樸實在論的書，書名是《揭開表象》（Uncovering Appearances）。」

Guillermo Martínez
吉耶摩・馬丁尼茲是阿根廷小說家、短篇故事作家。訪談刊載於 *TPM* issue 37, 1st quarter 2007。入門作品：*The Oxford Murders*（Abacus, 2005）。

Mary Midgley
瑪麗・米雷以其針對科學、倫理、人類在自然世界中居何地位的著作聞名。訪談刊載於 *TPM issue* 7, 3rd quarter 1999。入門作品：*Beast and Man: The Roots of Human Nature*（Routledge, 1978; revised edition 1995。

Ray Monk
雷・蒙克是哲學傳記作家。訪談刊載於 *TPM* issue 14, 2nd quarter 2001 and in *New British Philosophy*。入門作品：*Ludwig Wittgenstein: The Duty of Genius*（Vintage/The Free Press, 1990）。

Stephen Mulhall
史蒂芬・穆霍爾這位哲學家的興趣包括維根斯坦、後分析哲學、電影與哲學。訪談刊載於 *New British Philosophy*。入門作品：*On Film*, 3rd edition（Routledge, 2015）。

Mylo（Myles MacInnes）
麥羅是電子音樂家，音樂製作人。 訪談刊載於 *TPM* issue 36, 4th quarter 2006。入門作品：他深具突破性的專輯 *Destroy Rock & Roll*（2004）。

Jesse Norman
傑西・諾曼是哲學家，也是英國保守黨籍國會議員。訪談刊載於 *TPM* issue 55, 4th quarter 2011。入門作品：

Edmund Burke: The Visionary Who Invented Modern Politics（Basic Books, 2013）。

Martha Nussbaum
瑪莎・納思邦是道德與政治哲學家，最知名的作品討論人類能力、藝術與人文的哲學重要性。訪談刊載於 *TPM* issue 5, 1st quarter 1999 and issue 11, 3rd quarter 2000。入門作品：*Not For Profit: Why Democracy Needs the Humanities*（Princeton University Press, 2010）。

Onora O'Neill
奧諾拉・奧尼爾是道德哲學家，英國上議院中立席議員。訪談刊載於 *TPM* issue 21, 1st quarter 2003，《哲學家們想什麼》亦有提及。入門作品：*A Question of Trust: The BBC Reith Lectures 2002*（Cambridge University Press, 2002）。

Michel Onfray
米歇・翁福雷是法國哲學家，並在康城區創辦人民大學（the Université populaire）。訪談刊載於 The *Times Higher Education Supplement*, 3 August 2007。入門作品：*In Defence of Atheism: The Case Against Christianity, Judaism and Islam*（Serpent's Tail, 2007）。

Philip Pullman
菲力普・普曼，小說家，訪談刊載於 *TPM* issue 24, 4th quarter 2003，《哲學家們想什麼》亦有提及。入門作品：*The Good Man Jesus and The Scoundrel Christ*（Canongate, 2010）。

Hilary Putnam
希勒瑞・普特南是二十世紀分析哲學巨擘，在心智哲學、語言哲學、數學哲學、科學哲學方面都有貢獻。訪談刊載於 *TPM* issue 15, 3rd quarter 2001，《哲學家們想什麼》亦有提及。入門作品：*The Threefold Cord: Mind, Body, and World*（Columbia University Press, 1999）。Φ

Janet Radcliffe Richards
珍妮特・雷德克里夫・理查茲以生物倫理最為聞名。訪談刊載於 *TPM* issue 3, 1st quarter 2001，《哲學家們想什麼》亦有提及。入門作品：*Human Nature After Darwin: A Philosophical Introduction*（Routledge, 2000）。

Jonathan Rée
喬納森・里伊既是哲學家也是歷史學家，參與了 *TPM* issue 17, 1st quarter 2002 的圓桌討論，《哲學家們想什麼》亦有提及。入門作品：*Witcraft: The Invention of Philosophy in English*（Allen Lane, 2019）。

Alex Rosenberg
亞歷山大・羅森堡是科學哲學家兼小說家。訪談於二〇一二年福伊爾書店（Foyles bookshop）舉辦的布里斯托觀念節活動，編輯後剪入我的「微哲學」（microphilosophy）podcast 節目第二季第六集。入門作品：*The Atheist's Guide to Reality: Enjoying Life without Illusions*（W. W. Norton, 2012）。

Ziauddin Sardar
齊亞烏丁・薩達爾有學者、作家、廣播主持、未來學家、文化評論家與公知等多重身分。訪談刊載於 *TPM issue* 48, 1st quarter 2010。入門作品：*A Person of Pakistani Origins*（C. Hurst & Co., 2018）。

T. M. Scanlon
托馬斯・斯坎倫目前仍活躍，是重要的道德與政治哲學家。訪談刊載於 *TPM issue* 41, 2nd quarter 2008。入門作品：*Why Does Inequality Matter?*（Oxford University Press, 2018）。Φ

Roger Scruton
羅傑・斯克魯頓在政治哲學與美學方面著作頗豐。訪談刊載於 *TPM issue* 42, 3rd quarter 2008。入門作品：*A Political Philosophy: Arguments for Conservatism*（Continuum, 2006）。

John Searle
約翰・瑟爾是心智及語言哲學家。訪談刊載於 *TPM issue* 8, 4th quarter 1999，《哲學家們想什麼》亦有提及。入門作品：*Mind, Language and Society: Doing Philosophy in the Real World*（Basic Books, 1998）。

Peter Singer
彼得・辛格或許是目前世界上最有名的道德哲學家與動物權倡議者。訪談刊載於 *TPM issue* 4, 4th quarter 1998 and issue 47, 4th quarter 2009。前者在《哲學家們想什麼》亦有提及。入門作品：*Ethics in the Real World: 82 Brief Essays on Things That Matter*（Princeton University Press, 2016）。

Alan Sokal
艾倫・索卡爾是物理學家，他模仿「後現代」風格作為諷刺手法投稿到科學科技研究期刊，竟然成功引起國際譁然。訪談刊載於 *TPM issue* 4, 4th quarter 1998, and issue 41, 2nd quarter 2008。前者在《哲學家們想什麼》亦有提及。入門作品：*Intellectual Impostures*, with Jean Bricmont（Profile, 1999）, published in America as *Fashionable Nonsense: Postmodern Intellectuals' Abuse of Science*（Picador, 1999）。

Peter Vardy
彼得・瓦第是宗教哲學家，著有數十本針對高中學生的哲學書。訪談刊載於 *TPM issue* 10, 2nd quarter 2000，《哲學家們想什麼》亦有提及。入門作品：*The Puzzle of God*（Routledge, 1997）。

Nigel Warburton
奈傑爾・沃伯頓是哲學家，他的幾本作品是近數十年最受歡迎的哲普。訪談刊載於 *New British Philosophy*。入門作品：*A Little History of Philosophy*（Yale University Press, 2011）。

Mary Warnock
瑪麗・沃諾克是道德哲學家、生物倫理學家、英國上議院議員。訪談刊載於 *TPM issue* 7, 3rd quarter 1999 , and issue 20, 4th quarter 2002，《哲學家們想什麼》也提到這兩次訪談。入門作品：*Making Babies: Is There a Right to Have Children?*（Oxford University Press, 2002）。

Bernard Williams
伯納德・威廉士在他的時代是頂尖道德哲學家。訪談刊載於 *TPM issue* 21, 1st quarter 2003，《哲學家們想什麼》亦有提及。入門作品：*Ethics and the Limits of Philosophy*（Routledge, 2006）。

Timothy Williamson
提摩西・威廉森是牛津大學的邏輯學威克漢姆教授，在該領域備受尊崇。訪談刊載於 *TPM issue* 45, 2nd quarter 2009。入門作品：*Tetralogue: I'm Right, You're Wrong*（Oxford University Press, 2015）。

Jonathan Wolff
喬納森・沃爾夫是政治哲學家。訪談刊載於 *New British Philosophy*。入門作品：直接看他的推特 @ JoWolffBSG.

Tony Wright
東尼・萊特隸屬英國工黨，前國會議員，政治理論家。訪談刊載於 *TPM issue* 46, 3rd quarter 2009。入門作品：*British Politics: A Very Short Introduction*, 3rd edition（Oxford University Press, 2020）。

Slavoj Žižek
斯拉沃熱・齊澤克吸引的閱聽人數令其他哲學家望塵莫及。訪談刊載於 *TPM issue* 25, 1st quarter 2004，《哲學家們想什麼》亦有提及。入門作品：阿斯特拉・泰勒（Astra Taylor）拍攝的紀錄片《齊澤克》（2005）。

原文注釋

作者序

1 劍橋大學哲學系的網站有一整個頁面討論「可傳授技巧」：www.phil.cam.ac.uk/curr-students/ugrads-after-degree-folder/ugrads-trans-skills

第一章

1 René Descartes, *Principles of Philosophy*, (1644) Part One, Section 9, in *Selected Philosophical Writings*, trans. John Cottingham, Robert Stoothoff and Dugald Murdoch (Cambridge University Press, 1988), p. 163.
2 David Hume, *A Treatise of Human Nature*, (1739) Book 1, Part 4, Section 6.
3 David Hume, Letter from a Gentleman to His Friend in Edinburgh: containing Some Observations on A Specimen of the Principles concerning Religion and Morality, said to be maintain'd in a Book lately publish'd, intituled, A Treatise of Human Nature, &c. (1745).
4 Edmund Husserl, *Logical Investigations* (second edition 1913).
5 Edmund Husserl, *The Crisis of European Sciences and Transcendental Phenomenology* (1936).
6 https://youtu.be/bh_9XFzbWV8
7 https://youtu.be/FWSxSQsspiQ
8 https://youtu.be/vJG698U2Mvo
9 Plato, *Theaetetus*, 173d–174a.
10 *The Listener*, 1978.
11 Leah Kalmanson, How to Change Your Mind: The Contemplative Practices of Philosophy, The Royal Institute of Philosophy, the London Lectures, 28 October 2021. https://youtu.be/ OqsO2nNrUiI

第二章

1 *Behind the Curve* (2018), dir. Daniel J Clark.
2 Immanuel Kant, *Critique of Pure Reason*, (1787) A548/B576
3 A. M. Valdes, J. Walter, E. Segal and T. D. Spector, 'Role of the gut microbiota in nutrition and health', *BMJ* 2018; 361:k2179 doi:10.1136/ bmj.k2179

第三章

1 'We're told we are a burden. No wonder disabled people fear assisted suicide', Jamie Hale, *Guardian*, 1 June 2018, https://www.theguardian. com/commentisfree/2018/jun/01/disabled-people-assisted-dyingsafeguards-pressure

2 https://www.scope.org.uk/media/press-releases/scope-concerned-by- reported-relaxation-of-assisted-suicide-guidance/

3 https://www.unep.org/resources/report/unep-food-waste-index- report-2021

4「數字很大，但真的多嗎？」（It sounds like a lot, but is it a big number?）是屢獲好評的 BBC 廣播節目《多或少》（*More or Less*）裡最常出現的問句。

5 https://www.eu-fusions.org/index.php/about-food-waste/280-food-waste-definition

6 Household Food and Drink Waste in the United Kingdom 2012, https://wrap.org.uk/sites/default/files/2020-08/WRAP-hhfdw-2012main.pdf

7 Food surplus and waste in the UK-key facts, 2021, https://wrap.org. uk/resources/report/food-surplus-and-waste-uk-key-facts

8 https://www.usda.gov/foodwaste/faqs

9 Steven Pinker, *Rationality* (Allen Lane, 2021), p. 225

第四章

1 David Hume, *An Enquiry Concerning Human Understanding* (1748/1777), Section X,'Of Miracles'.

2 William Paley, *Natural Theology or Evidences of the Existence and Attributes of the Deity* (1802).

3 *An Enquiry Concerning Human Understanding*, Section XI,'A Particular Providence and a Future State'.

4 G. Gigerenzer, Out of the frying pan into the fire: Behavioral reactions to terrorist attacks', *Risk Analysis*, April 2006; 26(2):347-51, doi: 10.1111/j.1539-6924.2006.00753.x. PMID: 16573625.

5 B. F. Hwang, J. J. Jaakkola and H. R. Guo, Water disinfection byproducts and the risk of specific birth defects: A population-based cross-sectional study in Taiwan, *Environmental Health*, 2008; 7 (23), https://doi.org/10.1186/1476-069X-7-23

6 Jo Macfarlane, Chlorine in tap water "nearly doubles the risk of birth defects", *Daily Mail*, 31 May 2008.

7 九一一陰謀論已經多次遭到推翻：David Oswald, Erica Kuligowski and Kate Nguyen, *The Conversation*, https://theconversation.com/9-11-conspiracy-theories-debunked-20-years-later-engineering-experts-explain-how-the-twin-towerscollapsed-167353

第五章

1 Ludwig Wittgenstein, *Philosophical Investigations* (1953) § 38.

2 Confucius, *Analects*, Book 13, Chapters 2-3, in James Legge, *The Chinese Classics Vol. 1*, (Oxford University Press, 1893), p. 102.
3 感謝 Patrick Greenough 確認出處。
4 Ludwig Wittgenstein, *Philosophical Investigations* (1953), p. 43.
5 https://www.globallivingwage.org/about/what-is-a-living-wage/
6 https://www.livingwage.org.uk/what-real-living-wage
7 *Shurangama Sutra*, Chapter 2, http://www.buddhanet.net/pdf_file/ surangama.pdf
8 Ludwig Wittgenstein, *Tractatus Logico-Philosophicus* (1922) §7.

第六章

1 David Hume, *A Treatise of Human Nature*, (1740) Book 3, Part 1, Section 1.
2 *Cosmopolitan*, July 2013.

第七章

1 Anil Seth, *Being You: A New Science of Consciousness* (Faber & Faber, 2021).
2 See Kahneman's magnificent *Thinking, Fast and Slow* (Farrar, Straus and Giroux, 2011).
3 Steven Pinker, *Rationality: What It Is, Why It Seems Scarce, Why It Matters* (Viking, 2021), Preface.
4 Hugo Mercier and Dan Sperber, *The Enigma of Reason* (Harvard University Press, 2017).
5 David Hume, *An Enquiry Concerning Human Understanding* (1748/1777), Section V, Part I.
6 S. L. Beilock, R. J. Rydell and A. R. McConnell, Stereotype threat and working memory: Mechanisms, alleviation, and spillover, *Journal of Experimental Psychology: General*, 2007; 136 (2): 256-76, https://doi.org/10.1037/0096-3445.136.2.256
7 https://beingawomaninphilosophy.wordpress.com/2016/04/28/itsthe-micro-aggressions/
8 A. C. Grayling, A booting for Bertie, *Guardian*, 28 October 2000.
9 Rachel Cooke, interview, Amia Srinivasan: Sex as a subject isn't weird. It's very, very serious, *Guardian*, 8 August 2021, https://www. theguardian.com/world/2021/aug/08/amia-srinivasan-the-right-tosex-interview

第八章

1 Robert Heinaman, House-Cleaning and the Time of a Killing, *Philosophical Studies: An International Journal for Philosophy in the Analytic Tradition*, 1983; 44(3): 381-9, http://www.jstor.org/stable/4319644
2 Nicholas Rescher, Importance in Scientific Discovery, 2001, http:// philsci-archive.pitt.edu/id/eprint/486

3 Jerry Fodor, Why would Mother Nature bother?, *London Review of Books*, 6 March 2003.
4 完整觀點可參考《你以為你的選擇真的是你的選擇？關於自由意志的哲學思考》（*Freedom Regained*）Granta, 2015。
5 https://twitter.com/nntaleb/status/1125726455265144832?s=20
6 https://drug-dev.com/management-insight-antifragile-nassim-talebon-the-evils-of-modern-medicine/

第九章

1 David Papineau, Three scenes and a moral, *The Philosophers' Magazine,* Issue 38, 2nd Quarter 2007, p. 62.
2 https://bostonreview.net/articles/ned-block-philip-kitchermisunderstanding-darwin-natural-selection/
3 David Hume, Whether the British Government inclines more to Absolute Monarchy, or to a Republic, in *Essays, Moral, Political, and Literary*, Part 1 (1741, 1777).

第十章

1 https://www.philosophyexperiments.com/wason/。我認為此實驗有個問題在於「若」和「若且唯若」太含糊。
2 See David Hume, *A Treatise of Human Nature*, (1739).
3 Janet Radcliffe Richards, *The Sceptical Feminist: A Philosophical Enquiry* (Routledge, 1980).
4 *A Short History of Truth* (Quercus, 2017).

第十一章

1 Steven Pinker, *Enlightenment Now* (Penguin/Viking, 2018).
2 *Human Action: A Treatise on Economics* (Ludwig von Mises Institute, 1949, 1998), p. 33.
3 Anne-Lise Sibony, The UK Covid-19 Response: A behavioural irony?, *European Journal of Risk Regulation*, June 2020; 11(2), doi:10.1017/err.2020.22
4 https://www.bi.team/blogs/behavioural-insights-the-who-and- Covid-19/

第十二章

1 David Hume, *A Treatise of Human Nature*, (1739), Book 1, Part 4, Section 7.
2 真的。https://www.efsa.europa.eu/en/efsajournal/pub/2809
3 Anil Seth, *Being You: A New Science of Consciousness* (Faber & Faber, 2021), p. 274.
4 Carlo Rovelli, *Helgoland*, (Allen Lane, 2021), p. 168.

國家圖書館出版品預行編目資料

哲學家是這樣思考的：讓人變得更理性、更聰明、更良善的十二個思考原則
朱立安・巴吉尼 JULIAN BAGGINI 著　陳岳辰 譯
初版. -- 台北市：商周出版：家庭傳媒城邦分公司發行
2023.07　面；　公分
譯自：How to Think Like a Philosopher: Essential Principles for Clearer Thinking

ISBN 978-626-318-731-3 (平裝)

1.CTS: 哲學　2. CST: 思維方法

100　　112008245

哲學家是這樣思考的

原著書名／How to Think Like a Philosopher: Essential Principles for Clearer Thinking
作　　者／朱立安・巴吉尼 JULIAN BAGGINI
譯　　者／陳岳辰
責任編輯／陳玳妮
版　　權／林易萱

行銷業務／周丹蘋、賴正祐
總 編 輯／楊如玉
總 經 理／彭之琬
事業群總經理／黃淑貞
發 行 人／何飛鵬
法律顧問／元禾法律事務所 王子文律師
出　　版／商周出版
城邦文化事業股份有限公司
台北市中山區民生東路二段 141 號 4 樓
電話：(02) 25007008　傳眞：(02)25007759
E-mail：bwp.service@cite.com.tw
發　　行／英屬蓋曼群島商家庭傳媒股份有限公司城邦分公司
台北市中山區民生東路二段 141 號 2 樓
書虫客服服務專線：(02)25007718；(02)25007719
服務時間：週一至週五上午 09:30-12:00；下午 13:30-17:00
24 小時傳眞專線：(02)25001990；(02)25001991
劃撥帳號：19863813；戶名：書虫股份有限公司
讀者服務信箱：service@readingclub.com.tw
歡迎光臨城邦讀書花園　網址：www.cite.com.tw
香港發行所／城邦（香港）出版集團有限公司
香港灣仔駱克道 193 號東超商業中心 1 樓
E-mail：hkcite@biznetvigator.com
電話：(852) 25086231　傳眞：(852) 25789337
馬新發行所／城邦（馬新）出版集團【Cite (M) Sdn. Bhd.】
41, Jalan Radin Anum, Bandar Baru Sri Petaling,
57000 Kuala Lumpur, Malaysia.
Tel: (603) 90563833　Fax: (603) 90576622
Email: cite@cite.com.my

封面設計／江孟達
排　　版／芯澤有限公司
印　　刷／卡樂彩色製版印刷有限公司
經 銷 商／聯合發行股份有限公司
電話：(02)2917-8022　傳眞：(02)2911-0053

■ 2023 年 07 月 06 日初版
■ 2023 年 10 月 24 日初版 2 刷

Printed in Taiwan

定價 550 元

ISBN 978-626-318-731-3

城邦讀書花園
www.cite.com.tw

商周出版

廣告回函
北區郵政管理登記證
北臺字第000791號
郵資已付，免貼郵票

104　台北市民生東路二段141號2樓

英屬蓋曼群島商家庭傳媒股份有限公司城邦分公司　收

請沿虛線對摺，謝謝！

商周出版

書號：BP6044	書名：哲學家是這樣思考的	編碼：

請於此處用膠水黏貼

商周出版

讀者回函卡

線上版讀者回函卡

感謝您購買我們出版的書籍！請費心填寫此回函卡，我們將不定期寄上城邦集團最新的出版訊息。

姓名：＿＿＿＿＿＿＿＿＿＿＿＿ 性別：☐男 ☐女

生日：西元＿＿＿＿年＿＿＿＿月＿＿＿＿日

地址：＿＿＿＿＿＿＿＿＿＿＿＿

聯絡電話：＿＿＿＿＿＿＿＿ 傳真：＿＿＿＿＿＿＿＿

E-mail ：

學歷：☐ 1. 小學 ☐ 2. 國中 ☐ 3. 高中 ☐ 4. 大學 ☐ 5. 研究所以上

職業：☐ 1. 學生 ☐ 2. 軍公教 ☐ 3. 服務 ☐ 4. 金融 ☐ 5. 製造 ☐ 6. 資訊

☐ 7. 傳播 ☐ 8. 自由業 ☐ 9. 農漁牧 ☐ 10. 家管 ☐ 11. 退休

☐ 12. 其他＿＿＿＿＿＿＿＿

您從何種方式得知本書消息？

☐ 1. 書店 ☐ 2. 網路 ☐ 3. 報紙 ☐ 4. 雜誌 ☐ 5. 廣播 ☐ 6. 電視

☐ 7. 親友推薦 ☐ 8. 其他＿＿＿＿＿＿＿＿

您通常以何種方式購書？

☐ 1. 書店 ☐ 2. 網路 ☐ 3. 傳真訂購 ☐ 4. 郵局劃撥 ☐ 5. 其他＿＿＿

您喜歡閱讀那些類別的書籍？

☐ 1. 財經商業 ☐ 2. 自然科學 ☐ 3. 歷史 ☐ 4. 法律 ☐ 5. 文學

☐ 6. 休閒旅遊 ☐ 7. 小說 ☐ 8. 人物傳記 ☐ 9. 生活、勵志 ☐ 10. 其他

對我們的建議：＿＿＿＿＿＿＿＿＿＿＿＿

＿＿＿＿＿＿＿＿＿＿＿＿

＿＿＿＿＿＿＿＿＿＿＿＿

請於此處用膠水黏貼